D1690758

LV

CARL SEELIG,
SCHRIFTSTELLER

DIE HERAUSGABE DIESES BUCHES WURDE DURCH EINEN BEITRAG DER STADT ZÜRICH UNTERSTÜTZT.

DIE DRUCKLEGUNG DIESES BUCHES WURDE DURCH EINEN ZUSCHUSS DER STIFTUNG PRO HELVETIA GEFÖRDERT.

CIP-KURZTITELAUFNAHME DER DEUTSCHEN BIBLIOTHEK
WEINZIERL, ULRICH
CARL SEELIG, SCHRIFTSTELLER / ULRICH WEINZIERL
WIEN · MÜNCHEN: LÖCKER, 1982
ISBN 3-85409-040-4

ALLE RECHTE VORBEHALTEN . PRINTED IN AUSTRIA . ISBN 3-85409-040-4
COPYRIGHT BY LÖCKER VERLAG, WIEN · MÜNCHEN
GRAPHISCHE GESTALTUNG: DOROTHEA LÖCKER

ULRICH WEINZIERL

CARL SEELIG,
SCHRIFTSTELLER

LÖCKER VERLAG
WIEN · MÜNCHEN 1982

Aber rühmen wir nicht nur den Weisen
Dessen Name auf dem Buche prangt!
Denn man muß dem Weisen seine Weisheit
    erst entreißen.
Darum sei der Zöllner auch bedankt:
Er hat sie ihm abverlangt.

                  BERTOLT BRECHT

HIER STARB EIN MENSCH

Zürich, Donnerstag, den 15. Februar 1962, 17 Uhr. Ein Straßenbahnzug der Linie 15 verläßt die Station Bellevue Richtung stadtauswärts. Ein Mann springt auf die hintere Plattform des Motorwagens, gleitet aus, kommt zu Fall und gerät zwischen Randstein und ersten Waggon. Trotz Notbremsung wird er mehrere Meter mitgeschleift. Der Verunglückte — er hat schwere Kopfwunden und innere Verletzungen davongetragen — wird von der Rettung abtransportiert. Er stirbt auf der Fahrt ins Kantonsspital. In den Taschen des Verstorbenen finden sich laut Aufstellung der Stadtpolizei Zürich: Bargeld in der Höhe von 80 sfr, eine Jahresnetzkarte der städtischen Verkehrsbetriebe, zwei Bund Schlüssel, eine Taschenlampe, diverse Ausweise, ein Kamm; ferner nimmt ihm die Sanität eine Armbanduhr der Marke ,,Türler" ab. Alle Habseligkeiten werden in der Wohnung des Toten deponiert, diese wird versiegelt. Gemäß einem lokalen Brauch weht an der Unfallstelle einige Zeit eine schwarze Fahne, unter der ein Schild angebracht ist. Es trägt die Inschrift: ,,Hier starb ein Mensch".[1]

Tags darauf meldeten die Zeitungen, vom sozialdemokratischen ,,Volksrecht" über die ,,Tat", den ,,Tages-Anzeiger für Stadt und Kanton Zürich" bis zur ,,Neuen Zürcher"[2], respektvoll den tragischen Hinschied des in der Schweiz weithin bekannten Schriftstellers und Journalisten Carl Seelig. Man versicherte dem Verstorbenen allseits, man werde ihn vermissen und keinesfalls vergessen. Seine Verdienste um die Literatur wie um die Journale, deren Beiträger er jahrzehntelang gewesen, wurden gebührend hervorgehoben, und wenn wohl auch nicht alles so ernst gemeint war, wie es da — von den Regeln publizistischer Pietät gefordert — zu lesen stand, wurde doch eines deutlich: die Betroffenheit über dieses erbärmliche Ende — dem adretten älteren Herrn, dem man bei fast jeder kulturellen Veranstaltung in Zürich begegnen konnte, so gar nicht zu Gesichte stehend — war erheblich.

1963 erschienen die Erinnerungen des Zürcher Literaten Rudolf Jakob Humm: „Bei uns im Rabenhaus". Carl Seelig sind darin einige Seiten gewidmet. Und nun hat R. J. Humm das Wort: *Carl Seelig, wer weiß es in Zürich nicht, hatte ein ganz eigenes Genie: mit unwahrscheinlicher Treffsicherheit zu jeder literarischen Erscheinung, Buch oder Autor, jeweils das Unzutreffendste zu sagen. Er war dafür nahezu hellseherisch begabt, wie die berühmte Friederike Kempner, die schlesische Nachtigall. . . . Der gute Carl Seelig! Jeder weiß, daß man von seiner Erscheinung auf dieser Erde wenig abzieht, wenn man an seine mangelhafte Intelligenz erinnert. Seine Größe war die des Herzens. Er war der Herbergsvater aller notleidenden Literaten. Unzähligen hat er geholfen. Jedem eigentlich. Auch mir. (. . .) Das war das Große an Carl Seelig. Einer, der auf die wunderlichste Weise und fast mit der gleichen Liebe Katzen, Hunden, Kanarienvögeln und Literaten zugetan war und diese treu umsorgte. Nur mußten sie notleidend sein. Wer im Glanz stand, interessierte ihn nicht. Aber war einer krank oder verkannt, im Irrenhaus, im Spital oder sonst in Schwierigkeiten, dann war er immer da. (. . .) Seinen Schützlingen war es bisweilen unangenehm, von ihm herausgestrichen zu werden, denn das war beinah ein sicheres Zeichen, daß man erfolglos war. Und auch darüber zerbrachen sich die meisten, die ihn kannten, den Kopf, daß er sich als Rezensent so abhetzte, wo er es doch gar nicht nötig hatte. (. . .) Ich sah ihn nicht oft, aber als seine Frau starb, erschien er und schenkte meiner Tochter ein reizendes Kästchen, das seiner Frau gehört hatte, und meinem Sohn zwei seiner farbigen Krawatten, die er nicht mehr brauchte, da er jetzt doch schwarze tragen müsse. Später erfuhr ich, daß er sich zur gleichen Zeit beim Sekretär des Schweizerischen Schulrates eingefunden hatte, um sich, wie er sagte, in diesen traurigen Ta-*

gen eine Freude, einen Spaß zu leisten, und ihm eine ziemlich hohe Summe für eine Stiftung schenkte. Und dieser Wohltäter ernährte sich in billigen Volksküchen von einer Suppe, in die er Brot brockte, und von einer Tasse Kaffee.[3]
Kein Zweifel, schmeichelhaft ist dieser „Nekrolog" nur bedingt und entspricht keineswegs dem ungeschriebenen Gesetz der guten Nachrede, die den Toten zu gewähren sei, zumal der Nachrufer, wie er selbst notiert, von Seeligs philanthropischer Marotte profitiert hat. Ohne Polemik läßt sich weiters feststellen, daß manches an diesem Porträt verzerrt, sogar bewußt verzerrt ist. Aber wozu literarische Fehden auf Friedhöfen austragen? Auch Rudolf Jakob Humm ist mittlerweile verstorben.
Freilich kann man Carl Seelig in freundlicherem Licht sehen. Ferdinand Lion, der Biograph Thomas Manns und selbst Schriftsteller von Eigenart,[4] entwarf gleichfalls ein Bild des Verunglückten: *Wie es in Goethes Wahlverwandtschaften die Figur des Mittlers gibt, so war er ein Helfer und Retter. Dabei war es nicht eine Rolle, die er bewusst durchgeführt hätte: er half von Fall zu Fall, er erwartete keine Dankbarkeit, so natürlich war ihm das Geben, dass er gelitten hätte, nicht geben zu können. Es ergaben sich Beziehungen nach allen Seiten, sei es, dass immer neue Menschen in seinen Bannkreis traten, sei es, dass er den Instinkt hatte, der die Person, die er gerade brauchte, wachrief. So spann er ein Netz, das er über einen Teil von Europa warf.*[5]
Wenn man den Spuren von Carl Seeligs Existenz folgt, prüft, was er tat und was er schrieb, wird sich zeigen, wo Humm recht und wo er unrecht hatte. Eines ist nämlich bei aller spöttischen Abschätzigkeit aus Humms Worten zu erkennen: Der hier in Straßenkot und Rinnstein zugrunde ging, war kein gewöhnlicher Mensch, vielleicht ein Sonderling, doch von der Art, wie man ihrer mehr brauchte.

EIN SOHN AUS GUTEM HAUS

„Carl Seeligs Jugend-, Lehr- und Wanderjahre", heißt eine kalligraphisch ausgeführte Denkschrift von Carl Seelig senior, der selbst wiederum nur ein Junior war: *Seelig Carolus der Jüngre, zubenamst „das Huhn".*[1]

Mit finstrer Entschlossenheit zur Humorigkeit und zur rhythmisch gebundenen Sprache sind darin die frühen Lebensstationen eines Schweizer Bürgersohns aus der zweiten Hälfte des neunzehnten Jahrhunderts aufgezeichnet. Die Welt zu erobern, sei es als tollkühner Bootsfahrer, Bergsteiger oder Unternehmer, verließ der Erbe einer kleinen Wollfärberei das Elternhaus. Zwei Jahre studierte er am Polytechnikum in Zürich, 1877 bis 1880 absolvierte er eine Lehre in Berlin und Lyon. Nach Beendigung seiner Ausbildung übernahm er die väterliche Firma, brachte sie zu neuer Blüte und schaffte den Aufstieg zum respektablen Seidenindustriellen. *Der Erfolg der Arbeit war vor allem der Energie und dem nie ermattenden Fleisse, sodann auch einem ausgesprochenen Ordnungssinn zu verdanken. Vom frühen Morgen bis zum späten Abend sah man ihn bei der Arbeit; selten gönnte er sich die Ruhe, die er so nötig gebraucht hätte. Da er an seine eigene Person hohe Anforderungen stellte, verlangte er auch von seinen Arbeitern strenge Erfüllung ihrer Pflichten. Und wenn die Leistungen seinen Wünschen nicht entsprachen, konnte er zu wahrer Empörung erregt werden, wobei er seinen Gefühlen oft in starker Art Ausdruck gab.*[2] Nach diesem Ideal der gründerzeitlichen Kraftnatur wird Carl Seelig senior posthum dargestellt.

Am 23. Mai 1889 heiratete er Frl. Julie Alwine Kuhn aus Thal, und abermals zeigte sich sein Hang zu literarischen Scherzen. Für das Hochzeitsalbum erschien Nummer 1 der Zeitschrift „Das Huhn", ausgewiesen als „Touristisches, montanistisches, klubistisches, nihilistisches, chemisches, sozialistisches, moralistisches Hochzeitsblatt".

Zusätzlich zu diesem aufwendigen privatjournalistischen Ulk, dessen behäbige Witzigkeit freilich im Laufe der Jahrzehnte sehr verblaßt ist, wurde auch das Programm einer adaptierten Fassung der „Hochzeit des Figaro" gedruckt. Als Hauptpersonen der Handlung, *dem gleichgesinnten Trauerspiel des Bon marcheur, bearbeitet von Richard Wagner (dem Anderen)* entnommen, fungierten Braut und Bräutigam sowie deren nächste Angehörige. Der Theaterzettel nannte unter anderen: Carlo der Figaro (Hühnerbass), Susanna Alwina Alviera (als Gast), Graf Carlo di Seeligulinga (Seniortenor), Gräfin Rosina di Seeligulinga (Alt) und die Marquise Julia Kuhno (Schwiegermuttersopran).[3]

Ob diese Ehe dann so unbeschwert fröhlich verlief, wie sie anscheinend begonnen hatte, läßt sich nicht feststellen. Der Ehemann jedenfalls lebte vor allem seinen beruflichen Interessen und später, nach Veräußerung der Fabrik im Jahre 1907, der Passion für Entdeckungsfahrten durch die ganze Welt; er bereiste Afrika, Bolivien, Sumatra, den Kaukasus, bestieg den Ararat — dies alles, nicht ohne von den Expeditionen gewichtige Photoalben mitzubringen und darüber in Fachzeitschriften zu referieren. 1904 wurde in Kastanienbaum bei Luzern das Gut Utohorn erworben, das in der Folge durch mehrere Ankäufe beträchtlich an herrschaftlichem Umfang zunahm.

Zehn Jahre zuvor, am 11. Mai 1894, ist Carl Wilhelm Seelig junior in Zürich geboren worden. Er wuchs mit drei Geschwistern auf, dem um zwei Jahre älteren Bruder Paul und den Schwestern Gertrud und Lilly. Die schönsten Erinnerungen aus seiner Kindheit bewahrte er an seine Großmutter mütterlicherseits, deren friedevolles, in sich ruhendes Wesen in einer autobiographischen Skizze Carl Seeligs festgehalten ist: *Ihr achtzigjähriges Gesicht trug die Hoheit eines reichen Menschenlebens. Unter dem weißen, gescheitelten Haar, das ein schwarzes Netz sorglich überdeckte, ruhten, sanft und fern wie ein dunstbehangener See, zwei halberloschene Augen. Ich sah sie nie weinen und nie lachen, es schien, als hätte sie die heftigen Gefühle der Welt schon überstanden und vergessen, als wären sie nur noch da, wie weiße Christbaumkerzen ruhig in das Gedränge des Festes zu leuchten.*[4]

Die Schule besuchte der junge Carl in Zürich, und zwar bis zur dritten Gymnasialklasse, hierauf trat er in die Kantonsschule Trogen ein, wo er auch die Reifeprüfung ablegte. Er lebte dort in einer Art Internat, die Ferien verbrachte er häufig bei der Großmutter in Thal. Als äußerst konfliktträchtig wird im Rückblick das Verhältnis zum Vater beschrieben: *Meinem Vater, einem ewig abgehetzten, ewig rastlosen Fabrikherrn, fehlte die Muße, sich mit uns Kindern abzugeben. Kam er aus seinen Geschäften heim, so brachte er eine heiße Atmosphäre von Nervosität und Ungeduld mit, unter der wir uns, wie bei der Schwüle eines heranbrechenden Gewitters, sehr bange fühlten. Je länger ich ihn kannte, desto heftiger wurde die Spannung zwischen uns. Er mochte ahnen, daß meine Wege einst weit weg von allem Bürgerlichen und Herkömmlichen ziehen würden.*[5]

Doch der Fünfzehnjährige schickte dem Vater noch sehr artige Briefe, die in ihrer ein wenig steifen und altklugen Bravheit freilich alles andere als spontan wirken. Da wurde dem weltreisenden Erzeuger – damals gerade auf dem Weg nach Südamerika – für Ansichtskarten gedankt und in wohlgesetzten Formulierungen über Wetter, Ausflüge, Schularbeiten und frühzeitigen militärischen Drill Bericht erstattet: *Auf heute, Sonntag, bin ich zu einem Freunde nach Herisau eingeladen, aber ich muss einen Aufsatz auf Mittwoch machen über: „Die Wurzel der Bildung ist bitter, ihre Früchte aber sind süss!"*

Das ist ein schönes Thema, nicht wahr, aber um es ordentlich behandeln zu können, braucht's halt doch Zeit.

Am Samstag ist „Kadetten". Das ist immer ein Wort, das uns Seufzen und Klagen hervordrückt: bei dieser Hitze springen,

LV
LÖCKER VERLAG

Diese Karte habe ich folgendem Buch entnommen:

....

....

Bitte informieren Sie mich laufend über Ihre Neuerscheinungen aus den Gebieten:

- .... ARCHITEKTUR
- .... LITERATUR
- .... LITERATURWISSENSCHAFT
- .... ZEITGESCHICHTE
- .... PSYCHOANALYSE
- ....

Absender nicht vergessen!

Abs.: ....

Postkarte

An den
LÖCKER VERLAG

Annagasse 3a
A-1015 Wien

turnen, Gewehre schultern u.s.w. Da zieh ich Schiessen vor, wollen schauen, ob ich dieses Jahr auch wieder eine Ehrenmeldung bekomme. (...)
Herr Direktor geht in 14 Tagen in den Militärdienst, da hat es Frau Direktor wieder streng mit 20 Buben ... Und dazu noch auf der Suche nach einer Köchin. Hast Du in Amerika auch so unter der Fliegenplage zu leiden: wir in unserer Bude sind förmlich gezwungen, auf Massenmord auszugehen, mit Heften, Stöcken u.s.w. bewaffnet, schlagen wir eine nach der andern tot. Nicht etwa aus Mordlust tun wir das, nein, man ist absolut dazu gezwungen, denn die frechen Viecher setzen sich sonst uns schon Morgens 4 Uhr auf die Nase.[6]

Fürwahr, hier spricht das Musterexemplar von einem Sohn, verantwortungsbewußt, bemüht, den Erwartungen der Erwachsenen zu genügen, ja sich selbst und sein Leben aus der Erzieherperspektive zu sehen. Die Grußformel gar: *Einen festen Kuss nimm entgegen von Deinem dankbaren Carl*, auch in dem zweiten erhaltenen Schreiben zu finden, sucht in ihrer männlich domestizierten Herzlichkeit ihresgleichen.

Was nun die Zielgenauigkeit des jungen Mannes betrifft, erhielt er zumindest in den beiden folgenden Jahren je eine „Anerkennungs-Karte für gute Schiessleistungen", ausgestellt vom Kadettenkorps Trogen, und 1914, kurz vor Kriegsausbruch, zwei Ehrenmeldungen der Feldschützengesellschaft Trogen.

Der Weltkrieg markiert einen wesentlichen Einschnitt in Carl Seeligs Leben. Er fühlte sich gerade in dieser „großen Zeit" zum Dichter berufen, konnte jedoch vorderhand nur nebenbei für Zeitungen schreiben. Wohl dem Wunsche der Familie entsprechend, hatte er sich für das Jusstudium entschieden, das er in Neuenburg (Neuchâtel) begann und, von längeren militärischen Einsätzen unterbrochen, in Zürich fortsetzte, wo er außerdem literarhistorische und stilistische Übungen sowie Spanisch- und Englisch-Vorlesungen belegte. Am 25. April

1916 bekundeten Rektor und Senat der heimischen Alma Mater im Namen des zürcherischen Volkes und mit ehrwürdiger Feierlichkeit, daß *Herr stud. jur. Carl Seelig an der Zürcher Universität immatrikuliert und in alle den akademischen Bürgern zustehenden Rechte eingesetzt worden ist.*[7]

Eines der frühesten publizistischen Dokumente — noch während der Neuenburger Zeit verfaßt — stammt aus der „Appenzeller Landes Zeitung" vom Juli 1915. Unter dem Titel „Gegenwarts- und Zukunftsgedanken" formulierte der Autor, vom blutigen Pathos der Ereignisse ergriffen, eine Art Schweizer Glaubensbekenntnis: *Schaudernd hat sich der Tango und all' seine flitterhaften Brüder aus unsern ungastlichen Ländern geflüchtet. Wir weinen ihnen wahrhaftig keine Tränen nach; auch dann nicht, wenn die Kriegsfackel erlöscht sein und der Friede scheu aus der Ofenecke kriechen wird.*

Denn dann gibt es Größeres und Höheres zu tun. Dann wollen wir zeigen, daß die Blutbäche nicht umsonst geflossen sind; wir wollen einer höheren, größeren Kultur zustreben, die in ihrem Herzen die Sonne der Wahrheit und der Menschlichkeit trägt.

Freilich, leicht ist diese Aufgabe nicht. Darüber wollen wir uns keine Illusionen machen. Fast möchte man ein wenig verzagen, wenn man sieht, wie der Haß gegen Deutschland steigt und steigt, wie er auch mit dem günstigsten Frieden nicht aufhören kann und wird.

Wir Schweizer verurteilen die Handlung gegen Belgien, und wer sie nicht verurteilt, der ist in meinen Augen ein Feigling, ein roher Mensch, der keine heiligen Gefühle und Pflichten kennt, und vor allem: er ist nicht Schweizer. Aber diese Schuld wollen wir nicht einem V o l k e aufbürden. Uns steht es nicht an, das Richtermäntelein umzuhängen, denn wir sind wahrhaftig auch keine Tugendbolde; sollten wir das zu Zeiten vergessen, so wollen wir zu unserer Fahne aufschauen. Darin steht geschrieben, daß wir als Helfer und Tröster an dem

Leidenslager tiefwunder Mitmenschen stehen und ihnen nichts als Ehrfurcht und Liebe, große, wahre Liebe schulden. Das ist Schweizerpflicht.[8] Zumindest der Gesinnung nach ist das ein schönes Bekenntnis, das sich als bescheidene Schweizer Stimme dem damals spärlich besetzten Chor der europäischen Antikriegsbewegung zugesellt. Hermann Hesse hatte im November 1914 in der „Neuen Zürcher Zeitung" seinen berühmt gewordenen Artikel „O Freunde, nicht diese Töne" veröffentlicht, dessen wesentliche Botschaft *Daß Liebe höher sei als Haß, Verständnis höher als Zorn, Friede edler als Krieg*[9] allerdings den Großteil der oft nur geistig *einrückend gemachten* Schriftsteller wohl wenig beeindruckte. Freilich muß, um die Relation zu wahren, eines betont werden: der Aufruf des einundzwanzigjährigen Carl Seelig verhält sich zu Hesses Manifest etwa so wie die „Appenzeller Landes Zeitung" zur „Neuen Zürcher".

TRÄUMER, SCHWÄRMER, DICHTER

Die Schweiz war in jenen Jahren das Sammellager der in ihrer Heimat verfemten Pazifisten. Der Literaturnobelpreisträger Romain Rolland lebte in Genf und war dort beim Internationalen Roten Kreuz tätig. Sein achtseitiger Aufsatz „Au dessus de la mêlée" machte ihn zu einem der Wortführer der Vernunft in dem von Haßgesängen dröhnenden Europa. Alles, *was Rolland darin postulierte, meint, wenn mit kühlen, klaren Sinnen gelesen, doch nur selbstverständlichste Selbstverständlichkeit. Aber diese Worte waren in einer Zeit geistiger Massentollheit gesprochen, die heute kaum mehr rekonstruierbar ist.*[1] So urteilte, aus einem Heute, dem die Gegenwart des Zweiten Weltkriegs entspricht, Rollands[2] friedlicher Mitstreiter und Gefährte Stefan Zweig, der sich in diesen Jahren gleichfalls länger in dem neutralen Refugium aufhielt.[3]

Der deutsche Staatsbürger Hesse hatte sich, da man seine Freiwilligen-Meldung zurückwies, der Kriegsgefangenenfürsorge zur Verfügung gestellt und arbeitete von 1915 bis Anfang 1919 in der „Bücherzentrale für deutsche Kriegsgefangene Bern". Die Bücher, die in die Interniertenlager geschickt wurden, stammten großteils von privaten Spendern. Einer von diesen war der Jus-Student Carl Seelig. Am 5. Juli 1916 sandte er Hesse folgenden Brief:

Verehrtester Herr Hesse,
Heute habe ich in einer Zeitung gelesen, dass Sie noch Bücher für Ihre Schützlinge brauchen können. Nun habe ich zwar bereits einen Grossteil meiner Bibliothek an die deutschen, franz. und engl. Kriegsgefangenen geschickt und ich weiss nicht, ob die paar nachfolgenden Werklein genügen — aber man möchte immer noch mehr tun, denn ich habe selbst ein Jahr lang an der Schweizergrenze gestanden und meine Kameraden mit all ihren Absonderlichkeiten, Lastern und Schön-

heiten lieben gelernt. Verehrtester Herr Hesse, Sie wissen nicht, wie sehr Sie mir mit Ihren eigenen Schriften ans Herz gegriffen haben, und wenn ich auch alles herschenkte, so zittern doch heute noch die seltsamen, feinen Gedichte u. Erzählungen (z. B. „in der alten Sonne!") in mir nach.
Ich möchte mal die Kerls sehen, die Sie anzugreifen wagen! Was müssen das für Männer sein, die nicht das Gute und Segensreiche Ihrer Liebestätigkeit sehen. Lieb und teuer sind Sie uns allen![4]
So schreibt nur ein Verehrer, der durch ostentative Verehrung Zuneigung gewinnen möchte. Doch noch war Hesse nicht gewonnen. Er dankte kurz für die *freundliche Büchersendung* und fügte lapidar hinzu: *Wegen jener Feinde und Angreifer müssen wir uns beruhigen. Es ist ersprießlicher u. edler, zur Minorität der Wohlgesinnten zu gehören als zur Majorität der Schweine.*[5]
Damit war der Kontakt für ein Jahr unterbrochen. Etwa gleichzeitig lernte Carl Seelig Stefan Zweig kennen, der in einem *Hotel in Rüschlikon bei Zürich für längere Zeit Quartier bezog. Er munterte mich auf, Bücher lebender Autoren, die mir Eindruck gemacht hätten, von diesen signieren zu lassen und dazu einen Brief über meine Beziehungen zum betreffenden Werk beizulegen.*[6] Das Ergebnis dieser Praxis ist beachtlich, heute als eigene Sammlung in der Zentralbibliothek Zürich zu besichtigen. Da der „Autogrammjäger" in vielen Fällen, wie bei Hesse, sehr emotional ans briefstellerische Werk ging, ergab sich oft eine vertrauliche Beziehung, ohne daß die Briefpartner einander je zu Gesicht bekamen. Im Fall Rolland lauten die Worte, für Seelig zum „Leitmotiv" seines Lebens geworden, *Vivez dans les autres!* Deutsch fügte er noch in seiner fliegenden Schrift hinzu: *Leb im Ganzen!*[7] Im Gegenzug setzte Seelig über eine Kurzerzählung im „Schaffhausener Boten" die Widmung *Seinem Meister, Herrn Romain Rolland, in tiefer Verehrung* und feierte ihn in einem zweispaltigen Hymnus,

dessen begeisterter Elan allein durch die stilistische Eigentümlichkeit nicht recht zur Geltung kommt: *Viele begeiferten ihn mit ihrem Hasse; andere — und es ist der kleinere Teil — schlossen sich in desto engerem Ringe um ihn zusammen und hoben schützend ihre Hände gegen den, der weinend und blutenden Herzens, die Siegerkrone auf dem Haupte, in ihrer Mitte stand. Heute übertönen ihn noch die Schreier, aber schon morgen können die Zeiten kommen, da seine Worte der Liebe und Allbarmherzigkeit wie Glockenklang ergriffen und ersehnt werden.*[8]

Zum 40. Geburtstag Hesses schrieb Seelig einen größeren Artikel, in dem er sich auch über dessen Gedichte äußerte, übrigens nicht zu des Jubilars reiner Freude. Der junge Kritiker meinte, der Dichter habe versucht, *seinen Versen männlicheren Klang und Inhalt zu geben. Freilich habe ich den Eindruck, daß vieles bis jetzt auf Kosten der Poesie geschah, daß, um es offen zu sagen, Hesse sich selbst Gefühle aufzwingt, die er in Tat und Wahrheit gar nicht hat.*[9]

Hesse dankte für die Zusendung der Würdigung, erklärte, seinen Interpreten nicht ganz verstanden zu haben: *Alles, wie Sie sich das Verhältnis des Dichters zu dem, was er dichtet, denken, ist so ganz anders, als ich es kenne. Und daß Sie einen Dichter lieben können, von dem Sie den Eindruck haben, er zwinge sich Gefühle auf, die er gar nicht hat. Ein Dichter, der das tut, ist ein Narr, und wenn man ihn dabei meint ertappt zu haben, ist er erledigt.*[10] Im zitierten Brief heißt die Anrede noch *Lieber Herr!*, im folgenden, wie es scheint, der Antwort auf ein begütigendes Schreiben, ist daraus ein bloß *Werter Herr!* geworden, der sich außerdem durch die Vermittlung von einigen Kriegsgedichten Heinrich Lerschs unbeliebt gemacht hat. Hesse fühlte sich *so völlig mißverstanden (. . .) als möglich ist. Und dann: Wenn Sie selber nicht im Stande sind, zwischen ,,Gefühle heucheln" und ,,Gefühle schlecht ausdrücken" sprachlich zu unterscheiden, wie wollen Sie dann einem andern mangelnden Ausdruck vorwerfen.*[11] Dies, bei gleichzeitiger Versicherung großer Hochschätzung, komme ihm so vor, *wie wenn man von jemand sagte: er ist zwar ein Hochstapler, aber ein prachtvoll ehrlicher Kerl. Genug, ich habe nicht das Bedürfnis, über Literatur zu plaudern, habe auch keine Zeit. Dieser scheußliche Krieg, der für Euch Junge ein glänzendes Phänomen ist, ist für uns Vierzigjährige etwas anderes. Uns frißt er nicht ein paar Jugendjahre weg, die man ohnehin auf Abenteuer und dergl. verwendet hätte; uns stiehlt er die Jahre der Lebenshöhe, und jeder von uns, der den Krieg loben und rühmen hilft, ist ein Verbrecher.*[12]

Man muß gar nicht besonders genau lesen, um zu erkennen, daß hier ein Erwachsener einen noch nicht ganz Ernstgenommenen zurechtweist, nicht unfreundlich, aber deutlich.

Wie sehr verwundert es, wenn man aus demselben Jahr Briefe lesen kann, die einen völlig anderen Ton anschlagen: *Mein lieber Herr Seelig! Wie gut sind Sie! Haben Sie schönen Dank. Ihr liebes Anerbieten nehme ich gerne an. (...) Ich schicke Ihnen, für den angebotenen Betrag, vier Pakete Bücher, meist recht gute Sachen, und einige Manuscripte (sie sind in dem großen, flachen Paket beigelegt). Und hier lege ich Ihnen ein Aquarell aus dem Tessin bei.*[13]

Was war geschehen, daß aus dem ermahnenden älteren Briefpartner ein freundlicher Empfänger hilfreicher Zuwendungen wurde?

In einem kurzen Brief Seeligs, am 26. September geschrieben, stehen Abschiedsworte, vor dem Aufbruch an die Grenze: *Eine dunkle Ahnung sagt mir, daß ich diesesmal nicht wiederkehren werde.*[14] Und dann, am 1. 10. 1917, einige Zeilen in stark veränderter Schrift: *Lieber Hesse, meine Ahnungen haben sich schon erfüllt.... Mein Vater wurde in Schnee und Eis mit zwei Bekannten tot am Kleinen Spannort aufgefunden. Die Berge, die er so sehr liebte, haben ihn erschlagen... Es hing an einem Haar, so wäre ich damals mit ihm gegangen. Dann wäre auch mein Kampf zu Ende gewesen.*

Es sollte nicht sein. . . . Mir graut vor den Bergen, mir graut, nun da ich die Leiche meines Vaters ihrem Reiche entreiße . . .
Leben! Leben.
Schenken Sie mir Ihre Liebe.[15]
Die Erschütterung ist unzweifelbar, ebenso freilich die Tatsache, daß Carl Seelig kaum etwas sehnlicher gewünscht hat als den Tod des Vaters.

Die „Schweizer Illustrierte Zeitung" ließ es sich nicht nehmen, einen Bildbericht über das Unglück zu veröffentlichen: *Der bekannte Tourist und Weltreisende C. Seelig aus Zürich und seine jungen Begleiter, Oblt. Hurter aus Zürich und Fräulein Cabanis, fanden zu Ende des letzten Monats auf dem Massiv des Kleinen Spannort einen jähen Tod. Die eigentliche Ursache des Absturzes ist nicht bekannt.*[16] Zu diesem Text präsentierte die Illustrierte Porträts der Opfer und zwei Aufnahmen, die die Rettungsmannschaft in Aktion zeigen. Auf einem der Bilder läßt sich von hinten die hohe Gestalt Carl Seeligs ausnehmen.

In Seeligs Erzählung „Die Auferstehung", 1923 veröffentlicht, werden die näheren Umstände der Bergung beschrieben und zugleich die Gefühle des Sohnes eindeutig und — bei aller Anlehnung an modischen Vatermord-Expressionismus — glaubhaft dargestellt:[17]

Ich habe ihn nicht geliebt. Ich habe ihn sogar oft gehaßt mit dem ganzen Sturm meiner Jugend. Ich erinnere mich noch gut jenes Abends, da er mich, vielleicht ohne es zu wissen, bis zum Wahnsinn gequält hatte und ich, in einer furchtbaren Erregung, das Gewehr von der Wand nahm. . . . Es ist gut, daß er gestorben ist. Er oder ich: eines Tages wäre diese Frage dagewesen, unerbittlich, ohne Erbarmen. (. . .) Nur von seinem Tod will ich hier erzählen, weil dieser Tod meine Auferstehung war.

Mein Vater, ein leidenschaftlicher Bergsteiger, war an einem Herbsttag zu einer nicht sehr beschwerlichen Tour aufgebro-

chen. Wir hatten zuvor noch einen bösen und wilden Streit gehabt, bei dem es manches erregte Wort, ja sogar Tränen verbissenen Trotzes gab. Ich sehe noch jetzt seine kleinen, aber eigentümlich lebhaften Augen zornig in den meinen haften, als wollten sie mich von sich schleudern — es war mir damals, als brenne eine letzte Warnung in ihnen, meinen Eigensinn nicht weiter zu treiben und mich unter seine Gewalt zu beugen.
Als mehrere Tage ohne Nachricht verstrichen, machte sich Carl Seelig auf und organisierte eine Rettungsexpedition. Sie folgten den Spuren der drei Vermißten, bis diese plötzlich *auf abschüssiger Bahn in drei breiten Rinnen* ausbrachen und in eine Gletscherspalte wiesen. Einer aus der Mannschaft ließ sich am Seil hinab. *Nach einer Viertelstunde zogen wir den Körper meines Vaters in die Höhe. Die Augen waren durch die Schneebrille tief eingedrückt, das Genick gebrochen, um den Mund ein irres, verzerrtes Lachen. (. . .) Seine weißen, schmerzenden Hände lagen auf uns allen und ballten sich zu Fäusten, die auch uns jede Minute erschlagen konnten — unbarmherzig, wie ein Stücklein Glas. (. . .) ,,Nun bin ich frei, frei nach diesen vielen Jahren bittren Knechttums. Nun darf ich sein wie Andere sind: ein Träumer, ein Schwärmer, ein Dichter!" Umsonst wehrte ich mich gegen diesen Jubel, beschämt, daß er über das Gesicht eines Toten dahinrausche: immer wieder ergriff mich das zitternde Gefühl, von langer Gefangenschaft endlich in die Heimat einzukehren.*
Noch im Tod scheint die Macht des Vaters ungebrochen, und wahrscheinlich kommt auch daher das Bemühen, die Leiche so genau, so grausig genau wie möglich zu beschreiben, um sich zu versichern, daß der Verhaßte wirklich tot ist.
Nach außen gab sich Carl Seelig freilich als der geziemend trauernde Sohn, sein Verhalten glich dem eines jeden anderen in dieser Situation. Er verschickte Todesnachrichten und an Auserwählte sogar Nekrologe. Von Fritz von Unruh traf ein

Kondolenzbrief ein, *wärmste Anteilnahme* und die dem Anlaß angemessenen simplen Weisheiten formulierend: *Wer kennt die Zukunft! Vielleicht haben es die Berge gar nicht so schlecht gemeint. (...) Wir wollen dem Schicksal nicht grollen. Oben im ewigen Schnee, in der Höhe lebt das Andenken an Ihren Vater. Bleiben Sie stark! Wir alle haben diesen Weg zu gehen. — Bereiten wir uns ernster, freudiger darauf vor.*[18] Auch Käthe Kollwitz dankte für die Übersendung eines Nachrufs: *Was ist Ihr Vater für ein voller prächtiger Mensch gewesen. Wie lebensvoll gütig und klug blicken seine Augen. Ja, an einem solchen Vater habe Sie sehr viel verloren.*—[19]

Wer nun hat hier falsch gesehen? Die Kollwitz oder Carl Seelig? Zwei Photos des Vaters sind erhalten. Aus einem, dem Hochzeitsbild, sprechen Trauer, Unsicherheit und zugleich das Versprechen, düster-entschlossen sich selbst gegeben, es der Welt eines Tages zu zeigen. Das andere präsentiert den „bekannten Weltreisenden" im Triumph, auf der Höhe seines Lebens, eins mit sich selbst geworden und in der Tat von äußerst unangenehmer Ausstrahlung. Wie immer, dieser Tod ermöglichte Carl Seelig die Verwirklichung seines Lebenstraumes: den Eintritt in die Literatur, und sei es auch durch jenen Eingang, der für die Reichen reserviert ist. Die Verlassenschaft des Vaters wurde in die „Familienstiftung Utohorn" übergeführt, die den Bestand des Kapitals gewährleisten sollte. Wieviel Seelig auch in Zukunft arbeiten wird, im Grunde blieb es Hobby; was er verdiente, er brauchte es nicht, konnte es anderwärtig verwenden.

Die Intensität der Gefühle, das Potential an Aggressivität, wie es im Vatererlebnis deutlich wird, berührt jedenfalls seltsam.

Seeligs Appell an Hesse *Schenken Sie mir Ihre Liebe* blieb nicht ohne Widerhall. Der Dichter ließ ihn gewähren, akzeptierte die zahlreichen kleinen Aufmerksamkeiten, mit denen sich der Jüngere lieb und wert zu machen suchte. Zumindest an einem Schreiben, das auch in die „Gesammelten Briefe" aufgenommen wurde, sind Hesses Interesse, Mitgefühl und

Verständnis, gegründet auf das Bewußtsein konstitutioneller Ähnlichkeit, abzulesen. Selbst durch schwere psychische Krisen gegangen, konnte er, was er daraus gelernt, weitergeben: *Sie stehen, lieber Freund, zwischen zwei Polen, bald zum einen, bald zum andern neigend. Die Mördermöglichkeit ist der eine Pol, der andre ist die Güte und abgeklärte Schicksalsbereitschaft, die mich bei Ihnen beim letzten hiesigen Zusammensein fast frappierte. (...) Aber als Sie hier waren, fiel mir an Ihnen in zwei Gesprächen eine stille resignierte Güte auf, die zu keinem Leiden mehr nein sagen will, und die ich mit Rührung und Liebe wahrnahm. Zugleich aber war in Ihnen eine gewisse Ungeduld und Gereiztheit gegen andres, das auch zu Ihrer Welt gehört, gegen die Expressionisten und Neuerer zum Beispiel, und ich hatte das Gefühl, die Abwehr, deren Heftigkeit nicht mit Ihrer übrigen Stimmung harmonierte, sei das, was die Psychologen eine „Verdrängung" heißen, das heißt, Sie wehren sich gegen Dunkles, Triebhaftes und Übermächtiges, was in Ihnen ist und was Sie nicht wahrhaben und nicht laut werden lassen wollen. (...) Ich will Ihnen bloß sagen: der Mörder in Ihnen hat seinen Bruder bei mir, und Sie werden mit dem Mörder desto besser fertig, je mehr Sie ihm zuhören, ihn zu Wort kommen lassen, ihn zu verstehen suchen. Je weniger wir uns vor unsrer eignen Phantasie scheuen, die im Wachen und Traum uns zu Verbrechern und Tieren macht, desto kleiner ist die Gefahr, daß wir in der Tat und Wirklichkeit an diesem Bösen zugrund gehen.*[20]
Einsicht ist's und Warnung, und vielleicht hat Seelig beides berücksichtigt, als er wenige Jahre danach die zitierte Geschichte „Die Auferstehung" niederschrieb, die doch gegen gewaltige Tabus verstößt, in ihr aussprach, was sonst den Bezirk geheimer Wünsche und Gedanken nicht verläßt. An manchen Zügen seines Lebens mag man freilich erkennen, daß das „Problem Vater" nie ganz bewältigt wurde, daß Seelig bis zuletzt in ihm einen unsichtbaren und bestimmenden Begleiter hatte.

WEGE ZUR LITERATUR

Den Eintritt in die Literatur, wie sollte Carl Seelig ihn am besten gestalten? Da wäre einmal die simpelste Möglichkeit: Schreiben. Neben Rezensionen, vor allem über Bücher mit Kriegsthematik, finden sich ,,eigenschöpferische" Arbeiten, Stimmungsbilder aus dem Felddienst[1] und sogar Lyrik. Ein Beispiel dafür, überdies von revolutionärer Gesinnung, steht im sozialdemokratischen ,,Volksrecht". Als Autorenangabe des Gedichts ,,Den Wucherern ins Stammbuch" begnügte man sich mit der schlichten Formel *Von einem Soldaten:*

> *Euch Wucherern*
> *Sing ich dies Lied des Hasses*
> *Mit bebendem Munde,*
> *Denn wisset, die Stunde*
> *Gewalt'ger Vergeltung ist nah.*
>
> *Die Speisen mögen vergiftet sein,*
> *Vergiftet euer Champagnerwein,*
> *Ersauft im blut'gen Strom, der breit*
> *Aus meiner Brüder Wunden fließt,*
> *Euch schlag die Eisenfaust der Zeit,*
> *Die dieser Krieg wildglühend gießt.*
> *Und kommt die Nacht im Sternenmeer*
> *Und deckt das Leid der Guten zu,*
> *Dann mög der Toten Riesenheer*
> *Euch quälen sonder Rast und Ruh,*
> *Damit ihr fühlt, damit ihr wißt,*
> *Daß euer Tun Verbrechen ist,*
> *Und euer Geld und euer Gut*
> *Besudelt ist mit Menschenblut –*
> *Tag der Rache, komme!*[2]

Daß hier ein durchaus vermögender Poet am Werk war, läßt sich textimmanent nicht unbedingt erkennen. Doch soll man dieses blutrünstige Gerechtigkeitspathos nicht für Pose halten. Solche Absonderlichkeiten gehören zu Seelig, sie sind für ihn geradezu charakteristisch. Er glaubte, was er sagte, auch wenn sich zwischen den einzelnen Aussagen dann erhebliche Widersprüche ergaben. Die höheren dichterischen Weihen empfing Seelig, als Hesse Lyrikproben von ihm in sein ,,Alemannenbuch" aufnahm, weil er *einige Gedichte von Jungen (...) drin haben wollte. Ich habe vier von Ihnen gewählt und behalten,*[3] teilte der Herausgeber seinem Beiträger mit. *Die anderen lege ich bei, da Sie die Abschriften gewiß noch brauchen werden. Gelesen habe ich alle mit Mitgefühl, und Ihrer gedacht.*[4] Die vier ausgewählten sind nun keine Meisterwerke, haben jedoch den Vorzug, daß sie genausogut schlechte Gedichte Hesses sein könnten, an denen gleichfalls kein Mangel besteht. Jedenfalls muß es für Seelig ungemein wichtig gewesen sein, sich in gedruckter Gesellschaft Hesses, Jakob Schaffners, René Schickeles, Robert Walsers und Robert Faesis wiederzufinden.

Der andere Zugang zur Literatur hängt mit den zahlreichen, bereits sehr früh geschlossenen Dichterbekanntschaften zusammen. In einem Alter, da andre, wenn überhaupt, ehrfürchtig Lesungen bedeutender Persönlichkeiten lauschen, konnte Seelig sich bereits des persönlichen oder herzlichen brieflichen Verkehrs mit ihnen rühmen.

Mit Gustav Meyrink war er Anfang 1917 in Kontakt getreten und verpflichtete sich den Dichter noch im selben Jahr durch eine ausführliche ,,Golem"-Rezension, die in erster Linie gegen dessen politische Gegner — *diese Berufsteutonen, im Verein mit den Duckmäusern der antisemitischen Partei —*[5] gerichtet war. Meyrink zeigte sich für diesen *sehr grossen Freundschaftsdienst* durchaus empfänglich und meinte anerkennend: *Ihre Kritik hat mich aber auch sachlich aufs höchste erfreut.* —

Ich finde, sie trifft gerade das, worauf es ankommt, mitten ins Schwarze.[6]

Waldemar Bonsels, damals wie heute als Schöpfer der „Biene Maja" bekannt, hatte ebenfalls nichts dagegen, daß sich da ein unbekannter junger Schweizer als Vertreter seiner Interessen anbot: *Vielen Dank für die Mühe, die Sie sich für das Leben meiner Arbeit in der Schweiz machen wollen, ich hoffe nur, daß Sie nicht enttäuscht sein möchten, wenn der Erfolg ausbleibt.* Außerdem fügte Bonsels beruhigend hinzu: *Sie erscheinen mir nicht aufdringlich, wie Sie es befürchten. Ich habe keinen Grund, an der Uneigennützigkeit Ihrer Handlungsweise zu zweifeln . . .*[7]

Dem Lyriker Hermann Claudius, einem Urenkel des großen Matthias, dürfte Seeligs jugendliches Freundschaftspathos sehr zu Herzen gegangen sein. Die expressionistisch getönte Anrede lautet schlicht: *Lieber Menschenbruder!*, und er verabschiedete sich, wen wundert's, *Mit Brudergruß*.[8] Claudius hatte nun, zumindest zu Kriegsbeginn, keineswegs zu den Friedenskündern gehört. 1914 war sein Gedichtband „Hörst du nicht den Eisenschritt?" erschienen, und dieser Eisenschritt klang mehr martialisch als nach Brüderlichkeit.

Andreas Latzko hingegen war an der Front durch und durch Pazifist geworden. Mit seinem — in der Erstauflage anonym veröffentlichten — Novellenband „Menschen im Krieg" hatte der österreichische Offizier großes Aufsehen erregt, jedoch dadurch in Deutschland und Österreich Repressalien der Behörden auf sich gezogen. Karl Kraus empfahl in der „Fackel" dieses *als Kriegsdokument wichtigste Buch* nachdrücklich und sah den Tag kommen, *an dem das offizielle Österreich darauf stolz sein wird, daß es auch durch diese Tat am Weltkrieg beteiligt war.*[9] Krankheitshalber hielt sich Latzko in der Schweiz, in Davos auf, und Seelig versuchte, wo er konnte, zu helfen, verschaffte ihm sogar in Zürich eine Wohnung. In Briefen vertraute ihm Latzko Sorgen und Ängste an: *Ich war kaum hier*

oben angekommen (allein, ohne meine Frau, und sehr erschöpft, wie Sie sich denken können), als die hiesige Polizei bei mir erschien, um auf telegraph. Befehl aus Zürich zu eruieren, ob ich Deserteur sei, oder nicht. Nun ich bin's nicht, mein Paß war in Ordnung, das wurde nach Zürich hinuntertelegraphiert, und seither ist Ruhe. Nun gelang es mir aber zu erfahren (das natürlich unter Diskretion!), daß im Telegramm von dem ,,oesterr. Offizier Latzko, der in Zürich und Bern antimilitaristische Vorlesungen gehalten" die Rede war.[10] Auch als Latzkos Frau todkrank darniederlag, bewährte sich Seelig als Klagemauer und nicht nur als das: als tatbereiter Helfer. Darüber hinaus hat er es verstanden, sich als eine Art Anlauf- und Servicestelle des internationalen Pazifismus zu etablieren. So vermittelte er Bücher: jene Latzkos an Henri Barbusse: *J'ai reçu aussi le livre de Latzko. Je te remercie de tout cœur pour tout cela.*[11] Ebenso wie jene Barbusses an Hermann Hesse: *Ich schulde Ihnen noch Dank für das liebe Geschenk, das Sie mir mit Barbusse gemacht haben! Wie lieb von Ihnen!*[12]
Carl Seelig konnte aber auch, unverblümt gesagt, recht lästig werden, wenn er sich mißachtet oder unkorrekt behandelt fühlte. Dabei war ihm dann Ansehen, ja Ruhm seines brieflichen Gegenübers herzlich egal. Aus dem Felde, am 11. ,,Hornung" oder, weniger germanisch als von Seelig formuliert: am 11. Februar 1918, schrieb er an Gerhart Hauptmann:
Lieber Dichter,
Vor Monaten schickte ich Ihnen eine Feldpostkarte und hoffte sehr, dass Sie mir darauf antworten würden. Dass Sie es nicht getan haben, schmerzt mich; wir Soldaten dieses Krieges müssen so viel geben: all die Süsse der Jugend, der Liebe, die Jahre, in denen andere das Leben geniessen und wir in kalten, dumpfen Schützengraben stecken – ich denke, wir sind es doch schliesslich, dass Ihr Dichter hinter der Front noch schreiben, dass Eure Bücher noch gelesen, Eure Stücke noch aufgeführt werden können. (. . .) Ich habe Sie je und je

gegen die Angriffe verteidigt, die seit Ausbruch des Krieges Ihrer politischen Haltung wegen in der Schweiz auf Sie gerichtet waren — das hat mit dem Dichter nichts zu tun. Es ist wahr, wir Schweizer und viele von Euch in den Schützengräben haben gelernt umzudenken; ich persönlich bin, nach schweren Kämpfen, Europäer, Menschenbruder geworden. Und ich glaube, die stärksten Dichter der jungen deutschen Generation — Fritz von Unruh, Heinrich Lersch, (die ich beide persönlich kenne) und noch viele andere werden in diesem Geist arbeiten.

Und Sie, Gerhart Hauptmann, werden wir gerne als den Bahnbrecher einer liebevolleren Zeit anerkennen.[13]

Verschärft wurde dieses Schreiben noch durch die Beigabe zweier Bilder, von denen eines den jungen „Menschenbruder" in voller Montur und kühn in die Ferne blickend zeigt.

All diese literarischen Verbindungen, die Aufbruchsstimmung nach Ende des Ersten Weltkriegs, die ökonomische Unabhängigkeit und nicht zuletzt wohl auch die Einsicht, selbst kein dichterisches Talent ersten Ranges zu sein, dürften in Seelig den Plan reifen haben lassen, unter die Verleger zu gehen. Am 20. Jänner 1919 trat er in die renommierte Firma Rascher & Cie ein, wie es heißt, mit der Absicht, *sich innert eines Jahres Kenntnisse über die wichtigsten verlegerischen Arbeiten zu erwerben.* Das Dienstverhältnis wurde allerdings bereits am 15. April selbigen Jahres wieder gelöst: *Da er schon früher, als ursprünglich beabsichtigt, einen eigenen Verlag gründen will, verlässt er die Stelle schon heute.*[14] Bescheinigt wird dem kürzestfristigen Angestellten, sich mit Korrekturlesen, Inseraten, Besprechungen und der Registratur von Manuskripten beschäftigt zu haben.

Nun war die von Seelig angestrebte Verlagslaufbahn keineswegs die übliche. Er wollte keinen kommerziellen Weg einschlagen, vielmehr einen sehr schöngeistigen, und so hatte er für sein Projekt auch einen schon damals prominenten Geburts-

helfer: Stefan Zweig. Dieser stand ihm mit Rat und Tat zur Seite, ja es scheint, als wäre die ganze Konstruktion ohne sein konzeptives Eingreifen nie zu verwirklichen gewesen. In einem Brief, mehrere Punkte umfassend, setzte er Seelig die beste Vorgangsweise auseinander. Vorgesehen war, als selbstständige Abteilung des Verlags Rascher zu arbeiten; wesentlich sei jedoch dabei, so Zweig, *dass Sie der Eigentümer des Unternehmens sind und bleiben, der Name Ihnen gehört, Sie die finanziellen Verpflichtungen übernehmen, dafür aber auch jede wie immer geartete Einmengung des Verlages ablehnen.* Seelig möge Rascher nur den Vertrieb seiner Buchreihe übertragen und sich nicht auf bloße Herausgeberschaft beschränken. Zweig gab dem jungen Freund außerdem noch den Grund seines Engagements zu erkennen: *Wie sehr ich mich Ihrer menschlich freue und wie glücklich ich wäre, Ihren reinen Willen an einem schönen Werk tätig zu wissen, weil ich weiss, dass Ihr Lebensgefühl dadurch Sicherung, Ihre Hilfsbereitschaft weite Wirkung finden würde.*[15]
Auch zwei Prospektentwürfe tragen die Handschrift, und nicht allein die geistige, Stefan Zweigs. Das ehrgeizige Projekt hieß „Die Zwölf Bücher" und hatte genau definierte Ziele: *In bewusster Beschränkung sollen hier alljährlich zwölf Werke deutscher und ausländischer Literatur einem im voraus begrenzten Kreise geboten werden und zwar ausschliesslich unveröffentlichte Werke zeitgenössischer Kunst. Jeden Monat wird in erlesener Ausstattung ein unveröffentlichtes Druckwerk erscheinen, und eine Reihe der reinsten und angesehensten Künstler unserer Zeit haben bereits uns das Vertrauen erwiesen, die erste Ausgabe ihres nächsten Werkes uns zu übertragen.*[16] Die Richtlinien legten ferner fest: 1000 Stück Auflage, keine Konkurrenz zu kommerziellen Verlagen, zeitliche Begrenzung des Vertrags mit den Autoren auf ein Jahr, danach freie Verfügung über das Werk, keine Werbung. Im ersten Entwurf wurde überdies ausdrücklich betont, mit *Ausschluß politischer*

und polemischer Werke sei jede dichterische Arbeit willkommen. Auch wurde besonders auf den Charakter einer verschworenen Gemeinschaft der Freunde der „Zwölf Bücher" hingewiesen: *Meine Absicht ist einzig, wertvolle Werke der Zeit zu vereinen in einer schönen, belebten Form, und manchem, der die reine Liebe zu den Dichtern und den Büchern sich bewahrt hat, Gelegenheit zu geben, zuerst die besten Werke der besten Dichter still zu geniessen, ehe sie Mode oder Discussion geworden sind.*[17] In gedruckter Form sieht die Proklamation zwar ein wenig anders aus, doch die Vorlagen lassen sich unschwer erkennen: *Die Zersplitterung und Verworrenheit unserer Zeit, die eine seelische Einkehr so sehr erschweren, haben in uns den Wunsch geweckt, losgelöst von allen politischen, nationalen und eigensüchtigen Gedanken, einzig der Sammlung und Wiedererweckung dichterischer Kraft und menschlicher Reinheit gewidmet, eine Gemeinschaft von Menschen und Büchern zu schaffen. Wir haben eine Bücherei begründet: DIE ZWÖLF BÜCHER, herausgegeben von Carl Seelig, Zürich . . .*[18]

VERLEGER IN BEWEGTEN ZEITEN
„DIE ZWÖLF BÜCHER"

Am 30. April 1919 war in Wien zwischen dem ehemaligen S. Fischer-Lektor Ernst Peter Tal und Carl Seelig ein Vertrag geschlossen worden, dem gemäß Seelig als „stiller Gesellschafter" in die Firma E. P. Tal & Co. eintrat – mit derselben Einlage wie die Verlagsgründer, nämlich mit 150.000 Kronen.[1] Als Laufzeit waren drei Jahre vorgesehen, die Bekanntschaft zwischen den Geschäftspartnern hatte Stefan Zweig vermittelt.

Hermann Hesse stellte sich nach abgeschlossener Mission mit Glückwünschen ein: *Gut, daß Sie wieder daheim sind, u. daß Ihre abenteuerliche Reise nicht erfolglos war! Ich gratuliere dazu.*[2] Schon vorher, Mitte März 1919, hatte er seine Unterstützung zugesagt: *Der Plan, wie Sie ihn schildern, gefällt mir sehr gut, und scheint mir sehr wohl ausführbar. Sie können auf mich zählen. Erstens auf ein Büchlein von mir (entweder Gedichte oder noch lieber eine Sammlung kurzer Betrachtungen und Geschichten), zweitens auf Rat und Empfehlung.*[3] Und Hesse hielt Wort, obwohl er Seelig vor dessen Wienaufenthalt noch ein wenig in die Irre geführt hatte, indem er ihm als Autor der Reihe jene schemenhafte poetische Gestalt empfahl, hinter der er sich selbst verbarg: *Ein noch unbekannter Dichter, zu dem ich raten würde, wäre Emil Sinclair. (...) Aber Sinclair ist (der Name ist Pseudonym) krank und sehr unzugänglich, so daß jedenfalls im Augenblick da nichts geschehen kann.–*[4] Bereits 1919 erschien Hesses Bändchen „Kleiner Garten. Erlebnisse und Dichtungen", *im Auftrag von Carl Seelig, Zürich, in tausend numerierten Exemplaren* gedruckt. Zuvor hatte Hesse allerdings Bedenken seines Verlegers Samuel Fischer zerstreuen müssen: *Ihre Sorge wegen jenem Buch bei Tal in Wien ist unnötig. (...) Der Herausgeber ist mein Freund und gibt mir das Honorar in Franken, der*

Tal ist bloß Drucker und technischer Verleger. Für mich bedeutet außerdem die Zugehörigkeit zu dieser Serie ein kleines Dokument der Zusammengehörigkeit mit Rolland, Barbusse, Zweig etc. und andern wenigen Intellektuellen, die während der Kriegsjahre mir im Herzen nahe waren.[5]

Daß E. P. Tal in diesem Brief bloß, ein wenig abwertend, als *Drucker und technischer Verleger* firmiert, ist keineswegs untypisch und läßt auch später auftretende kleinere Spannungen zwischen dem durch den Verlagsnamen offiziell legitimierten Tal und seinem ziemlich selbständigen Kompagnon erahnen.

Die beiden anderen im Jahre 1919 ausgelieferten Titel der „Zwölf Bücher" waren Romain Rollands 1902 entstandenes Stück über den Burenkrieg „Die Zeit wird kommen" (in der Übersetzung von Stefan Zweig)[6] und Zweigs Reisebilder „Fahrten. Landschaften und Städte". Angekündigt war ferner die — Monat für Monat erfolgende — Edition unveröffentlichter Werke von Henri Barbusse, Max Barthel, Waldemar Bonsels, Frederick van Eeden, Micha bin Gorion, Leo Greiner, Carl Hauptmann, Friedrich Koffka, Andreas Latzko, Heinrich Lersch, Alfons Paquet, Max Picard, Wilhelm Schmidtbonn, André Suarès, Henri van de Velde und Jakob Wassermann. Tatsächlich auf den exclusiven Markt kamen freilich bloß vier davon: Barbusses „Erste Novellen", in der Übersetzung von L. Andro (d. i. Therese Rie), Carl Hauptmanns dramatische Legende „Der abtrünnige Zar", Wilhelm Schmidtbonns Tiergeschichte „Die Flucht zu den Hilflosen" und Suarès' antikisches Drama „Cressida" (übersetzt von Stefan Zweig und Erwin Rieger). Anstelle der angekündigten Autoren gelang es dann, Georges Duhamel, Maurice Maeterlinck, Wilhelm Schäfer, Ernst Toller und Otto Zoff zu verpflichten.[7]

„Die Zwölf Bücher" muten nun in Konzept und Realisierung, von heute aus gesehen, recht seltsam an. Bei allem Respekt vor den erhabenen humanistischen Idealen möchte man meinen, daß hier doch in Form einer Buchgemeinschaft eine snobistische Internationale begründet werden sollte. Dichter- und Werkliebe, stiller Genuß, womöglich aus luxuriösen Ganzlederbänden mit Goldschnitt gezogen — all das scheint sich mit dem Geist einer in Weltkrieg und Revolution in Scherben gegangenen Epoche kaum zu vertragen. Und doch paßt dieses „Unternehmen heile Welt", schöngeistig und unpolitisch wie es war, sehr wohl in die Zeit, als Gegenentwurf zu ihrer heillosen *Zersplitterung und Verworrenheit*. Auch daß ein junger, ein wenig parsifalartiger Schweizer zum Spiritus rector des Ganzen werden konnte, ist nicht uncharakteristisch. Nun war Seeligs Projekt in seiner leichten Verstiegenheit keineswegs besonders ungewöhnlich. Die Atmosphäre der frühen Nachkriegszeit hat noch ganz anderes gezeitigt. Ein eindrucksvolles Beispiel gibt Alfred Brust ab, der Seelig mehrere Briefe schrieb, die auch in persönlicher Hinsicht von einem gewissen Sendungsbewußtsein getragen waren: *Ich werde achtundzwanzig Jahre alt — und es ist Zeit, daß von meiner Existenz bekannt wird.*[8]

Außerdem schickte er ihm aber umfangreiche „Synthetische Bemerkungen über die Nutzbarmachung von Kirchen zu religiöser und künstlerischer Erziehung der Menschheit (zunächst im Rahmen eines Zusammenschlusses geistiger Menschen)", die davon ausgehen, daß die Kirche die ihr aufgetragenen Aufgaben schmählich verraten habe und daß es hoch an der Zeit sei, das Ruder herumzureißen, nachdem man es den Kirchenoberen aus der Hand genommen. In mehreren Punkten wird der Plan dargelegt, Nr. 3, der umfänglichste, sei hier zitiert: *Der Zusammenschluß nimmt sofort Beziehungen zu den zweckentsprechenden Parteileitungen und freiheitlichen Regierungen aller Länder auf, um ein gemeinsames Arbeiten zur Tatsetzung der großen Idee in die Wege zu leiten und ständig zu fördern. Er sammelt vor der Hand Gelder, die für den Ankauf oder Bau einer Kirche bestimmt sind, um so durch Dar-*

bietung eines wirksamen Vorbildes den Nachbildern Hindernisse aus dem Weg zu räumen.
Es werden in der Kirche gepflegt werden: Dichtkunst, Malerei, Bildhauerei, Musik. Die Dichtkunst wird gepflegt: durch Darbietung von Altarspielen jedes sittlichen Inhalts, durch die Einführung in Dichtwerke, durch eine angegliederte öffentliche Bibliothek. (. . .) Die höchste Aufgabe der Kirche beruht in der Erziehung zum Ausnahmemenschen und in der Erziehung der Masse zum Anschluß an den Ausnahmemenschen. Abgesehen davon bleibt den Kirchen die Pflege der Künste in jeder Hinsicht überlassen.[9] Fürwahr, daneben nehmen sich Seeligs Gedanken ungemein wirklichkeitsnah aus!
Trotz des regen Briefwechsels kam es übrigens zu keiner Verlagsbindung Brusts an Seelig bzw. Tal. Im allgemeinen war es Carl Seelig, der die Verhandlungen führte, Verträge schloß und das fixe Honorar aus eigener Tasche bezahlte; jeweils zum Jahresende wurden die verkauften Exemplare mit ihm verrechnet.
Seelig war in seinen Aktivitäten bestrebt, alles was in der Literatur Rang und Namen hatte, für sein Unternehmen anzuwerben. Aufschlußreich sind daher auch die negativen Antworten. So trafen, im Abstand zweier Wochen, Absagen von Heinrich und Thomas Mann ein, womit die damals einander recht feindlichen Brüder zumindest eine gewisse Gemeinsamkeit hatten. Gleichwohl sind Art und Weise der Reaktionen sehr verschieden. Heinrich schrieb knappest und mit vorzüglicher Hochachtung: *mit bestem Dank für Ihre gefl. Aufforderung muß ich Ihnen mitteilen, daß vertragliche Verpflichtungen es mir verbieten, ihr nachzukommen.*[10] Thomas teilte ein Gleiches, nur viel ausführlicher mit, sichtlich angetan von der ihm erwiesenen *Ehre und Freundlichkeit*. Beinahe drei Seiten lang werden eigene Projekte und Verpflichtungen aufgelistet: *Auf jeden Fall: Sie sehen, daß Ihre Idee mich beschäftigt. Und glauben mir gütigst, daß ich, wenn eine Gele-*

genheit sich bietet, mich Ihrer Einladung dankbar erinnern werde.[11]
Alfred Döblin war ebenfalls durch die Einladung geehrt, was ihn nicht hinderte zu bekennen: *Ich habe aber nichts Unveröffentlichtes.*[12] Gerhart Hauptmann mußte gemahnt werden,[13] dürfte jedoch auch darauf nicht reagiert haben. Arthur Schnitzler wiederum konnte, auf eigene Gedichte angesprochen, bloß mitteilen: *Ich habe nicht sehr viele geschrieben und die wenigsten haben etwas zu bedeuten.*[14] Rainer Maria Rilke schickte kostbare Worte, kündend, daß auch er, zu seinem großen Bedauern, nicht imstande sei, an dem von ihm hochgeschätzten Projekt mitzuwirken: *Die Entschlüsse und Absichten, die Sie, im Einklang mit bedeutenden Freunden, fast über Nacht, wie Sie sagen, zum Verleger gemacht haben, können mir nicht gleichgültig sein. Wie sollte ich ein solches Vorhaben nicht im schönsten Einverständnis begrüßen; in jedem Fall wünsche ich Ihnen seine reinste Verwirklichung – : zu unser aller Freude.*[15]
Nicht zuletzt wagte sich Seelig auch an Albert Einstein heran, um ihn für seine Sammlung zu gewinnen, die *unter Mitarbeit der hervorragendsten internationalen Geister einen innerlichen Zusammenschluß aller edel denkenden Menschen* bezwecke. Nicht allein rein Literarisches sollten die „Zwölf Bücher" enthalten: *Im Gegenteil: sie sollen ein reiches Bild geistiger moderner Arbeit werden. Eine Rückschau des Vergangenen, ein Spiegel des Gegenwärtigen und ein Lichtblick in die Zukunft.*
Deshalb würden Sie nicht nur mich, sondern auch meine Freunde Barbusse, Rolland etc., in deren Namen ich zu Ihnen spreche, herzlich beglücken, wenn Sie als einer der edelsten Männer unserer Zeit mit einem Ihnen ganz frei überlassenen Werk an unserer Sammlung mitarbeiten würden.[16] Einsteins Antwortschreiben fiel sehr freundlich und – abschlägig aus: *Leider bin ich so überanstrengt, dass ich gar nicht daran denken*

darf, das von Ihnen gewünschte Büchlein zu schreiben, so gern ich es auch möchte.[17]
Martin Buber hingegen wies die Aufforderung keineswegs gleich zurück, im Verlauf einiger Briefe kam es dann jedoch bis 1923 zu keiner Einigung über eine eigene Publikation. Von Anfang an hatte Buber eines klargestellt: *Sie schreiben übrigens von einem „einmaligen Honorar"; auf einen solchen Honorarmodus würde ich grundsätzlich niemals eingehen — alle meine Verträge lauten gleichmässig auf 20% vom Ladenpreis unter Voraushonorierung der jeweiligen Auflage.*[18]
André Gide antwortete höflich, meinte jedoch, die *aimable proposition* schien ihm ein wenig *prématurée*. Ehe er sich auf weitere Verhandlungen einlassen könne, müsse er um genauere Informationen bitten.[19] Auch diese scheinen ihn dann nicht überzeugt zu haben. Andererseits gab es Autoren, die bereitwilligst Texte zur Verfügung stellen wollten, und die dann doch nicht in der Reihe „Die Zwölf Bücher" erschienen. Das gilt u. a. für Klabund, der sich im August 1919 wie folgt präsentierte: *Verehrter Herr, vielleicht käme für Ihr Unternehmen das beifolgende Prosabuch in Betracht. Es enthält die besten meiner kleineren Prosa-Stücke. Eventuell hätte ich auch noch ein kleines Buch Balladen. Ich finde die Prosa aber eigentlich geeigneter.*[20] Bereits zehn Tage später teilte Seelig E. P. Tal mit: *Einen Band Feuilletons von Klabund habe ich abgelehnt, da sie lediglich aktuellen Wert haben.*[21]
Jules Romains, immerhin Begründer des Unanimismus, bot seine Komödie „Cromedeyre-le-Viel" mit ebenso großer Begeisterung für das Werk wie für die Idee der „Zwölf Bücher" an. Er sparte dabei nicht mit großen Worten: *mon drame, par l'ampleur même et l'élévation du sujet, s'adresse, non point à un étroit public national, mais au vaste auditoire de l'humanité. Aucun livre ne pourrait plus dignement me représenter dans une collection comme la vôtre, qui s'annonce comme le Banquet spirituel de l'Europe.*[22]

Daß sich Seelig aber mit dieser Betriebsamkeit auf dem geistigen Bankett Europas nicht immer beliebt machte — die Entscheidung über Annahme bzw. Ablehnung eines Manuskriptes drückt ja nicht zuletzt ein Machtverhältnis aus —, zeigt das Beispiel Sophie Michaëlis. Hatte die bekannte dänische Autorin in ihrem ersten Brief noch geschmeichelt freundlich reagiert und ihr Drama ,,Napoleon auf St. Helena" in wärmsten Worten empfohlen, nicht ohne hinzuzufügen, sie sei *gewohnt, 20 p Ct zu bekommen,*[23] herrschte in ihrem letzten Schreiben, vier Monate danach, ein ganz anderer Ton vor: Entrüstung und gekränkter Stolz: *Nach vierteljährigem Schweigen, und erst nachdem ich Sie gemahnt habe, teilen Sie mir — a u f e i n e r o f f e n e n P o s t k a r t e — mit, dass mein Buch sich neben den anderen Büchern Ihrer Sammlung ,,nicht behaupten" kann. Entschuldigen Sie, ich habe mich in keinen Wettkampf eingelassen. Die von mir herausgegebenen Bücher können für sich selbst sprechen. Gestatten Sie mir aber Ihnen zu sagen, dass ich an eine so nachlässige Behandlung nicht gewöhnt bin — ohne Mahnung wäre ich wahrscheinlich o h n e Antwort geblieben —, und dass ich auf die Ehre verzichte, Ihnen zum zweiten Mal ein Werk (mit Widmung!) schicken zu dürfen.* Unter den Namenszug setzte die heftig erboste Sophie Michaëlis — und diese bombastische Pointe stört ein wenig die feinen Spitzen ihres Schreibens — : *Präsident des dänischen Schriftstellervereins.*[24]

Wie ganz anders, souverän und auch souverän die Regeln der Grammatik ignorierend, ging dagegen ihre Namensvetterin, die große Karin Michaëlis, mit Seeligs ungestümen literarischen Werbungsversuchen um: *Ich verstehe nicht ganz den Plan der zwölf Bücher. N u r 1000 Expl. — einmal für alle. Wer giebt denn ein Roman her, wenn er weiss, das er nur in tausend Expl. gedruckt wird? (...) Sind Sie sehr jung? Wissen Sie, warum ich es glaube? Weil Sie n o c h begeistert sein können. Ich kann es, obwohl ich wahrscheinlich hundert Jah-*

re älter bin, aber ich bin halt in dieser Richtung eine Ausnahme.[25]

Kein Zweifel, sie nahm ihn nicht ganz ernst, tat dies aber auf sehr herzliche, keineswegs verletzende Art. Er wollte eine Monographie über sie verfassen (Karin Michaëlis: *Sie dürfen ruhig ein Buch über mich schreiben, aber es wäre doch klüger, Sie warteten, bis Sie sämtlichen 25 Bücher gelesen haben...)*[26], machte sich erbötig, eine Gesamtausgabe ihrer Werke herauszubringen, und schickte ihre Gedichte. Auch hier nahm sie sich kein Blatt vor den Mund: *Die sind ja für Musik geeignet, aber noch verraten sie nicht, ob Sie je ein grosser Dichter sein werden. Ich glaube es fast nicht. Sie haben eine schöne Seele, ein warmes Herz, eine wunderbare Gefühlsreichtum, aber mir kommt es vor, als ob Sie nur schreiben so wie viele junge kunstbegeisterte Menschen — ein Paar Jahre, dann kommt den bohrenden, alles auslöschendes Kritik, jene Selbstkritik, welche der wahre Dichter (zum Heil und Schmach) nicht hat und nicht haben kann.*[27]

Carl Seeligs Kunstbegeisterung erstreckte sich eben nicht bloß auf die Literatur. *Musik ist mir die höchste Kunst und die Sehnsucht meines Lebens.*[28] Solch freimütiges Bekenntnis legte er bereits im Herbst 1919 Carl Hauptmann gegenüber ab, und diese Sehnsucht zu befriedigen scheute er vor keiner Anstrengung zurück. Einige seiner Gedichte ließ er vertonen, von Hans Huber aus Bern, ein paar sogar von Eugen d'Albert,[29] und so berühmten Namen mußte man sich einiges — genauer gesagt: 1000 Franken — kosten lassen.

Seeligs *(rein für die Musik geschriebenen) Verse*[30] bedürfen nun in der Tat einer gewissen außersprachlichen Unterstützung. In Noten gesetzte Lyrik leidet zwar nicht zuletzt daran, daß der Text oft schwer zu verstehen ist, aber in diesem Fall scheint der Verlust leicht zu verschmerzen.

Seine Verbundenheit mit der Musik demonstrierte Seelig überdies — außer durch seine Übersetzung einer Mussorgsky-Biographie[31] — als Herausgeber: Er sammelte und edierte Schweizer, deutsche, russische, slawische und jüdische Volkslieder, und der Zürcher Verlag Gebrüder Hug & Co. dürfte mit dem Absatz zufrieden gewesen sein. Für ein Grotesken-Album, 1922 bei der altrenommierten Universal-Edition verlegt, animierte Seelig dann immerhin auch Egon Wellesz, Ernst Křenek, und Béla Bartók[32] zu Beiträgen. Letzterer wurde außerdem von ihm als Fachmann auf dem Gebiet der Volksmusik konsultiert.

Die ökonomische Nachkriegssituation, besonders trist in Wien, führte gelegentlich dazu, daß die Erörterung intellektuell-künstlerischer Probleme mit äußerst irdischen Dingen, so mit der Frage der Deckung elementarer Bedürfnisse, verquickt wurde. Dies geschah beispielsweise im Fall des damals schon ein wenig betagten musikalischen Wunderkindes Erich Wolfgang Korngold, der — sehr direkt — auf einen gewiß in erster Linie schöngeistigen Brief Seeligs antwortete: *Ich würde mich über Barbusse's neuen Roman herzlich freuen — fast ebenso sehr, wie über die Sendung eines Lebensmittelpaketes!!*[33]

Arnold Schönberg wiederum bekam Romain Rolland statt Barbusse zugestellt. Am Anfang der Korrespondenz klang das Thema freilich demjenigen Korngolds recht verwandt: *Ob Sie mir ein Lebensmittelpaket senden dürfen? Gewiß! Hätten Sie einen Begriff davon, was wir schon mitgemacht haben und gar, wie es aber jetzt erst ist und wird, so würden Sie gar nicht erst fragen.*[34]

Einige Monate danach versicherte Schönberg Seelig, *prinzipiell gerne bereit* zu sein, für seinen *Verlag ein Buch zu schreiben. Ich hätte Ihnen das auch schon längst sagen können, aber ich weiß ja gar nicht, ob Sie sich auf eine so große Sache einlassen wollen und ich bin natürlich nicht billig — aber das nehmen Sie vielleicht ohnehin an.*

Das erwähnte Manuskript wäre wohl ein Jahrhundertwerk geworden — Arnold Schönberg über Gustav Mahler *(größtenteils ästhetisch-theoretischen Inhalts) im Umfang von cirka 300 Drucksseiten.*[35] Daß es nicht dazu kam, lag vor allem an der Höhe von Schönbergs Forderungen — er war tatsächlich *nicht billig*, und Seelig und E. P. Tal kamen in ihren Briefen überein, daß er für sie im Grunde zu teuer war.

Zwischen Tal und seinem gar nicht so stillen Teilhaber entspann sich auch sonst ein reger Briefwechsel. Es ging um Manuskripte, Geldprobleme, Fragen des Vertriebs — eben um alle Angelegenheiten und Sorgen, die zur schwierigen Aufbauphase eines Verlages gehören, und bei der „Zwölf Bücher"-Reihe fiel die exquisite Buchgestaltung als zusätzliche Belastung ins Gewicht. Die angekündigten Erscheinungstermine wurden daher nur in den seltensten Fällen eingehalten; bald konnte von dem ursprünglich anvisierten Rhythmus, ein Band pro Monat, nicht mehr die Rede sein. Im Sommer 1919 hatte Seelig einen wesentlichen Punkt in seinem Verhältnis zu Tal zu klären versucht: *Zuvörderst eine principielle Sache: Sie sind der schönen Ansicht, dass ich ein Mäcen sei. Leider irren Sie sich gewaltig, denn meine Vermögensverhältnisse gestatten mir vorläufig nicht, einen solchen Ehrentitel zu verdienen.*[36]

Nicht nur Finanzprobleme und literarische Auffassungsunterschiede machten diese Geschäftsbeziehung schwierig, sondern auch vor allem die ungünstigen Gesprächsbedingungen über die Grenzen hinweg. Wiederholt wurde der Vorschlag, Seelig möge doch — zumindest für einige Zeit — nach Wien übersiedeln, diskutiert. So teilte Stefan Zweig Ende August 1919 aus Salzburg mit: *Tal hätte sehr den Wunsch, Du möchtest im Herbst auf ein bis zwei Monate zu ihm in den Verlag nach Wien kommen. Ich glaube selbst, dass dies von grösstem Vorteil für Dich wäre, wenn Du an Ort und Stelle sehen würdest, wie die zwölf Bücher angefertigt werden und in die Welt gehen, wenn Du an Deinem eignen Werke alles Technische bis ins kleinste Detail beherrschen würdest.*[37] Carl Seelig wollte diesen Ortswechsel überdies, wenn möglich, dazu benützen, den überfälligen Studienabschluß an einer ausländischen Universität zu erreichen. Seine Vorstellungen beruhten allerdings auf einer grundsätzlichen Verkennung der Möglichkeiten, wie ihm Zweig bald auseinandersetzte, der all dies — scheint's — für jugendliche Flausen hielt: *Was Du von Deiner juridischen Promotion in Oesterreich schreibst, ist leider technisch nicht möglich, weil wir in Oesterreich gar keine Dissertation haben, sondern ausschliesslich Prüfungen, von denen die Hälfte wieder bloss auf österreichisches Recht entfällt. Aber ich würde Dir überhaupt abraten, eine Minute Deiner kostbaren Zeit für diese Dummheit zu verschwenden, wenn Dein Verlag so wird, wie Du ihn geplant hast, bist Du in zehn Jahren Ehrendoktor und hast mehr geleistet.*[38]

Einer, der energisch vor einer Übersiedlung warnte, war der Arzt, Schriftsteller und Philosoph Max Picard; im Laufe der Jahre sollte er zu Seeligs vertrautestem Freund werden, wohl zu seinem einzigen in des Wortes wahrer Bedeutung, was viel einschließt, unter anderem die Fähigkeit zu widersprechen, unliebsame Wahrheiten zu formulieren und Kritik zu üben.

Auch sie hatte das Verlagsgeschäft zusammengeführt. Picard sollte für die „Zwölf Bücher" eine Monographie über Leben und Werk Vincent van Goghs abfassen. Es blieb bei dem Vorhaben.

Mitte Februar 1920 heißt es da in einem Brief: *Dass Sie nach Oesterreich übersiedeln, halte ich für ein Experiment. (...) Vor allen Dingen aber rate ich Ihnen ab, weil Sie Ihren Doktor noch nicht gemacht haben. Das sollten Sie doch zuerst tun.*[39]

Und im April 1921 schrieb Picard dann, anscheinend beinahe ein wenig befriedigt: *Ich habe es ja gewusst, dass Ihnen Wien nicht gefallen wird. Die Stadt wohl! Aber die Atmosphäre — nein, es geht nicht! Ich wusste wohl, dass Sie es nicht aushalten. Es ist nicht gut für Sie beide, in Wien zu sein.*[40]

Mit „Sie beide" sind Carl Seelig und seine Frau Maria Margareta, geb. Deutsch gemeint. Sehr plötzlich und unerwartet für seine Umgebung hatte er am 12. Februar 1920 geheiratet. *Und wir haben gar nichts gewusst — weder von Verlobung, noch von Heirat, kein Wort haben Sie uns geschrieben.*[41] Solchen Vowurf konnte Picard dem Jungvermählten nicht ersparen.

Carl Hauptmann hingegen, von dem freudigen Ereignis nachträglich verständigt, zeigte sich nicht gekränkt, sondern gratulierte in ebenso herzlichen wie eigentümlichen Worten zur Hochzeit: *Wundersam, daß ich mir einbilde, als zöge uns eine heimliche Sympathie zu einander. So aus diesem innersten Sympathiegefühl für Sie und den Geist Ihrer Unternehmungen schreibe ich Ihnen heute auch mit wahrer Freude meine Teilnahme an dem hohen Ereignis Ihrer Weibbindung. Es ist immer Schicksal.*[42] Zweifellos, aber davon abgesehen hat Maria Margareta Seelig kaum Spuren bei Freunden und Bekannten ihres Mannes hinterlassen und dürfte, zumeist tunlichst von geschäftlich-literarischen Dingen ferngehalten, auch gar nicht viel Möglichkeiten dazu gehabt haben. Nach acht Jahren wurde diese Ehe geschieden — ohne Eklat und Aufwand an Emotionen —, so wie sie einst geschlossen worden war.

Was Seelig in Wien erlebt hat, läßt sich nur ansatzweise rekonstruieren. Vor allem dürfte der Besucher während seines Aufenthaltes die Musikstadt genossen haben. Auf Empfehlung von Karin Michaëlis lernte er die bekannte Pädagogin Genia Schwarzwald[43] kennen. Im Schwarzwald-Saal fand auch am 27. Mai 1921 ein denkwürdiger „Walzer Abend des Vereins für musikalische Privataufführungen" statt, den Seelig besuchte. Die Mitwirkenden verewigten sich auf einem Gedenkblatt, unter anderen waren es Arnold Schönberg, Alban Berg, Anton Webern, Eduard Steuermann und Rudolf Kolisch. Der Gesamteindruck, den Seelig von seinem Wien-Aufenthalt zumindest den Lesern der „Luzerner Nachrichten" vermittelte, war trotzdem überwiegend negativ. *Literarisch steht das Jour-*

nalistentum noch in seiner Blüte, junge Dichter eigener Prägnanz kenne ich außer Otto Zoff nicht. Politisch herrscht ein grauenhaftes Durcheinander. Jede der zwei großen Parteien der Antisemiten und Semiten teilt sich wieder in unzählige Parteichen, von denen jedes aus voller Kehle auf das andere schimpft. (...) Einen allgemeinen Abscheu vor dem Krieg konnte ich nicht beobachten; die meisten sagten mir, daß sie gerne wieder ins Feld gehen würden, denn es sei schöner gewesen als jetzt. Der Oesterreicher besitzt in seiner Biegsamkeit eben keine Weltanschauung, es sei denn die: wo ich's am schönsten hab', ist's am besten! An den anderen denkt er nicht.
Menschlich hat mich Wien — im Gegensatz zu früher — abgestoßen. Es herrscht hier eine entsetzliche Geldgier; Tag für Tag habe ich in diesen sechs Monaten erfahren, daß die Ausländer auf die unangenehmste Weise ausgebeutet und ausgenützt werden. (...) Ach, aus der fröhlichen Stadt ist eine Welt des kalten Egoismus, ein kleines geldgieriges Wien geworden, das in seinem eigenen geringen Schmerz nicht den großen Schmerz von ganz Europa sieht.[44]
Seeligs Analyse ist nun keineswegs sehr luzid, gerade in bezug auf die politischen Verhältnisse allzu vereinfachend und eher verunklärend, doch als verstimmtes Stimmungsbild, mehr über das Befinden des Verfassers Aufschluß gebend als über jenes der beschriebenen Stadt, nicht uninteressant.
Insgesamt gesehen war das große „Zwölf Bücher"-Projekt ein Mißerfolg. Unter all den Werken haben wohl nur zwei wirklich Beachtung gefunden, Wirkung gezeigt: Rollands „Die Zeit wird kommen" und vor allem Ernst Tollers in der Festungshaft geschriebenes Drama „Die Maschinenstürmer", über dessen Triumph bei der Uraufführung 1922 Stefan Großmann freilich urteilte: *Im Grunde ist die Haft des Ernst Toller eine Erfolg-Versicherung für ihn. Der gefangene Dichter muß in die Höhe gehoben werden. (...) Aufrichtig: Dieses Schauspiel*

bleibt ganz und gar im Rhetorischen stecken. In diesem Drama gibt es keine Figur. Überall nur Redner.[45]

Tollers Wortgewalt, die heute vielleicht ein wenig üppig erscheinen mag, wird auch in einem Brief deutlich, den er Seelig, gerührt über dessen Begeisterung für sein Werk, aus der Festung Niederschönenfeld schickte. Er ist Werkbericht und zugleich leidenschaftlich bewegte Aussage über sein Verhältnis zur Politik: *Die erste Form des Dramas, entstanden in Nächten heimlicher Arbeit – denn nachts Licht zu brennen ist verboten –, entstanden in demütigenden Verhältnissen, die an der Nervenkraft trotz geistiger Freiheit und Ungebeugtheit nagen, nach Schau und Erlebnis, nach langer Vorarbeit in wenigen Tagen beglückender Schaffenskraft geschrieben . . . habe ich dann viermal zerbrochen. (. . .) Ich habe versucht, ein Drama aus der „Seelenwelt" des Proletariers heraus zu gestalten, ohne in den gefährlichen Fehler gewisser Literaten zu verfallen, den Proletarier zu vergötzen und zu vergotten, nur weil er Proletarier ist. (. . .) Ecce homo! Ecce Proletarier! – Dieses Gefühl muß mächtig ihn erschüttern, wenn das Drama ihn an sich zieht, ihn löst, ihn auflöst, ihn erlöst, ihn umarmt und ihn ergreift. ––– Glauben Sie nicht, lieber Karl Seelig, daß mir Ihre Gedanken über Politik „verächtlich" sind.*
Politik, zu der mich Not-wendigkeit (also Not!), Erkenntnis, Wille zur Neugestaltung trieben, war mir sozialer Imperativ. (In dunklen Stunden Verhängnis). Nie „Selbstzweck". (. . .)
Ich las vor wenigen Tagen ein Wort Romain Rollands, das mich anrührte, und das mich nicht mehr verläßt.
„Man kann den Menschen nicht helfen, man kann sie nur lieben." Es mag wohl so sein im letzten, und vielleicht ist für manchen Politik nur eine Form, in der seine Liebe zu den Menschen Tat werden kann.

In einem Postscriptum fügte Toller noch hinzu: – *Wann ich das Gefängnis verlasse? Am 16. Juli 1924, mittags 1^{15}, also morgen in drei Jahren.*[46]

Fürwahr, ein seltsamer Brief, pathetisch-überschwenglich, pessimistisch und doch weltgläubig, eindrucksvoll in jedem Sinn – und dies nicht bloß, weil hier ein Gefangener unverzagt für die Freiheit anderer kämpft. Daß Seelig zum Adressaten eines solchen Schreibens werden konnte, ist kein Zufall, vielmehr das Geheimnis seiner Persönlichkeit. Im Grunde war er nämlich sehr unpolitisch, in derlei Dingen geradezu naiv, aber begnadet mit einem großen Herzen für alle, die leiden, die unterdrückt werden. Kein Wunder, daß er – darin bestärkt von Max Picard – eine Frau wie Rosa Luxemburg schwärmerisch verehrte.[47]

Über Tollers Werk allerdings hatte Picard eine so dezidierte wie abfällige Meinung: *Ich bestreite nicht, dass das neue Drama Tollers Erfolg haben wird, obwohl es ein Schmarren ist, wie alles was er schreibt, zu welcher Beurteilung eine Lektüre unnötig ist.*[48] Überhaupt übte dieser Mentor mit seinen gestrengen, zumeist unorthodoxen Verdikten großen Einfluß auf Seeligs literarischen Geschmack aus: *Dass Sie allmählich einsehen, dass Romain Rolland kein Dichter ist, sondern ein Propagandist, das freut mich. Er ist zudem ein langweiliger Propagandist, es war mir unmöglich, den Jean Christoph zu lesen, nein er ist nicht einmal ein Hermann Bahr, – ein langweiliger Hermann Bahr, meinetwegen.*[49]

Andererseits hatte er auch „Schützlinge" von hohem Rang, die er Seelig ans Herz legte: *Falls Sie von H. Musil eine kleine Arbeit bekommen, so suchen Sie bitte, ihr in irgendeiner Schweizer Zeitung oder Zeitschrift eine Unterkunft zu verschaffen. Vielleicht können Sie ihm die dauernde Mitarbeit an einer Schw. Zeitung verschaffen (Wiener Theater-Korresp. oder dergl.). Robert Musil ist würdig, dass man sich um ihn kümmert.*[50]

Wenig später meldete sich dann der Empfohlene brieflich bei Seelig und bot auch andere Texte an, die auf Interesse stießen. Zu Silvester 1922 dankte Musil für die *Einladung, eine Erzäh-*

lung in den Zwölf Büchern zu veröffentlichen, die ich bei dem exklusiven Charakter, den Sie dieser Reihe zu geben wünschen, als eine freundliche Auszeichnung betrachte. Die Rechte könne er freilich noch nicht definitiv abtreten, da er bereits mit anderen Verlagen verhandle. Musil versuchte außerdem, dem von finanziellen Sorgen unbelasteten Zürcher Briefpartner seine — wie die aller deutschen und österreichischen Schriftsteller — prekäre Lage zu veranschaulichen: *Die Situation, von der Sie sich vielleicht ein anderes Bild gemacht haben, ist ja die, daß ich durchaus nicht Mangel an Verlagsmöglichkeiten leide, sondern daß die deutschen Verhältnisse es nicht mehr gestatten, davon zu leben. Die Nothilfe, für deutsche Zeitungen zu schreiben, reicht gleichfalls nicht aus, da sie selbst bei den höchsten Honoraren kaum das Schreibmaterial kompensiert.*[51]

Das weitere Schicksal dieses Manuskriptes — wohl eine bzw. zwei der Novellen ,,Drei Frauen" — läßt sich in der Korrespondenz mit dem Wiener Verlag verfolgen. Am 15. März 1923 schrieb ein Angestellter des Tal-Verlags Seelig: *Ich bitte Sie, die Novellen recht bald zu lesen, da der Autor drängt. Ich glaube, dass diese Lektüre Ihnen viel Freude machen wird.*[52]

Eine Woche danach und offensichtlich im Gefolge einer Antwort Seeligs hieß es dann in einem Brief Tals: *Musil: Ich bin ganz Ihrer Meinung in der Wertung der beiden Stücke. Es dreht sich also jetzt darum, ob Sie, wie Sie schrieben, 1000 Franken für die Erwerbung der Urheberrechte bezahlen wollen, dann hätte ich die Basis, um mit ihm unterhandeln zu können.*[53]

Es zeigte sich, daß Seelig nicht dazu bereit war, und sich gegen einen erheblich geringeren Betrag vertraglich zu binden, lehnte Musil ab. Für eine einmalige Ausgabe in den ,,Zwölf Büchern" wollte man ihm schließlich nur 200 Franken bieten[54], und dies schien ihm, obwohl er wahrscheinlich gar nicht wußte, was andere bekamen, Rechtens zu wenig. Einmal, An-

fang Mai 1923, machte Musil noch ein Kompromißangebot *(das Buch gegen Verrechnung einer Tantieme von 15% zu übernehmen und mir bei Abschluß des Vertrags darauf einen Vorschuß von 600 Fr. zu bezahlen, bis zu dessen Deckung ich auf meine Tantiemen verzichte.)*, weil es ihn, wie er schrieb, freuen würde, *wenn wir uns endlich finden könnten.*[55]
Seeligs Reaktion muß unerfreulich ausgefallen sein, läßt sich zumindest an einem Brief Musils ablesen, mit dem die Korrespondenz für lange Jahre abbricht: *Die Bedingungen, die ich Ihnen vorschlug, waren kein Spaß und kein Versuch, und da ich das Gleiche von Ihrem Gegenvorschlag annehme, muß ich leider feststellen, daß wir von einer Distanz getrennt sind, die eine Fortsetzung unserer Bemühungen aussichtslos erscheinen läßt.*[56]
Aus dem in vorzüglicher Hochachtung ergebenen Robert Musil war jedenfalls binnen eines halben Jahres ein nur mehr hochachtungsvoller geworden, zumal auch der Anlaß seiner Kontaktaufnahme, die Unterbringung eines Aufsatzes in einer Schweizer Zeitung, zu keinem guten Abschluß geführt worden war.
Bei einem anderen Großen der deutschen Literatur, bei Franz Kafka, lag die Sache anders. Die von Seelig 1921 aufgenommene Verbindung trug zwar gleichfalls keine Frucht, aber nicht infolge gescheiterter Vertragsverhandlungen, sondern weil sich Kafka von vornherein nicht auf solche einlassen wollte. Auf die erste Anfrage aus Zürich hatte er gar nicht reagiert, die zweite, 1923, dürfte auf eine Anregung Hermann Hesses zurückgegangen sein, der dem Hobbyverleger und als solchem auch Talentesucher Seelig Kafka als Geheimtip nannte: *Unter den Jüngeren, Modernen, weiß ich noch einen seltsamen Dichter, Kafka. Er hat bloß ganz kleine, kurze Prosasachen geschrieben, die fast etwas kunstgewerblich aussehen, mit einer leichten Aehnlichkeit etwa mit Robert Walser, aber viel konziser, geformter, stärker, von einer geradezu klassischen*

Prosa, wie sie sonst jetzt niemand schreibt. Die besten stehen in seinem Buch „Der Landarzt" bei Kurt Wolff.[57]
Kafka antwortete auf die Aufforderung zur Mitarbeit: *Leider kann ich mich jetzt an der Bücherfolge nicht beteiligen. Was aus früherer Zeit an Geschriebenem vorliegt, ist gänzlich unbrauchbar, ich kann es niemandem zeigen; in letzter Zeit aber bin ich weit abseits von Schreiben getrieben worden. (...) An Ihren letzten Brief vor etwa zwei Jahren erinnere ich mich wohl, verzeihen Sie die alte Schuld. Es ging mir damals so schlecht, daß ich nicht einmal antworten konnte.*[58]
Bald darauf meldete sich Kafka abermals; er glaubte, Ersatz für sich gefunden zu haben und empfahl mit eindringlichen Worten Ernst Weiß. Dieser habe außer seinen *erzählenden Schriften auch eine Sammlung von Aufsätzen bereit, die er unter dem Titel „Credo quia absurdum" herausgeben würde. Diese Aufsätze haben meinem Gefühl nach alle Vorzüge seiner erzählenden Schriften, ohne sich abzuschließen wie jene.*[59]
Seelig machte allerdings erst in den dreißiger Jahren von diesem Hinweis, dafür aber dann ausgiebig, Gebrauch.
Ende 1923 ging das verlegerische Experiment Seeligs, und damit auch die ehrgeizige Serie der „Zwölf Bücher", abrupt zu Ende. Schon vorher, 1921, hatte er, von Tal unter Druck gesetzt, seine Einlage erhöhen müssen. Nun kam, datiert mit 27. Dezember 1923, aus Wien *betrübliche Mitteilung: Wegen der neuen ungeheuren Verluste an deutscher Reichsmark und der völligen Kaufunlust der 60 Millionen Deutschen im Reiche, habe ich mich entschliessen müssen, meinen Verlag aufzugeben.*[60] Also sprach Ernst Peter Tal und trat als Direktor in die Firma Bukum, eine von der bekannten Wiener Buchhandlung und Konzertagentur Hugo Heller betriebene Aktiengesellschaft, sowie in die Leitung des Münchner Drei-Masken-Verlags ein. Carl Seelig hatte das Nachsehen, und auch Max Picards moralische Unterstützung half da nicht viel: *Erst nützt er Sie in der erbärmlichsten Weise aus und dann gibt er*

Ihnen, wo er glaubt, nichts mehr holen zu können, einen Tritt. Pfui Teufel. Die Entrüstung ist verständlich, doch Picard konnte eben nur die eine Seite der Affäre sehen, die Seeligs. Er riet seinem jungen Freund, wenn irgend möglich, den Verlag zur Gänze zu übernehmen: *So viel Geld werden Sie doch teils selber, teils durch Ihre Verwandten aufbringen. Es wäre gut für Sie. Sie hätten dann auch eine geordnete äussere Existenz mit allen Vorteilen, die sich innerlich wie äusserlich daraus ergeben.*[61]

Aber es war wohl nichts mehr zu machen. Nach langwierigen Verhandlungen, die erst im Sommer 1925 abgeschlossen wurden, ging der umfängliche Restposten an Büchern in den Besitz des Rotapfel-Verlags, Zürich, zum weiteren Vertrieb über. Tal fühlte sich von nun an jeglicher Verantwortung enthoben: *Der Rotapfelverlag hat gezahlt. Damit ist der Abschluss zwischen ihm und mir perfekt. Das Lager wird ihm übergeben, und von heute ab erfolgt die Verrechnung über die Honorare zwischen Ihnen und ihm. (. . .) Ich hoffe, dass Sie mit dem Verlag gut auskommen werden und wünsche Ihnen das Beste.* —[62]

Das Kapitel Carl Seelig als Verleger war damit endgültig abgeschlossen. Abgesehen von allen technischen und wirtschaftlichen Schwierigkeiten, die schließlich zu diesem unerfreulichen Schlußstrich geführt hatten, erwies sich die Konstruktion jedoch von Anfang an als problematisch, voll konfliktträchtiger Widersprüche, trug im Grunde den Keim des Scheiterns in sich, bevor die Idee auch nur ansatzweise verwirklicht war. Denn in Seelig mußte allzu viel Platz haben: der Verleger und daher Unternehmer, der Kritiker, der Schöngeist und Autor, der Freund, Mäzen und Berater von Schriftstellern und zugleich deren geschäftlicher Widerpart. Der später international anerkannte Schweizer Literaturkritiker Max Rychner, von Seelig zu einem Essay-Band (über Hamsun, Karl Kraus, Alfred Kerr und andere) aufgefordert, hat dieses grundsätzliche Dilemma bereits 1920 erkannt und auf den Begriff gebracht: *Sodann — Sie nehmen doch meine Offenheit nicht übel? Ich Ihre auch nicht — ist mir ein bißchen, wie soll ich sagen, aufgefallen: Ihre zweite Briefseite verglichen mit der ersten. Auf der zweiten predigen Sie mir vom idealen Schriftsteller, der nicht um der Welt willen, sondern einzig um seinetwillen Kunstwerke schafft. Auf der ersten Seite kommt der Buchhändlerstandpunkt zur Entfaltung, Sie, der doch zu den unbedingten Idealisten zählt, was ich weiß, reden zu mir in jenen Tönen des ungeistigen Realismus, der sich um Valuta und Absatzfrage dreht . . . (. . .) Derselbe Jüngling, das Wappentier gleichsam der „Zwölf Bücher", kommt mir plötzlich vor, als trage er Flügel an den Füßen als ein Merkur.*[63]

„GESUNDE POETENNATUR"

Was war also die Bilanz dieser hektischen Jahre nach Kriegsende? Der Sohn aus gutem Haus hatte viel kennengelernt, vor allem Menschen, Menschen der verschiedensten politischen und künstlerischen Anschauungen. Parallel zu seinen hochfliegenden Verlagsplänen hatte sich die „Clarté"-Bewegung (samt zugehöriger Zeitschrift), von Henri Barbusse gegründet, entwickelt — eine internationale, „brüderliche" Schriftstellervereinigung, pazifistisch, humanitär und ihrem Selbstverständnis nach liberal bis linksgerichtet. Dort nahm man den schwärmerischen Carl Seelig als Verwandten im Geist wie im Gefühl ernst, nahm ihn auf und rechnete ihn daher implizit zu jenem Kreis, der sich Europas *l'élite intellectuelle de gauche*[1] nannte. Immerhin zählten, zumindest zeitweise, Anatole France, Romain Rolland, Georges de la Fouchardière, Georges Duhamel, Léon Blum, Jules Romains, Stefan Zweig, Upton Sinclair und H. G. Wells dazu. Und aus Österreich, hieß es, habe Robert Müller, *notre grand ami d'Autriche*, über bedeutende Erfolge der Bewegung in seiner Heimat berichtet: *annonçant que la section autrichienne s'organisait sur des bases grandioses.*[2] Der Überschwang gehörte, scheint's, ein wenig zum Metier. Kennengelernt, wenn auch oft nur brieflich, hatte Seelig aber nicht nur die linke Internationale der Literatur, sondern auch teils unpolitische, teils ausgesprochen bodenständige Dichter. Als Spätfolge des Kriegserlebnisses und der nachfolgenden Aufbruchsstimmung hat er die Gedichtsammlung „Der Tag bricht an"[3] mit unveröffentlichten Texten von Bonsels, Felix Braun, Martin Buber, Hermann Hesse, Wilhelm Schäfer, Stefan Zweig, Otto Zoff und anderen ediert. Dem Herausgeber blieb es vorbehalten, eine Art titelgebenden lyrischen Vorspruch zu formulieren:

> *Der Tag bricht an.*
> *Die Hähne krähen.*
> *Verflattert ist das Nachtgespenst*
> *Und alle Sorge war ein Wahn:*
> *Wir dürfen wieder Liebe säen.*
> *Hell wächst der Sonne warme Glut,*
> *Waldvögel werden wach und singen,*
> *Und wie wir noch in Träumen ringen,*
> *Jauchzt es um uns:*
> *Die Welt ist schön,*
> *Die Welt ist gut.*

Seeligs Gedichte, und es gibt viel schlimmere als dieses, mögen nun von zweifelhafter Qualität sein, doch sie wurden gedruckt und in bescheidenem Maße gekauft und gelesen. 1921 war der erste schmale Band, „Lieder", erschienen (1925 als 2. stark vermehrte und veränderte Auflage unter dem Titel „Himmel und Erde" veröffentlicht), dessen Texte ob ihrer gelegentlich emotionalen Ausbrüche einen ungenannten Rezensenten der „Luzerner Neuesten Nachrichten" für das Seelen- und sonstige Heil des Verfassers fürchten ließen: *Man frug sich, ob das Zerrissene, Leidenschaftliche den Dichter oder ob er es bewältige.*[4] Im Jahr darauf kam dann eine neue Sammlung mit dem Titel „Erlösung" bei Louis Ehrli in Sarnen heraus, über die, wenn man der Werbung Glauben schenken darf, Enrica von Handel-Mazzetti meinte: *Unter diesen Gedichten sind Perlen vom feinstem lyrischem Kolorit*, was allein schon grammatikalisch nicht ganz stimmen dürfte. Einen geradezu hemmungslosen Verehrer seiner Kunst fand Seelig jedoch in einem ansonsten nicht weiter auffällig gewordenen Herrn namens Ernst Schmid, der ihm in der Beilage des „St. Galler Stadt-Anzeiger" für Volksbildung eineinhalb mit exzessiven Werkproben angereicherte Seiten widmete. Der Hymnus ist so aberwitzig, daß er nicht einmal bestellt sein kann. So schreibt nur ein ehrlich Begeisterter: *Trotzdem Carl Seelig der Benjamin unserer Schweizer Lyriker ist, muß er heute schon unbedingt mit in die allererste Linie gestellt werden. (...) Heiß, in beängstigender Weise lodert die Leidenschaft bis zum Sieden und Überwallen. (...) Daneben finden wir aber bereits schon Perlen echtester, tiefempfindsamer Lyrik, die als abgeklärte, reife Früchte zweifellos Bestand haben werden. (...) Das können wir doch wohl den besten Liedern Heines an die Seite stellen... (...) Welch elementare Wucht, welch hämmernde Kraft!*[5]

Alfred Huggenberger, ein kerniger bäuerlicher Dichter, lobte Seeligs *gesunde Poetennatur. (...) Gesund. Das will heute viel sagen. Wir haben genug dieser verworrenen Stammler, die sich selber nicht verstehen. Sie erleben das Leben mit künstlich aufgepeitschten Sinnen; (...) Freuen wir uns, einem jungen Dichter zu begegnen, der dem Leben mit gesunden Sinnen gegenübersteht, der noch von Liebe, Frühling und Heimat zu singen weiß.*[6]

Die Ehre der Kritik rettete Eduard Korrodi in der „Neuen Zürcher Zeitung". Für seine Verhältnisse faßte er sich äußerst mild und beinahe erstaunt-wohlwollend: *Erlösung heißt ein Gedichtband von Carl Seelig. Diese treuherzige Art, diese manchmal auch herzige Naivität wirkt fast erlösend. Was schiert es uns, ob ohne Matthias Claudius, Eichendorff, Mörike und Heine diese Verse undenkbar wären, daß sie fast alle schon erklungen, manche schon zersungen sind. Das also gibt es noch, diese süße Romantik mit Gedankenstrichen in Liedern an die Geliebte?*[7] So fragte Korrodi, und wußte wohl gar nicht, wie sehr er mit dieser Aufzählung von Namen den Nagel auf den Kopf getroffen hatte. Denn wo des jungen Carl Seelig Gedichte nicht kaum auszuhalten sind, handelt es sich um getreuliche Übungen im Stile der Genannten, und dies kommt nicht von ungefähr, denn er kannte die Originaltexte gut: Gerade damals veranstaltete er Auswahlausgaben dieser

Autoren, drei bei E. P. Tal, die Mehrzahl im Feuer-Verlag, Leipzig, und zwar für die Reihe „Die Freunde. Köstliche Werke der Weltliteratur in edelster Ausstattung auf holzfreiem Papier", die sich dem Käufer mit dem sinnigen Wahlspruch:

*Ein gutes Buch in schönem Band
ist wie ein Freund im Festgewand*

präsentierte.

Heinrich Leuthold, der Schweizer Romantiker, der im Irrenhaus endete, war mit dem Band „Der schwermütige Musikant", eingeleitet von Hermann Hesse, vertreten; das Vorwort zur Matthias Claudius-Auswahl „Das fromme Buch" schrieb Max Picard, und jenes der Jean Paul-Ausgabe „Der ewige Frühling"[8] stammt wiederum von Hesse. Zeichnungen zu dieser erfolgreichsten der drei im Tal-Verlag erschienenen Anthologien — als Insel-Taschenbuch ist sie heute noch erhältlich — steuerte Karl Walser bei.

Für den Feuer-Verlag stellte Seelig Gedichte von Eichendorff, Theodor Storm und Eduard Mörike zusammen; von Arnims und Brentanos „Des Knaben Wunderhorn" und von Heines „Buch der Lieder" gibt es gleichfalls jeweils eine von Seelig getroffene Auswahl. Überdies gab Seelig Ende 1924 eine eigene Sammlung deutscher Volkslieder „Das Neue Wunderhorn" heraus, geplant als „vollwertige Fortsetzung" des alten. Die Ansicht des Feuer-Verlags, dieses Werk werde *künftig ebenbürtig neben seinem Urbild genannt*[9] werden, erwies sich zweifellos als ein wenig voreilig.

Aber Seelig trat damals nicht nur als Lyriker und Herausgeber an die Öffentlichkeit, sondern auch mit Eigenschöpferischem auf dem Gebiet der Epik. Der Prosaband „Erlebnisse" aus dem Jahr 1923 enthält außer den beiden sehr persönlichen und darum überzeugenden Geschichten über die Großmutter und den Tod des Vaters („Die Auferstehung") eher gezwungen wirkende fiktionale Texte. Man weiß nie recht, ob sie bewußt oder unfreiwillig parodistisch zu verstehen sind. Ein Gleiches gilt für jene Sätze, mit denen für „Erlebnisse" geworben wurde: *Die verhaltene Melodie dieses Buches schwingt an unser Herz, und die unbegreiflich wehmütige Schönheit des Lebens, die Leidenschaft des Ringens und dazwischen die groteske Tragikomödie der Menschen wird in eindringlichen und schlichten Bildern gesättigte Gestaltung.*

Im Gegensatz zu diesem Pathos sprach das „Berliner Tageblatt" von einer *feine(n) Stimme, die sich verstärken, alles Literarische Ueberkommene des Worttons abtun müsste, wenn sie mitklingen will im Konzert der Echten.*[10] Gleichsam nebenbei bescherte Seelig in diesen Jahren seinen Lesern zwei Märchenbände: die Sammlung „Im Märchenwald"[11] und den orientalischen Abenteuerroman „Die Jagd nach dem Glück" (beide bei Louis Ehrli in Sarnen 1922 bzw. 1923 erschienen) — eine erstaunliche Produktivität, wenn auch das meiste bloß vorgefundenes und adaptiertes Material war, die mit ebenso erstaunlichen windschiefen Sätzen bezahlt werden mußte. Das Abenteuerlichste an Seeligs Abenteuerroman war gewiß die Tatsache, daß der Autor, laut Verlagsvertrag, das Werk auf eigene Kosten herstellen zu lassen und auch für das Honorar des Illustrators, Kurt Szafranski, aufzukommen hatte.[12]

In die Sparte Sammeltätigkeit gehören weitere zwei Veröffentlichungen aus den Jahren 1924 und 1925, und zwar „Nachtgeschichten aus der guten alten Zeyt",[13] ausgewählte Kalendergeschichten in der Art Johann Peter Hebels, und „Die Jahreszeyten im Spiegel schweizerischer Volkssprüche".[14] Wilhelm Stapel, für seine antisemitische und reaktionäre Literaturgeschichtsschreibung berüchtigt, bescheinigte den „Nachtgeschichten" seinerzeit anerkennend: *„Zart" sind die Witze großteils nicht, sie riechen nach der Bauern- und Bürgerderbheit der „guten alten Zeyt". Eben darum sind sie für unsereinen ein wahres Labsal nach den parfümierten und geschminkten*

Witzblattwitzen der Bahnhofs- und Zeitungsbuchhandlungen. Oder ist es etwa nicht wahr, daß eine dralle Bauernmagd, die rotbäckig und lachend aus dem Kuhstall kommt, viel angenehmer riecht als eine morbide Shimmy-Schöne, die sich mit einem mondänen Parfum bespritzt hat?[15] Darüber ließe sich gewiß trefflich streiten, nicht allerdings über die Gesinnung, die hinter solchen Sätzen steht.

Am interessantesten und als einzige Arbeit Seeligs aus dieser Zeit von bleibendem Wert ist seine Übersetzung des „Gulliver" von Jonathan Swift. Einem Bericht, zwanzig Jahre danach verfaßt, kann man über die eigentliche Tätigkeit und die genaueren Umstände der Entstehung nicht allzu viel entnehmen. Da heißt es: *Ich ließ mir für die Uebersetzung viel Zeit. Viele Monate habe ich daran gearbeitet, um sie in Stil und Wortlaut getreu dem bewunderten Original anzugleichen. Es war eine schöne und erregende Arbeit, wie man sie nur mit dem Idealismus der Jugend, der noch nicht in Zahlen rechnet, leisten kann.*[16]

Schon die Frage, wer dieses Buch einleiten könnte, war nicht leicht zu beantworten. Max Picard trat wieder als Ratgeber in Erscheinung: *Ich bin nicht im Stande, für Gullivers Reisen ein Vorwort zu schreiben; ich möchte es schon, aber ich kann es nicht. Ich schlage Ihnen vor, Karl Kraus Wien, Hintere Zollamtsstraße 3, anzufragen, ob er es tun will. M. E. ist er der einzige, der es machen kann, der einzige jedenfalls auch, d e r S w i f t i r g e n d w i e a d a e q u a t i s t.* Picard empfahl, möglichst sachlich zu bleiben, sich auch nicht ausgiebig über Swift zu äußern. *Entschuldigen Sie, dass ich Ihnen so vorschreibe, aber Karl Kraus ist s e h r schwierig zu begegnen, und ich weiss auch s o nicht, wie er antworten wird, o b überhaupt und ob er grob sein wird. Man sagt, er sei sehr eitel. Aber das ist ja egal. Jedenfalls können Sie stolz sein und froh dazu, wenn er es übernimmt.*[17]

Seelig dürfte seine Anfrage jedoch nicht sehr geschickt formuliert haben: *Daß Kraus Ihnen so wüst geantwortet hat, wundert mich nicht*, meinte Picard später. *Vielleicht hätte er Ihnen auch nicht anders geantwortet, wenn Sie nach meiner Angabe geschrieben hätten.*[18] Im folgenden kam Picard, in diesem Punkt von Rudolf Kassner informiert, auf Kraus' „Eitelkeit" zu sprechen: *Für mich wäre es kein Grund, deshalb von einem Menschen fortzugehen. Derartiges schafft doch erst die L u f t u m den Menschen, noch lange aber nicht den Menschen selber.*[19]

Hinsichtlich möglicher anderer Vorwortverfasser plädierte Seeligs Mentor gegen Tucholsky und für Rilke.[20] Doch schlußendlich kam wiederum Hermann Hesse zum Zug.

Und Anfang 1924 war es dann soweit — in der „neuen vollständigen Übersetzung von Carl Seelig" erschienen „Lemuel Gullivers Reisen in verschiedene ferne Länder der Welt", versehen mit Hesses Vorwort und 32 Lithographien von Fritz Eichenberg. Anlaß zu Freude. Gleichwohl gab es mit dem Feuerverlag großen Ärger: *Die vierte Reise (für mich gerade die wichtigste) ist aber stilistisch miserabel, indem meine Korrekturen (die ich durch den Verlust bei der Druckerei zweimal sehr sorgfältig machte und eingeschrieben zuschickte) in keiner Weise berücksichtigt wurden. Ja, sie wurden mit ganz wenigen Ausnahmen überhaupt nicht beachtet. Glaubt Ihr Verlag denn, ich sei ein Schuljunge, der sich nach Gutdünken des Lehrers kujonieren läßt? Wozu habe ich die viele Arbeit gehabt? Damit man sie beiseite wirft?*[21] empörte sich Seelig, nachdem er die ersten Exemplare in die Hand bekommen hatte.

Sorgfalt und Mühe hatten sich jedenfalls dennoch gelohnt, wurden auch damals anerkannt.[22] Max Liebermann soll in einem Brief versichert haben: *Ich kannte ihn* (d. i. „Gulliver" — d. V.) *natürlich, aber nur unvollständig. Ihre Übersetzung liest sich wie ein Original. Wunderbar die Aktualität! Die Menschen haben sich in den 200 Jahren kaum geändert, und die Mini-*

ster und Großwürdenträger der Liliputaner gleichen denen Wilhelms II. auf ein Haar.[23] Für die von Seelig nochmals durchgesehene Ausgabe nach dem Zweiten Weltkrieg (im Steinberg-Verlag, heute in der Manesse-Bibliothek greifbar) schrieb Hesse wieder das Vorwort.

In zunehmendem Maß hatte die Arbeit Seelig aus Zürich, wo er aus der elterlichen Wohnung am Mythenquai in die Sternenstraße übersiedelt war, in das Gut Kastanienbaum bei Luzern getrieben. Dort also, inmitten herrlicher Landschaft, residierte auf gediegen-prächtigem Anwesen *Carl Seelig, Schriftsteller*, wie er auf seine Visitenkarten drucken ließ und in Briefanschriften genannt wurde. Er war keineswegs untätig. Im Gegenteil: Er korrespondierte mit aller Welt, sprach großzügige Einladungen aus und begann eine hektische Rezensionstätigkeit, meist unter eigenem Namen, den Chiffren C. S. bzw. S., oder manchmal unter dem Pseudonym Thomas Glahn.

Das Ergebnis dieser Tätigkeit, gut vier Jahrzehnte mit beharrlicher Regelmäßigkeit ausgeübt, geht nach der Stückzahl in die Tausende, und dies ist keineswegs übertrieben. Freilich war Seelig kein großer Literaturkritiker, wenigstens, wenn man dies in dem Sinne versteht, daß seine Stellungnahmen und Analysen eigenen stilistischen Reiz gehabt hätten oder gar Glanzstücke kritischer Prosa gewesen wären. Nein, oft sind sie — und das scheint bei diesem Produktionsrhythmus nicht verwunderlich — unscheinbare, ein wenig beiläufige Routinearbeiten und, wo sie im Sprachlichen ehrgeizig werden, das ungewöhnliche Bild oder die kühne Wendung suchen, in vielen Fällen mißglückt. Andererseits verstand sich sein kritischer Einsatz zumeist als Dienst am Autor und an dessen Werk, und hierin war er kaum zu übertreffen. Unermüdlich warb er in allen erdenklichen Zeitungen, und wenn er zu einem Text wirklich Beziehung hatte, einem Schriftsteller in Sympathie zugeneigt war, fand er Worte, die weit über dem durchschnittlichen Niveau seiner Äußerungen lagen. Da Seelig zudem die von ihm besprochenen Autoren, so er ihrer habhaft wurde, postwendend mit den Kritiken bedachte, kam er auch auf diese Weise mit zahllosen Literaten in Berührung. Er hatte sogar eigene, vorgedruckte Karten, auf denen um Zusendung eines jeweils handschriftlich eingesetzten Buches ersucht wurde — objektive Kritik und Übermittlung derselben seien garantiert. Die prophetische Behauptung, seine Rezensionen würden objektiv ausfallen, war selbstverständlich aus der Luft gegriffen.

Als wichtiger und zielführender erwies sich Seeligs Vorgangsweise, bekannte wie unbekannte Autoren, die er zu fördern beabsichtigte, um Lebenslauf und Mitteilung über geplante Arbeiten zu bitten. Dieser, den Betroffenen wohl nicht immer ganz angenehmen Fleißaufgabe, verdanken sich überraschende Detailinformationen in vielen von Seeligs Referaten. Und also stellten sich unter anderen Hedwig Courths-Mahler, Karl Heinrich Waggerl und eine ganze Reihe Schweizer Lokalgrößen getreulich zum biographischen und literarischen Rapport bei Seelig ein. Aber auch diese Fördertechnik — und bei ihm war Kritik häufig wenn schon nicht Kunst, so doch Hebammenkunst — brauchte ihre Zeit, sich zu entwickeln. Vorderhand war Seelig jedoch vor allem noch als Autor tätig, verschickte fast ebenso viele Exemplare seiner Bücher wie seiner Rezensionen, eine Praxis, aus der sich beispielsweise die Bekanntschaft mit Carl Spitteler ergab. Der greise Dichter, im Alter in Luzern ansässig, lud den Beinahe-Nachbarn und dessen Frau zu sich: *Jener ersten Zusammenkunft sind bald viele heitere Nachmittage im Kursaal oder Café Huguenin gefolgt. Er freute sich, daß wir ihn nicht mit künstlerischen Dingen belästigten, sondern seine regelmäßigen Ausgänge so hinnahmen, wie er sie liebte: als Ausspannung von der dichterischen Morgenarbeit. ,,Wir wollen zusammen jung sein, sooft wir uns sehen!" schlug er gleich zu Anfang vor, und wirklich: wer je das fröhliche Lachduett Spittelers mit meiner hellmütigen Frau gehört hat, wunderte sich, wie kindlich heiter dieser uns um 50 Jahre Ueberlegene sein konnte. (...) Als ich ihm später sagte, daß mich das Literaturgetriebe der Städte mit ihren eingebildeten kleinen Päpsten anekle, gab er mir seine Hand und riet: „Bleiben Sie draußen. Wer etwas kann, kommt auch allein durch. (...)"*

Als wir das letztemal mit Carl Spitteler zusammen waren, ein oder zwei Tage bevor er krank wurde, — wir waren wohl die einzigen jungen Leute in Luzern, mit denen er öfters ausging —, zeigte er sich unbändig heiter, — noch nie hatten wir ihn so lebensfroh, zuversichtlich und freundschaftlich gesehen! Keiner von uns dachte, daß es die Abschiedsstunde sein werde.[24]

„GENOSSE" SEELIG ALS WELTREISENDER

Eine andere illustre Bekanntschaft machte Seelig aufgrund einer Kritik von D. H. Lawrence's Roman „Söhne und Liebhaber", in der er schrieb: *Es ist mir außer Gorki und Hamsun kein zeitgenössischer Dichter bekannt, dessen Werk das Zeichen genialer Inspiration und Formkraft in sich trüge.*[1] Im Herbst 1925 besuchte Lawrence dann seinen begeisterten Rezensenten für einige Tage in Kastanienbaum:

Am 6. November schlug er vor, wir könnten uns auf der Durchreise in der Zentralschweiz treffen, hinzusetzend: „I love the Vierwaldstädtersee". (. . .) Wir befreundeten uns rasch und machten teils allein, teils mit Nachbarn Fußwanderungen und Autofahrten in der Gegend des Pilatus, nach Zug und nach Zürich, wo Lawrence, auf Wunsch von drei uns begleitenden Frauen, ins Dancing des „Baur au Lac" geschleppt wurde. Er wütete dort gegen die mondäne Gesellschaft. (. . .) Wir beschlossen, im nächsten Frühjahr zu zweit nach Rußland zu gehen. Kurz darauf schrieb er mir aus Noli (Golf von Genua), daß er bereits angefangen habe, Russisch zu lernen. (. . .) Anschließend kam ein Bericht, daß er sich mit seiner Frau in Spotorno bei Genua auf einem Weinberghügel in einer Villa eingenistet habe. Er lud mich ein, dort mit ihm Russisch zu lernen. Aber schon am 21. Mai 1926 traf aus Scardicci in der Nähe von Florenz, wo das Ehepaar Lawrence ein altes, einfaches Mediceerhaus gemietet hatte, die Mitteilung ein: „My desire to go to Russia has died again. I hear such dreary accounts of it: Moscow so Americanised, the proletariat all becoming Yankee and mechanical. That bores me." (. . .) Später, am 24. November 1928, aus Bandol (Frankreich) kam die traurige Nachricht, er müsse auf unsere Reisepläne verzichten. (. . .).[2] So also verlor Seelig D. H. Lawrence, und mit dessen Tod im März 1930 endgültig, als Reisegefährten, noch ehe er ihn gewonnen hatte, was ihn nicht hinderte, andere Schrift-

steller zum selben Unternehmen zu animieren. 1928 schickte er Alfred Polgar eine ausführliche Würdigung von dessen Büchern[3] — die erste von mehr als 30. Der Geehrte dankte artig, meinte jedoch bedauernd: *In nächster Zeit komme ich noch kaum nach Zürich, und eine Reise nach Australien, so lockend sie wäre, würde an m. Entschlußfähigkeit scheitern, wenn sie dies nicht schon an meiner Armut täte. Aber es ist sehr liebenswürdig von Ihnen, mich einzuladen.*[4]
Seelig gab sich damit freilich noch nicht geschlagen, im Gegenteil, er verstärkte seine Aufmerksamkeiten: *Sie beschämen mich durch die schon fast romantische Güte und Freundlichkeit, die Sie dem Ihnen unbekannten Literaten erweisen. Ich danke Ihnen von Herzen für Brief, Buch und das bezaubernde Chokolade-Potpourri! Vorderhand bringe ich es nicht über mich, was davon zu essen, weide mich nur an dem Anblick. Warum sind Sie so nett zu mir? Ich bin gerührt und verlegen.*[5] Das sollte er wohl auch sein, denn bei manchen Menschen entwickelte Seelig eine besondere Technik der Annäherung — er überwältigte durch Gesten der Freundschaftlichkeit und Wertschätzung.
Allen Bemühungen zum Trotz sollte Seelig dann schließlich doch allein reisen. Sogar seine beiden Dackel blieben in Kastanienbaum zurück. Aber vor diesen weltweiten Fahrten ist er auch auf andere Art — ideologisch — weit herumgekommen. Wie sonst soll man sich's erklären, daß ihm Oskar Maria Graf am 6. Juli 1927 einen Dankbrief für den Hinweis auf seine Autobiographie ,,Wir sind Gefangene", erschienen im ,,Arbeiterblatt", Luzern, schickte, der mit der Anrede *Werter Genosse Seelig!* beginnt und stilgemäß *mit proletarischen Grüssen* schließt.[6] Das war nun für Seelig Grund genug, sich in weitere publizistische Unkosten zu stürzen. ,,Der literarische Erfolg eines Sozialisten" heißt sein Aufsatz, in dem — abgesehen von höchstem Lob für Graf — in erster Linie bekannte Autoren, die sich zu dessen Werk geäußert hatten, recht grob

angefaßt werden: *Erfolgreiche bürgerliche Dichter haben dem sensationellen Wunderkind geschliffene Taufreden gehalten, gutgemeinte und sauersüße,* und es ist nicht uninteressant, diese kollegialen Besucher etwas anzusehen. Vor Seeligs unerwartet radikalen Augen findet bloß Bruno Frank, *ein Dichter von großem Können und anständiger Gesinnung,* Gnade. Andere, *Lieblinge der deutschen Bourgeoisie und Literaten,* kommen schlechter weg. Hugo von Hofmannsthal schreibe aus der Perspektive der *sauberen Enge seiner adeligen Bücherstube,* und Thomas Mann nehme *das traurige, bittere Buch, das als Anklage der menschlichen Zersetzung jedes reingebliebene Herz erschüttern muß, in seiner bekannten gönnerhaften Art von der gemütlichen Seite.* Ähnlich *literatenhaft äußert sich Fred Hildenbrandt im ,,Berliner Tageblatt"* und mit ihm viele andere, *die im Dienst der Feder nichts Größeres sehen als eine Gelegenheit, Geld zu verdienen, bekannt zu werden, gut zu essen und schön zu sterben.*

Wir wünschen Oskar Maria Grafs Autobiographie unverbildetere, ernsthaftere und auch männlichere Leser als diese — Leser aus dem Volk, aus dessen Mitte und zu dessen Wohl es ja entstanden ist. So möge das prächtige Buch durch Volksbibliotheken von Hand zu Hand, von Herzen zu Herzen gehen — ein rückgratstarker Zeuge für die Not und Sehnsucht des deutschen — sagen wir ruhig: des internationalen Proletariats.[7]

Dem *liebe(n) Genosse(n)* Seelig war dafür Dank vom Hause Graf gewiß, und nun war man auch gleich per Du. *Es ist gut, dass Du den Literaten eines draufgegeben hast, sehr gut.* Graf nützte die Gelegenheit, sich über die SPD im allgemeinen und im besonderen über deren Haltung seinem Buch gegenüber — sie werfe ihm Geschichtsklitterung vor — zu beklagen: *Nun gut, den Bluthund Noske und seine wunderbaren Massnahmen gegen die deutsche Arbeiterklasse können sie nicht weglöschen, auch ihre Fehler nicht und die Masse der SPD-Arbei-*

ter ist meiner Ansicht, was die Bonzokratie macht, schert mich nicht. Ich schreibe nicht für sie, genau so wenig wie für die Bürger. (. . .) Nochwas zum Schluss: Hermann Hesse, der für den Swift das Vorwort schrieb, den kennst Du doch sicher. Nun, mir läg' sehr, sehr viel daran, was dieser sehr ehrliche, gerade und eindringliche Mann über mein − darf ich sagen − männliches Buch sagt? Vielleicht kannst Du da was tun. Ich habe ihm seinerzeit mein Buch zuschicken lassen wie allen anderen „Prominenten". Nun, lass Dir die Hand drücken, Genosse, und nochmals für alles herzlich danken.[8] Genosse Seeligs verbaler Radikalismus samt Grafs entsprechender Reaktion ist zweifellos ein Kuriosum und beruhte zugleich auf einem schweizerisch-bayrischen Mißverständnis. In späteren Briefen hat sich Graf dann auch eine gewisse terminologische Zurückhaltung auferlegt.[9]

Gleichwohl konnte man Seelig in jenen Jahren mit gutem Grund so verstehen oder mißverstehen, wie's Graf tat − denn, bei aller verblüffenden Begeisterungsvielfalt, die Jakob Schaffner und O. M. Graf unter einen Hut, d. h. in dieselbe Rezension[10] brachte, fand man ihn in seinen Äußerungen dort, wo sein Herz schlug: links, was zwar als ideologische Ortsbestimmung ungenau, aber besser als gar keine ist. Herzenssache, nicht Ergebnis rationalen Kalküls, war dieses politische Engagement, das merkt man ihm immer an. Gleichfalls zu den Widersprüchen innerhalb dieser widerspruchsvollen Persönlichkeit gehört, daß Seelig, der in beiden Weltkriegen zu den Waffen eilte, damals in der Glosse „Militaristische Filmkritik" einen kampflustigen Schreiber aufs heftigste attackierte: *Es muß einmal die Frechheit, mit der Leute seines Schlages offen oder versteckt militaristische Propaganda treiben, festgenagelt werden.* Im drastischen Jargon des Gefreiten Seelig klingt das so: *der Hochmut, mit dem die weiß Gott nicht heldenmütigen Schweizer Militärler über das Leid des Kriegs hinweggehen, die Frechheit, mit der sie für neue „Taten" (die andern, nur nicht ihnen die Köpfe kosten sollen!) Propaganda machen.*[11]

Für Antisemitismus war er desgleichen nicht zu haben, und so konnte er konsequenterweise Adolf Bartels' ,,Geschichte der deutschen Literatur" nur entschieden ablehnen: *Für künstlerisch empfindende Menschen ist dieses deutschnationale und von krassem Judenhaß diktierte Werk einfach undiskutabel, ganz abgesehen davon, daß Bartels die moderne Literatur — seine Arbeit reicht von den Anfängen der Literatur bis zur Gegenwart — fast nur vom Hörensagen kennt und deshalb den eigenartigsten deutschen Erzähler unserer Generation, Franz Kafka, mit einer dummen Phrase übergeht.*[12]

Auch für die Freiheit moderner Kunst, des Theaters nämlich, den Menschen nicht nur das Gute, Wahre und Schöne zur Erbauung zu zeigen, stieg er auf die Barrikaden. Anläßlich der Aufführung von Ferdinand Bruckners ,,Die Verbrecher" im Zürcher Schauspielhaus erregte sich eine junge Abonnentin über die Frage, ob ein Theater denn dergleichen überhaupt aufführen dürfe — *Wir sind keine ,,Provinzler, aber was zu viel ist, ist zu viel"*. Sie tat dies im ,,Tages-Anzeiger", und Carl Seelig gab ihr öffentlich Antwort, sehr höflich und mit dem für einen, wie er selbst sich nannte, *unentwegten Bruckner-Verehrer* unerläßlichen Pathos: *Und segnen Sie die Dichter, die, dem unheilvollen Blutbad des Weltkriegs entronnen, Frack und Galauniform den Motten überlassen, um nackt und ungestüm die Larven dieser Scheinwelt zu zertrümmern. (...) Preisen Sie die Direktoren der Schauspielbühnen und Lichttheater, die, einlullender Romantik feind, duch die Aufführung zeitkritischer Kunstwerke Mitarbeiter an einer gerechteren Weltordnung werden! Nur so können ,,Die Verbrecher" Vergangenheit und Ihre Träume einer unschuldig heiteren Menschheit Wirklichkeit werden. Dann wollen wir auch wieder in blauen Blumen und in Himmelslüften schwelgen!*[13]

Weniger überschwenglich, dafür aber konkreter fiel ein Leserbrief Seeligs an den Direktor des Schauspielhauses aus, in dem er als *künstlerische Fastnachtsüberraschung eine Posse von Johann Nestroy* forderte. *Lesen Sie, was der witzigste Satiriker unserer Zeit, Karl Kraus, darüber schreibt!*[14]

Auch sonst machte er, scheint's, Propaganda für Karl Kraus und sogar bei Leuten, deren Umgang man Seelig nicht zutrauen würde. Max Hoelz, der Sozialrebell, war 1921 wegen seiner Beteiligung an den Arbeiteraufständen in Mitteldeutschland von einem Sondergericht zu lebenslangem Kerker verurteilt worden. In der Haft wurde er zu einem Mythos, zum kommunistischen Märtyrer, für dessen Freilassung sich nicht nur die KP und die Rote Hilfe, sondern auch liberale Intellektuelle wie Albert Einstein, die Brüder Mann und Kurt Tucholsky einsetzten. 1933 fiel Hoelz dann in der Sowjetunion als einer der ersten stalinistischem Terror zum Opfer.[15] Im Frühjahr 1927 nahm Seelig mit dem im Zuchthaus Groß-Strehlitz Inhaftierten Kontakt auf, und sogleich entspann sich eine heftige Diskussion um Rosa Luxemburg und die Frage der Gewalt in der Politik.[16] *Es schmerzt mich, dass Sie wohl das Grosse an Rosa L. erkennen und lieben, aber vor dem G r ö ß t e n dieser Frau steht Ihre Seele unbegreiflich.*

Ihr Herz schreit auf, wenn Sie denken, dass R. L. aus purem Altruismus zu keiner anderen Lösung kam, als: jene zu vernichten, um diese zu beglücken.

Lieber Carl Seelig, das war das Größte und Wundervollste an dieser zarten, mit ihrer unendlichen Liebe a l l e Geschöpfe (auch ihre Gegner und Feinde) umfassenden sozialen Kämpferin. (. . .) Lieber Carl Seelig, Sie sind doch Aesthetiker (vielleicht unbewusst, im Unterbewußtsein), s i c h e r i s t , d a s s s i c h die potenzierte Kultur Ihrer Seele hinter dem natürlichen Mitempfinden und Mitleiden Ihres Herzens zu verstecken sucht und Sie damit hindert konsequent zu sein.

„Guter Meister, was soll ich tun, damit ich das ewige Leben

erbe". "Gehe hin, verkaufe alles was Du hast, gib es den Armen und folge mir nach."
Da ward der Jüngling sehr traurig, denn .—.—.—.—.
Lieber Carl Seelig, Sie sind dieser reiche (an Kultur) Jüngling versetzt in das 20. Jahrhundert. Sie haben die sozialen Uebel, das soziale Elend (und auch die Kausalität dieses Elends) er k a n n t ; Sie sind auch bereit mitzuhelfen an der Beseitigung dieser Uebel, aber die Kultur Ihrer Zeit (diese Unkultur, weil sie ihre Kräfte aus der Verelendung der Massen saugt) hindert Sie, den letzten Schritt zu tun. Sie sind traurig, dass Sie dem Ruf der Meisterin (R. L.) nicht folgen können, weil Ihre Kultur (n ic h t Ihre Seele) dagegen aufschreit.[17] Nach dieser gleichnishaften Charakterisierung von Seeligs politischem Bewußtsein bat Hoelz abschließend um die Zusendung von Büchern. Der Gebetene zögerte nicht und schickte neben der Nummer des „Kämpfer", in der die Glosse „Militaristische Filmkritik" enthalten war, unter anderem Weiningers „Geschlecht und Charakter", Rollands „Die Zeit wird kommen" und „Gullivers Reisen" — *diese seien prachtvoll (ganz besonders freut es mich, dass S i e der Uebersetzer dieser Ausgabe sind); ich habe das Buch ga nz gelesen und ich werde bestimmt es nicht nur einmal lesen. Es hat mir s e h r gut gefallen, denn es enthält tiefe und derbe Wahrheiten.* Es folgen einige kritische Passagen zum Frauenbild Weiningers und dann: *Die Fackel von Karl Kraus kenne ich leider nicht. B it t e vermitteln Sie mir dieselbe, auch "Die letzten Tage der Menschheit".* Seelig dürfte in seinen Antworten darauf beharrt haben, daß es überall — klassenungebunden — schlechte Menschen gebe, und auf marxistische Argumente moralistische erwidert haben. Hoelz hatte es in diesem politischen Fernkurs nicht leicht, den reichen Jüngling zu bekehren: *Lieber, lieber Carl Seelig, wenn Sie tatsächlich glauben, dass das europ. Proletariat genauso von Egoismus durchseucht ist wie die bürgerliche Klasse, dann b it t e ich Sie dringend, hängen Sie sich am nächsten Baum oder Later-*

nenpfahl auf oder werfen Sie Ihren müden Leib und ihre pessimistische Seele in den Zürcher See.
Ich habe in den 6 endlos langen Kerkerjahren Entsetzliches gelitten und habe f u r c h t b a r e Enttäuschungen erlebt — an Partei und Freunden —, und dennoch sage und beweise ich Ihnen, dass niemals in der Geschichte der Menschheit irgendeine Klasse s o l c h e Opfer gebracht hat (bewusst und selbstlos) wie das europäische Proletariat im letzten Jahrzehnt.
Nicht einen Tag, nicht eine Stunde würde ich mein elendes Leben weiterschleppen, wenn ich nicht wüsste, dass das europ. Proletariat größter Opfer fähig ist.[18]
Auch Seelig sollte unter Beweis stellen, zumindest gewisser Opfer fähig zu sein. Hoelz bat ihn, d. h. eigentlich forderte er von ihm sehr dezidiert, er möge für eine längere Zeitspanne monatlich 300 Reichsmark aufbringen — nicht aus eigener Tasche, sondern durch eine *15 bis 20 sozial und altruistisch denkende und handelnde Menschen* umfassende Aktion, von denen jeder sich zu regelmäßigen Zahlungen zu verpflichten habe. Sobald diese Konstruktion gesichert sei, könne er ihm mitteilen, wozu das Geld benötigt werde, vorher nicht.[19]
Dem letzten Brief, Ende August 1927 und bereits in der Anstalt Sonnenburg geschrieben, läßt sich entnehmen, daß Seelig keinen Erfolg hatte: *Ich danke Ihnen sehr für Ihre Bemühungen. Dass nicht alles nach Wunsch ging, liegt sicher nicht an Ihnen, Sie haben bestimmt alles getan, was Sie zu tun vermochten.*[20]
Wenn man außer acht läßt, daß Seelig als Philanthrop stets bereit war, Verfolgten zu helfen, erscheint diese Verbindung höchst seltsam und merkwürdig[21], beurteilt Werner Mittenzwei diese Dokumente zu Recht. Doch auch wenn man all das nicht außer acht läßt, bleiben die Aussagen, für sich genommen und überdies als Kurzporträt von Seeligs politischer Position, buchenswert. Ebenso buchenswert gewiß wie folgende Sätze: *Carl Seelig, Zürich, ist mir seit Jahren bekannt.*

Ich weiss, dass er den Aufbau Sowjet-Russlands mit grosser Sympathie verfolgt und als Freund der USSR dorthin reisen will.[22] Der hier mit seinem Wissen nicht länger hinter dem Berg halten wollte, war Ernst Toller im Sommer 1931. Henri Barbusse zögerte gleichfalls nicht, dem Wunsch seines jungen Menschenbruders von ehedem nach einem Empfehlungsschreiben zu entsprechen. Er stellte ihm ein tadelloses ideologisches Leumundszeugnis aus, das — naturgemäß — im Französischen noch viel schöner klingt, als es sich tatsächlich und auf gut Deutsch verhielt: *Charles Seelig est un jeune suisse qui a des idées nettement internationalistes quoiqu'il ne soit pas du Parti. Il a, pendant la guerre, défendu la cause de la paix et a fondé à Zurich une maison d'éditions pour publier des œuvres d'écrivains à tendances internationales.*[23]
Seelig kam allerdings nicht dazu, dieses Schreiben seinem Adressaten, dem Parteisekretär von Odessa, vorzuweisen. Im Juli 1931 machte sich Carl Seelig, begleitet von einem ehemaligen Schulfreund, im wörtlichen Verständnis auf die Beine, um während dreier Monate auf möglichst billige Weise den Balkan zu bereisen. Über Venedig, Split und Dubrovnik ging's durch Montenegro, Albanien, Südserbien, Mazedonien bis nach Smyrna und Konstantinopel. Seelig wollte allein über die Sowjetunion heimkehren, welchen romantischen Plan ihm jedoch der sowjetische Gesandte in der Türkei ausredete, weil man dazu mehr Geld benötige, als er bei sich trage. So fuhren die beiden hartnäckigen Wanderer — von insgesamt 6500 Kilometern legten sie 1600 zu Fuß zurück — übers Schwarze Meer nach Constantia, hierauf durch Rumänien und Ungarn nach Wien, von wo sie *bei Regen und Schneegestöber durch die mit prächtigen Barockbauten und Klöstern geschmückte Wachau zogen.*[24] Man kann für den mittlerweile verstorbenen D. H. Lawrence hoffen, daß Seelig ihm bei ihren gemeinsamen Reiseplänen nicht eine ähnlich auf Sparsamkeit bedachte und mühevolle Route zugedacht hatte. So abenteuerlich die-

ser Balkanmarsch erscheinen mag, Carl Seelig – kaum zu übersehen: ein *bekannter Weltreisender* wie weiland sein Vater – hatte zwei Jahre zuvor noch ganz anderes erlebt: *... Sie haben etwas sehr Schönes vor sich. Das Jahr unserer Ostasien- und Südseereise war so glücklich reich, daß es wohl zehn andere Lebensjahre aufwiegt,* versicherte Emil Nolde Carl Seelig im Oktober 1928. Zugleich riet er ihm, *in allem etwas mäßig und vorsichtig zu sein, die Tropen sind tückisch und verleiten gern zum Sichgehenlassen. Man muß sich selbst hüten wie ein Kindermädchen – wenn einem das Leben wert ist.*[25] Im Frühjahr 1929 begann Seelig seine Fahrt, die fast ein Jahr dauern, ihn durch Afrika, nach Australien, Neuguinea und Ceylon führen und ihn beinahe das Leben kosten sollte. Er holte sich nicht bloß die unvermeidliche Malaria, sondern auf einer Büffeljagd in Liberia auch einen Schlangenbiß: *Von einer Speischlange gebissen, liege ich tagelang zwischen Leben und Tod in einer Negerhütte. Die Schwarzen sind rührend zu mir. Schwatzend hocken sie an meinem Feuer und brauen heilende Teesorten. Aber meine rechte Brust- und Rückenseite schwillt immer mehr an und bald ist sie wüst vereitert. Höchste Zeit, an die Küste zurückzukehren! Mit meinem Boy schleppe ich mich mühsam durch den Urwald zurück: die Wildnis hat mich geschlagen.*[26] Solches berichtete der Abenteurer den Lesern des „Luzerner Tagblatts", und – anscheinend wegen des großen Erfolges – wurde die Serie 1932 umgeschrieben und im Zürcher „Tages-Anzeiger" neuerlich veröffentlicht. Über seine Reisegewohnheiten berichtete er: *Meine Art, Afrika mit allerleichtestem Gepäck zu durchstreifen, erregt Kopfschütteln. Wahrscheinlich hält man mich für naiv oder verrückt. Entweder kommt man hierher, um reich zu werden, oder wohlausgerüstet. Romantische Bummler sind verpönt.*[27] Obwohl Seelig mehr als ein Dutzend mehrspaltige Artikel an die Redaktion schickte, die alle noch während seiner Abwesenheit erschienen, konnte er sich nicht als Reiseschriftsteller von Format

profilieren. Die Schilderungen sind meist ein wenig blaß, liefern Lexikon-Wissen ab. Etwas bunter als sonst fiel die Beschreibung seiner Zusammenkunft mit dem König der Goldküste aus, die, nach den Regeln der Etikette, als „Privataudienz" verbucht wurde: *Brutal und fett wie ein verwöhnter Cäsar, scheint er der geborene Herrscher zu sein. Nicht weniger als siebenhundert Frauen sollen ihm gehören. (...) Um die breite Stirn läuft das geblümte Königsband, unter dem Augen so eisigkalt und grausam wie die Augen eines römischen Triumphators ruhen. Ich selbst konnte mich über „Nana Prempeh", wie ihn das Volk nennt, allerdings nicht beklagen, denn er war liebenswürdig genug, mir auf einem Rundgang durch die königlichen Parkanlagen seine interessante Schildkröten- und Geflügelfarm zu zeigen sowie sein Bild mit eigenhändiger Unterschrift zu schenken.*[28]
Auch die Episode bei den Victoria-Fällen in Südafrika entbehrt nicht eines gewissen anekdotischen Reizes. Gemeinsam mit einem unterwegs aufgelesenen Abenteurer stürmte Seelig — in ziemlich nachlässigem Aufzug — ein Luxushotel: *Schon stiefelten wir durch den hellerleuchteten Speisesaal, in dem uns elegante Millionärinnen erstaunt lorgnettierten. Der feiste Oberkellner fiel fast in Ohnmacht, als er uns daherkommen sah. Mit saurer Miene setzte er uns an einen Tisch, an dem wir nicht „störten". Wir aber machten uns lachend über das gute Essen her und zahlten, ohne mit der Wimper zu zucken, die acht Franken, die er vorsichtshalber schon beim Hors d'oeuvre einkassierte. Dann ließen wir uns ein Zimmer geben und wurden schnurstracks bei den — Dienstboten einquartiert. Aber keiner der smokingtragenden Protzen hat so gut geschlafen wie wir.*[29]
Ende August 1929 verließ Seelig den afrikanischen Kontinent Richtung Australien, bei welch stürmisch bewegter dreiwöchiger Seefahrt er es nicht unterlassen konnte, den staunenden Abonnenten des Zürcher „Tages-Anzeigers" mitzuteilen, daß

er sich statt der geplanten Reiselektüre — Kafkas große Romane — mit Werken von Gogol, Turgenjew und Dostojewski begnügen müsse.[30]

Den eindeutigen Höhepunkt seiner Weltreise erlebte Seelig jedoch mit der Besichtigung von leibhaftigen Menschenfressern auf den Neuen Hebriden. Das Thema dürfte gefallen haben, denn der Berichterstatter waltete seines Amtes nicht nur in „Luzerner Tagblatt", „Tages-Anzeiger" und „Neuer Zürcher Zeitung" („Glossen über Menschenfresser")[31], sondern auch im „Schweizer Magazin", dort unter dem Titel „Ein Schweizer unter Menschenfressern" und bereichert mit „12 Originalaufnahmen des Verfassers". Auf den Neuen Hebriden müssen tatsächlich recht wilde Zustände geherrscht haben, so auf den Baumwollplantagen: *Leider ist das Verhältnis mit den Arbeitgebern nicht immer das rosigste. So wurde während meiner Abwesenheit ein junger, brutaler Weisser auf der Insel Malo mit sechzehn Bruststichen und ausgesogenem Blut ermordet aufgefunden. Und ähnliche Fälle sind nicht selten.*[32]

Im Familienleben registrierte Seelig desgleichen rauhe Sitten: *Das Mädchen wird von der Familie für zwölf bis zwanzig Schweine blutjung an den höchstbietenden Kandidaten verkauft, der ihr zum Zeichen der Verlobung sogleich mit einem Stein die zwei oberen Schneidezähne ausschlägt.*

Bei den Großen Nambas von Malekula, die *in der ganzen Südsee als die gefährlichsten Menschenfresser* gelten, ging es aber dann im großen und ganzen sehr gemütlich zu: *Ich selbst denke nur mit größtem Heimweh an die Zeit auf Malekula zurück. Die Grossen Nambas haben mich weder geröstet noch gesotten, und als ich sie verliess, wurde ich von ihren Häuptlingen bis zum Strand begleitet. Mit kräftigen Händen stiessen sie mein Segelboot ins Meer und standen dort, bis die dämmrige Ferne alles verschluckte. In meinen Armen hielt ich noch die Zuckerrohrschäfte und Bananen — die letzten Geschenke von Menschenfressern, die ich liebgewonnen hatte.*[33]

Trotz allem Heimweh zu den Menschenfressern verließ Seelig schließlich die exotischen Gefilde. In Singapur erreichte ihn noch Nachricht aus der Heimat. Der europäische Sonderkorrespondent war Hermann Hesse: *Die Zustände hier im Abendland sind die gewohnten, es geht recht faul und ziemlich geistlos zu. Als Privatmann spüre ich es nicht gar so sehr, ich halte mich verborgen und lebe außerhalb der Welt, sehe wenig Menschen und nie eine Zeitung. Aber als Literat natürlich kollidiere ich täglich mit dem Geist der Zeit, und offenbar ist er stärker als ich, denn meine Angriffe auf ihn machen ihn nur lachen, während seine Angriffe auf mich wesentlich erfolgreicher sind.*[34]
Über Ceylon und durch den Suez-Kanal kehrte Seelig ins alte Europa zurück, freilich nicht ohne sich zum Abschluß noch einige Bildungserlebnisse zu vergönnen: Er machte einen Abstecher nach Berlin, um dort alte Unbekannte, d. h. Briefpartner, denen er nicht begegnet war, aufzusuchen. Käthe Kollwitz schrieb ihm, sie freue sich *aufrichtig*, ihn kennenzulernen: *Wir haben ehemals während des Krieges ja eine lebhafte Korrespondenz gehabt, die erst allmählich einschlief.*[35] Seelig kam aber nicht nur als Privatmann, er beobachtete und notierte seine Beobachtungen genau: *So klopfte ich eines Morgens an ihrem Berliner Atelier in der Akademie der Künstler* (!), berichtete er nach dem Tod der Kollwitz in einem Gedenkartikel. *Im weißen Arbeitsmantel öffnete mir eine sehr kleine Frau. Ohne Zeremoniell begann sie mir einige neue Blätter zu zeigen. Am längsten blieb sie vor den Gipsmodellen von zwei Figuren stehen, die sie für einen Soldatenfriedhof in Frankreich geschaffen hatte. "Dort liegt mein Sohn!" sagte sie traurig, und aus ihrer Stimme spürte ich, daß sie den großen Schmerz noch immer nicht überwunden hatte. Ich wurde nicht müde, ihr Gesicht anzusehen. Es erinnerte mich mit dem leidvoll-gebogenen Mund, den scharfen Falten, die von der Nase zu seinen Enden liefen und den dunklen, schwermütigen Augen,*

die den Besucher mit freundlichem Ernst betrachteten, an den so oft enttäuschten Menschenfreund Pestalozzi.[36]
Unerquicklicher fiel die Begegnung mit der Ullstein-Erfolgsautorin Vicki Baum aus, mit der er seit Jahren in Briefwechsel stand. Vicki Baum muß das Heikle eines solchen Zusammentreffens vorausgeahnt haben: *Hoffentlich hält unsre Freundschaft, die so gut und zuweilen mit einem Gefühlskontakt, der mich überraschte, über die Entfernung gehalten hat, die Belastung des Persönlich-Kennenlernens aus.*[37] Nach dem Besuch hieß es dann: *Und so ganz schlimm und oberflächlich wie ich Ihnen vorkam, bin ich vielleicht in Wirklichkeit doch nicht. Sie haben mich gerade in einer Krisenzeit getroffen und da brauche ich Distanz zur Welt und baue eine kleine Mauer von Banalitäten zwischen mich und den Anderen. Es tut mir leid, wenn Sie sich daran gestossen haben.*[38]
Der Abschluß der Weltreise war also keineswegs fulminant, die Malaria sollte Seelig noch oft zu schaffen machen, wobei Max Picard sich seines ursprünglichen Berufs als Arzt erinnerte und dem Patienten exakte Verhaltensmaßregeln gab. Doch abgesehen davon war das Reiseerlebnis für Seelig nicht nur lehrreich und — den Vater an zurückgelegten Kilometern und bestandenen Abenteuern zweifellos übertreffend — wichtige Selbstbestätigung, sondern brachte ihm auch eine Zeit inneren Friedens, frei von Zwängen, denen er in seinem sich selbst auferlegten Beruf ausgesetzt war.
„Heimweh nach Afrika" nannte Seelig ein Feuilleton, das seine düsteren Stimmungen und den Überdruß am Zürcher Alltag drastisch vor Augen führt, dem zu entfliehen ihm nur seine Tagträume ermöglichten: *Geld ist noch die einzige Beziehung, die ich zur Welt habe; jeden Morgen versucht mir meine Zimmervermieterin etwas anzuhängen, Lampen, Teppiche, was weiß ich — denn ich sei ein reicher Herr, sagt sie. Wenn sie von Geld spricht, gerät sie in Schweiß, so stark erregt es sie, und ich mache mir an meinen Büchern zu schaffen, um*

nicht dieses gierige Raubvogelgesicht mitansehen zu müssen. Am liebsten möchte ich ihr ein Messer zwischen die Rippen stecken; aber dazu bin ich leider zu kultiviert oder zu feige. Vor Uebelkeit trete ich nachher auf den Balkon. Der Erzähler erwägt, aus dem vierten Stock zu springen: *Der Polizist würde herbeistürzen, und aus dem nahen Café kämen die Gäste... aber natürlich tue ich es nicht, sondern spucke nur hinunter. Dann lege ich mich müde auf den Diwan. (...) Was kerkert ihr mich ein und macht mich müde — mich, der nach Sonne und Güte verlangt.*[39]

Im Herbst 1933 klagte er Hermann Hesse, und dies ganz ohne Koketterie: *Ich selbst stehe gegenwärtig in einem etwas wilden und sinnlosen Trubel von journalistischer Arbeit; da ich zu wenig Talent und Phantasie zum Bücherschreiben habe, mache ich notgedrungen diese, für die N. Z. Z., die National-Zeitung etc. Meine eigentliche Berufung wäre jedoch auf einer Redaktion oder bei einem Verlag; aber was wollen Sie: es holt mich niemand hinein. Uebrigens träume ich davon, wieder einmal eine lange, lange Reise zu unternehmen: an den oberen Nil oder nach Mexiko; sicher werde ich sie auch eines Tages machen. (...) auch nach der Südsee, wo ich früher war, habe ich oft Sehnsucht und nach Südafrika; schön ist es, an alle diese Länder und braune Menschen zu denken; ich war oft glücklich dort, viel glücklicher als in diesem komplizierten Europa, das mich auffrisst, ich weiss nicht wie und wozu?*[40]

Europa im Herbst 1933 war in der Tat noch komplizierter geworden, als es schon gewesen, auch für jene, die sich in erster Linie mit der schönen Literatur befaßten, ja diese zum eigentlichen Lebenszweck erhoben. In Tagen, da die sogenannten Zivilisierten ihre Maske ablegten und sich zu erkennen gaben als Barbaren, konnte man sich Rechtens zu den Wilden zurücksehnen, in Landstriche, in denen es Raubtiere zuhauf gab, doch die „Krone der Schöpfung" nur vereinzelt auftrat.

ANWALT DER ENTRECHTETEN – IN DEN WIRREN DER EMIGRATION

Mit Hitlers Machtantritt am 31. Jänner 1933, dem Reichstagsbrand, der nazistischen Terrorwelle und dem großen Strom der Emigranten aus dem eben angebrochenen Dritten Reich begann für Carl Seelig die Zeit der Bewährung. Die Fremdenpolitik der Schweiz nach 1933 und vor allem nach 1938 – ein lange tabuisiertes Thema der jüngsten Vergangenheit – ist inzwischen in mehreren gründlichen Untersuchungen erhellt worden.[1] Das Dunkle blieb dunkel, doch mancher Lichtblick kam dabei gleichfalls zum Vorschein. Denn wer – mit Recht – bürokratische Engstirnigkeit und selbstgefällige Inhumanität anprangerte, durfte nicht jene vergessen, die – aus einem nur scheinbar selbstverständlichen Gerechtigkeitsempfinden heraus – den Verfolgten und Rechtlosen beisprangen, Not linderten, wo sie konnten. In dieser Ehrentafel ist Carl Seelig ein besonderer Platz reserviert. Was er tat, und er war sich für nichts zu gering, tat er als Privatmann, wohl als schreibender und vermögender Privatmann, aber eben als Ein-Mann-Unternehmen, ohne Unterstützung von Apparaten und Institutionen.

Wer helfen wollte, mußte schon Mut aufbringen. Wer für Flüchtlinge eintrat, konnte sich nicht ganz aus der Politik heraushalten. In der Flüchtlingsfrage unterschieden sich bereits die Geister. Die unterschiedlichen Haltungen standen sich in der Schweizer Öffentlichkeit schroff gegenüber. Für und wider die Flüchtlinge wurde zu einer politischen Entscheidungsfrage.[2] Und über Seelig schrieb Werner Mittenzwei in diesem Zusammenhang: *Dieser Zürcher Kritiker gehört zu den unermüdlichsten Helfern deutscher antifaschistischer Schriftsteller, und zwar nicht nur der, die in der Schweiz lebten. Sein Name und sein Wirken müssen genannt werden, wenn vom deutschen Literaturexil die Rede ist.*[3]

Bereits im Frühling 1933 begann Seelig seine große Vorlese-Aktion im Studio Fluntern, bei der vor allem im Deutschen Reich verfemte Schriftsteller zu Wort kamen, aber eben nicht nur diese.
Den Anfang machte Alfred Polgar am 25. Mai 1933,[4] dann kamen der Rezitator Ludwig Hardt, Else Lasker-Schüler,[5] Alfred Kerr, Erika Mann, Jakob Wassermann, Ernst Toller, Hermann Broch und andere mehr. Die Veranstaltungsserie zog sich fast über ein Jahr hin. Von Interesse ist aber auch, wer von den Eingeladenen ablehnte, und warum. Thomas Mann schrieb aus Sanary sur Mer, der Lesezirkel Hottingen habe schon für den Herbst einen Zürcher Abend bei ihm bestellt, er könne daher Seeligs Bitte aller Wahrscheinlichkeit nicht entsprechen.[6]
Den Bruder hatte der Veranstalter um ein „zeitbewegtes Thema" gebeten. In seiner Antwort fragte Heinrich Mann, anscheinend an Seeligs Kenntnis seiner Haltung zweifelnd: — *sind Sie sich klar darüber, in welchem Sinn ich es behandeln müßte? Bald hoffe ich, Ihnen ein Buch zu schicken, das ich zuerst für den Verlag Gallimard französisch geschrieben habe. Deutsch kommt es etwas später. Dann hoffe ich von Ihnen zu hören, ob ich zeitbewegt sprechen soll oder lieber fernab.*[7]
Heinrich Mann sprach nicht in Fluntern, auch spätere Versuche, für ihn Lesungen zu arrangieren, führten nicht zum Ziel. In der Besprechung der „Jugend des Henri Quatre", Ende 1935, stellte Seelig dann dessen Verfasser als *tapfer(en) Romancier, Gesellschaftskritiker und Essayist(en)* vor, *der zweifellos der Führer der deutschen Emigranten ist.*[8] Und 1946 heißt es in einem Brief Heinrich Manns: *Warum mag ich damals verzichtet haben, nach der Schweiz zu kommen? Meine Vortragsreisen in Ihrem Land stehen mir in so guter Erinnerung. Eine letzte Verabredung — Befürwortung der Demokratie, deutsch und französisch zu sprechen — lag vor, da brach schon der Krieg aus.*[9]

Eine ziemlich deutliche Abfuhr holte sich Seelig bei Kurt Tucholsky, der von den Eidgenossen damals ja nicht allzuviel hielt: *Mit Rücksicht auf deutsche oder schweizer Faschisten ein zahmes Programm zusammenzustellen, ist mir nicht möglich. Wenn ich heute vor meine Leser trete, so habe ich das Selbstverständliche zu tun: für meine in Deutschland geschundenen und wirtschaftlich ruinierten Gesinnungsfreunde einzutreten und gegen ihre Peiniger. Eine andere Haltung kann ich nicht einnehmen — sonst will ich lieber schweigen.*[10]

An diesen Briefwechsel knüpfte Seelig einen Besuch bei Tucholsky in der Zürcher Florhofgasse: *An jenem Abend sprach der dreiundvierzigjährige gepflegte Mann auch über seine Enttäuschungen. (. . .) Von den sozialistischen und kommunistischen Parteien fühle er sich vollkommen abgespalten. Heute komme er sich wie ein Capitano vor, der allein aus dem Schützengraben stürme, während seine Truppen in der Deckung bleiben und schreien: „Bravo! bravo, vorwärts, Capitano!"*

Ich fragte ihn, wie er sich seine Zukunft denke? Er drückte die Stirne an das Fenster, sah in den milden Abend und wandte sich um! „Ich will mich irgendwo in die skandinavischen Wälder zurückziehen und ein vollkommen unpolitisches Buch schreiben. Kann ich aber überhaupt noch schreiben? Ich bin im Inneren so müde — vielleicht werde ich nie mehr schreiben wollen!"[11]

Weitere Absagen kamen von Henri Barbusse — aus Gesundheitsgründen — und von dem bekannten Pazifisten Friedrich Wilhelm Foerster: *Ihre sehr freundliche Einladung hat mich sehr gelockt, ich stecke aber in so vielen schwebenden Entscheidungen, auch bezüglich einer längeren Reise nach Amerika, dass ich mich vorläufig nicht für Vorträge festlegen kann.*[12]

An der Ablehnung von Karl Kraus ist vor allem auch das Datum aufschlußreich: Am 16. Februar 1934 schrieb der „Verlag der Fackel": *Mit dem besten Dank für Ihre freundliche Einladung müssen wir leider auf die Zeitumstände hinweisen, die eine Fixierung augenblicklich nicht zulassen. Auch abgesehen davon aber möchten wir der Ansicht Ausdruck geben, daß eine einmalige Veranstaltung, die Ihre Buchhandlung wohl nur in kleinerem Rahmen plant, die Kosten der eigens zu unternehmenden weiten Reise kaum hereinbrächte. Wir müßten jedenfalls Ihre frdl. Vorschläge erbitten.*[13] Die Umstände zu dieser Zeit, eben war der Aufstand der österreichischen Schutzbündler von der Regierung Dollfuß blutig niedergeschlagen worden, haben eine Fixierung wohl tatsächlich nicht zugelassen.

Seelig forderte aber zusätzlich im Reich verbliebene Schriftsteller zu Lesungen auf, sogar solche, die sich mit dem neuen Regime identifizierten und mit ihm identifiziert wurden. Hans Fallada war nicht unbedingt einer von diesen, konnte aber Seeligs Ersuchen auch nicht Rechnung tragen, ohne weitreichende Konsequenzen fürchten zu müssen. So schrieb er: ... *nein, es besteht nicht die geringste Aussicht, daß ich in der nächsten Zeit einmal zu Ihnen in die Schweiz komme.*[14]

Friedrich Sieburg antwortete aus Paris unter Angabe derselben Gründe, die Thomas Mann zur Absage bewogen hatten — er sei durch den Lesezirkel Hottingen bereits verplant.[15] Am groteskesten freilich — nämlich im Zusammenhang der Veranstaltungsreihe gesehen — fiel die Antwort des Dr. Gottfried Benn aus: *Mir kann es wesentlich nur darauf ankommen, einmal wieder in Z. persönlichen Kontakt mit einer erlesenen Schar meiner Leser zu bekommen. Da ich vermute, Politisches und Völkisches auf keinen Fall jetzt schon in Z., schlage ich vor etwa so: Kurze Bilder aus der Wanderschaft durch vier Erdteile: Brasilien — Indien. Afrika und der Deutsche Wald.*[16] Fürwahr, dann schon lieber der deutsche Wald als Völkisches im Zürich von Ende 1933!

Zu einer grundsätzlichen politischen Auseinandersetzung führte die Kontaktaufnahme mit Joseph Roth. Seeligs Aufforderung vom 30. August 1933 wurde von Roth, der sich damals gerade in Rapperswil am Zürichsee aufhielt, freundlich und ablehnend beantwortet: *Nun leide ich aber an sogenannten psychischen Hemmungen. Ich kann vor einem Publikum leider nicht lesen und habe infolgedessen seit Jahren viele Erwerbsmöglichkeiten verloren.*[17] Kurz darauf entdeckte der Eingeladene in der Basler „National-Zeitung" einen Artikel Seeligs, in dem er an dessen Formulierung *die lange, etwas einseitig juedische Reihe der exilierten Dichtergroessen*[18] heftig Anstoß nahm. Aufgebracht schrieb er dem Verfasser, er, Roth, sei als *Legitimist, glaeubiger Katholik und also absolut konservativer Mensch (...) ebenso sehr ein Gegner des Hitler-Regimes (...) wie jener „linken" und „demokratischen" Menschen, die seiner Meinung nach Vorbereiter und Verwandte der Nationalsozialisten und Antisemiten* seien. Seinen Ärger artikuliere er nur deshalb, weil er wisse, Seelig sei ein Freund des von ihm geschätzten Max Picard. Abschließend fragte er noch, ob Seelig ihn, wäre er im Studio Fluntern aufgetreten, gleichfalls zu dieser ominösen Reihe gezählt hätte. *Ich hoffe, dass Sie die grosse Freundlichkeit haben werden, mir darauf zu erwidern.*[19]

Picard, von diesen Unstimmigkeiten in Kenntnis gesetzt, versuchte in einem Brief an Roth zu vermitteln: *Ich habe die Stelle gelesen, die Ihnen missfallen hat. Es ist kein Zweifel, sie ist missverständlich, aber ebenso ist kein Zweifel, dass Herr Seelig sie nicht bös gemeint hat. Wir alle haben schon Dinge geschrieben, die nicht ganz klar sind und wenn wir es noch nicht getan haben, so können wir es in jedem Augenblick tun. Herr Seelig hat aber in seinem Leben mehr Gutes für die Juden getan (und er ist kein Jude, auch nicht getauft etc.), als ich sage: er hat mehr für die Juden Gutes getan, als er je gegen sie Ungutes schreiben könnte, wenn er schon wollte. Ich kenne Herrn Seelig fünfzehn Jahre, er ist einer der wenigen Menschen, deren gutes Wesen im Laufe der Zeit nicht ab-, sondern zugenommen hat. Das ist viel. Er lebt nicht von einem guten Fond, der ihm gegeben worden ist, sondern er giebt sich diesen Fond jeden Augenblick selber wieder. Er ist ein ganz und gar reiner Mensch, und wenn ich etwas an ihm nicht begriffe, so würde ich eher mir die Schuld geben als ihm. Ich habe alles Vertrauen zu ihm.* [20]

Seelig gegenüber äußerte Picard freilich auch eine gewisse Skepsis in bezug auf Roths Selbstdarstellung und die daraus resultierende Empörung: *ja der Roth. Die Partie des Briefes, die du mir mitgeteilt hast, hat mich missmutig gemacht, ich meine den Teil des Rothschen Briefes, in dem er schrieb, dir schrieb, er sei Katholik etc., während er mir am gleichen Tag schrieb, er sei Jude. (. . .) Trotz alledem: er ist nicht bösartig, sondern nur unsicher und vielleicht deshalb herumflatternd, eher deshalb als wegen eines bestimmten Zieles.* [21]

Roth jedenfalls war mit der Aufklärung, die ihm Seelig zuteil werden ließ — es kann kaum anderes gewesen sein als die Beteuerung, die verfänglichen Worte ganz anders gemeint zu haben — zufrieden. Die verärgerte Reaktion des *Legitimisten* und *gläubigen Katholiken* sei keinesfalls auf Überempfindlichkeit zurückzuführen, vielmehr auf Verantwortungsgefühl: *In einer so barbarischen Zeit, in der die Pest des Antisemitismus auch die sauberen Menschen anzustecken beginnt, bin ich verpflichtet, selbst noch jene Juden zu schützen, die meiner Meinung nach durch ihre zivilisatorische Gottlosigkeit den Rassenhaß gezüchtet haben. (. . .) Begreifen Sie also bitte, daß ich Sie mißverstehen m u ß t e. Wollen Sie, bitte, auch verstehen, daß ich nicht lesen kann. Ich halte mich an das gute Wort des von mir keineswegs geschätzten Karl Kraus: ,,Ein Dichter, der liest, ist wie ein Kellner, der ißt".* [22]

In der Folge blieb das Verhältnis zwischen den beiden ungetrübt herzlich. Seelig ging dem Dichter mit kleinen Hilfeleistungen zur Hand: *Ich wäre Ihnen sehr dankbar, wenn Sie mir ein paar Romane von Balzac leihweise bringen könnten oder in einer ganz billigen Ausgabe, deutsch oder französisch. Wenn es Ihnen nicht Mühe macht!*[23] Es machte ihm keine Mühe, er war dergleichen gewöhnt. Auch Roths damalige Freundin, Andrea Manga Bell, bedachte er mit Aufmerksamkeiten: einem *reizende(n) Malbuch* für ihre Tochter: *Die Kleine war sehr glücklich und hat gleich die schönen Figuren aufmontiert.*[24] Sogar Verdienstmöglichkeiten suchte Seelig dem meist in finanzieller Bedrängnis Befindlichen zu verschaffen, und zwar mit einer von ihm veranstalteten Rundfrage für die „Neue Zürcher Zeitung": „Welchen halten Sie für den besten Film?".[25] Immerhin antworteten darauf — neben Roth — Rudolf G. Binding, Augusto Giacometti, John Knittel, Käthe Kollwitz, Ernst Křenek, Selma Lagerlöf, Thomas Mann, Frans Masereel, Alfred Polgar, Joachim Ringelnatz, Karl Scheffler, Charles Vildrac und Knut Hamsun. Letzterer zweifellos am originellsten: *Ich gehe aus folgenden zwei Gründen nicht ins Kino: ich bin so taub, daß ich das Gesprochene nicht unterscheiden kann, und die kurzen Augenblicke, die für den Text bleiben, lassen mir nicht Zeit, ihn zu lesen.*[27]

Roth hatte zwar Angst, er könnte sich *mit der beigelegten Erklärung geradezu „blamieren",*[28] war aber mit seinem Urteil: *Am besten gefällt mir Chaplin's „The Kid"* gar nicht weit entfernt von der Meinung der meisten anderen Beiträger. Seine finanzielle Lage war allerdings bereits dreieinhalb Monate vor Abdruck der Rundfrage so prekär, daß er Seelig um einen privaten Vorschuß ersuchte: *Vielleicht könnten Sie mir jetzt schon etwas von dem Honorar vorstrecken oder auslegen, das mir die Zeitung für die Rundfrage zahlen soll? Ich kann Ihnen keine Details sagen. Es ist viel Unheil passiert. Ich renne herum wie eine gefangene Maus, zwischen den Gitterstäben ist kein Loch, kein Ausweg.*[29]

Die undeutlichen Hiobsbotschaften sollten sich im Jahr 34 wiederholen: *Ich bin aus vielen Gründen sehr unglücklich.*[30] und bald darauf: *Ach, es geht mir so schlecht! Ich kann nicht alles schreiben.*[31]

Nicht einmal Seeligs positive Kritik des „Tarabas"[32] konnte ihn aufmuntern: *Nein, es geht mir noch nicht besser. Ich danke Ihnen herzlich für Ihre gute Meinung über meinen Tarabas. Er ist schlecht.*[33]
Der letzte ausführliche Brief Roths an Seelig stammt aus dem November 1934. Doch ging es nicht um eigenes, sondern um fremdes Leid, das zu lindern Seelig auserkoren war: *Es handelt sich um eine wichtige Sache, nämlich um einen Menschen. Der deutsche Schriftsteller David Luschnat, kein Kommunist, nicht einmal ein Jude, ein ganz harmloser Mann mit einigen seltsamen Ideen, ist aus der Schweiz ausgewiesen. (...) Herr David Luschnat hat nichts mehr getan, als Herr Thomas Mann: beide haben Deutschland verlassen. Beide sind Schriftsteller. Über ihren literarischen Grad hat die Polizei nicht zu entscheiden. Ich kenne Sie, lieber Herr Seelig, deshalb appelliere ich an Sie. Bitte, man kann sich so einer Sache wohl annehmen. Morgen werden Sie, weil Sie Seelig heißen, aus Österreich ausgewiesen. Was ist das für eine Welt! Was das für ein Land, in dem sowas möglich ist. Herr Luschnat hat keinen Nobelpreis! Deshalb wird er ausgewiesen!*[34]
Wenn es um humanitäre Fragen ging, konnte man sich auf Seelig immer und unbedingt verlassen. Da gab es auch keine „Mißverständnisse", durch die Diktion hervorgerufen, wie eben im Fall Roth. Seeligs Haltung ließ diesbezüglich keinen Zweifel zu. In literarischen Dingen war seine Position hingegen nicht allzeit so fest umrissen. Gerade im persönlichen Verkehr legte Seelig auf Gesittung, auf zivilisierte Umgangsformen Wert, widersprach ungern, was manchmal dazu führte, daß man ihn für den hielt, der er gewiß nicht war. Ernst Glaeser, berühmt geworden durch seinen Kriegsroman „Jahrgang 1902", seit seiner Heimkehr ins Reich 1939 und der Versöhnung mit dem Nationalsozialismus innerhalb der deutschen Emigration als schwärzestes Schaf verrufen, war freilich bereits vor diesem spektakulären Schritt wegen seiner ostentati-

ven Deutschfreundlichkeit und Emigrantenfeindlichkeit nicht unumstritten. Anfang 1936 beschwerte er sich bei Seelig darüber, daß dieser ihn in einem Artikel, in dem er Rechtens zu nennen gewesen wäre, verschwiegen habe. Er erblicke darin eine *offene Stellungnahme* gegen seine Arbeit: *Ich bin Ihnen sehr verbunden, dass Sie das so klar zum Ausdruck brachten.*[35] Seelig muß auf dieses schroffe Schreiben sehr verbindlich geantwortet haben, da postwendend ein zweites, in milderem Ton, folgte. Die Aggressionen waren diesmal gegen andere gerichtet — freilich waren es jene, für die sich Seelig seit Jahren in Wort, Schrift und Tat eingesetzt hatte: *Sie dürfen nicht denken, dass ich den Brief an Sie aus Zorn, Hass oder Aufhetzung schrieb. Aber ich bin durch die masslose Hetze der Emigranten gegen meine Arbeit derart misstrauisch geworden, dass ich klar sehen muss, wer für oder wider mich ist. (...) Gerade Sie habe ich immer von der Infizierung der Linksmeute ausgenommen. (...) Pardon, ich musste so reagieren, denn man sagte mir: sehen Sie, der Seelig ist auch gegen Sie. Es ist eine elende Schweinerei, diese Emigrationsklüngelei. Keiner von diesen Burschen gelangt zu einer legitimen Arbeit, aber alle haben das Maul voll. Ich hatte Sorge, dass man Sie beschwätzt hatte. Diese Sorge ist durch Ihren Brief behoben.*[36] Es scheint, als fühlte sich Seelig verpflichtet, für sein Versehen Wiedergutmachung zu leisten. Er tat dabei des Guten gewiß zu viel. Kurz nach dieser Korrespondenz referierte er in der Basler „National-Zeitung" über eine Lesung Glaesers und nannte prompt ein damals noch unveröffentlichtes Manuskript („Das Wort Gottes") einen *eindeutig gegen die jetzigen Machthaber gerichteten Roman.*[37] Noch expliziter äußerte sich der Berichterstatter für die Zürcher Leser, als er vier Tage danach im „Tages-Anzeiger" über dieselbe Veranstaltung schrieb: *Stärker als je nimmt hier der begabte Autor Stellung gegen die Gewaltmethoden des neuen deutschen Regimes.*[38] Am ausführlichsten würdigte Seelig Glaesers Schaffen dann im Sommer 1936, nicht ohne einen kleinen Seitenhieb gegen die anderen Exilschriftsteller anzubringen: *Aber während der Nationalsozialismus das Herz vieler Emigranten verfinstert hat und taub machte für die Vorzüge eines größeren Deutschland, hat Ernst Glaeser eine Handvoll Heimaterde mitgenommen, ...*[39]

Einer, der nicht unbedingt zur *Linksmeute* zählte und dennoch eine ganz andere Meinung hatte, war Alfred Polgar, Seeligs bevorzugter „Schützling" in den Jahren nach 1933. Polgar teilte dem Freund in sehr klaren Worten mit, was er von der Einstellung eines Ernst Glaeser hielt: *Mir sind die Emigranten, die, wie Sie schreiben, „ihre Unlustgefühle gegen D.(eutschland) abreagieren", millionenmal lieber und meinem Herzen näher als etwa der Typ Glaeser, der (an Herrn Korrodis Busen geschmiegt) die deutsche Erde feuchten Auges bedichtet exactement in einer Zeit, wo auf ihr in üppigster Fülle die Folterkammern und Hinrichtungsblöcke gedeihen.*[40]

Nun konnte man anscheinend bis zu Glaesers Rückkehr aus der Schweiz sehr wohl seine wahre Gesinnung übersehen. In den Tagebüchern Thomas Manns etwa, den er persönlich kannte, taucht in all diesen Jahren eine einzige etwas abfällige Bemerkung über den künftigen Renegaten auf, am 13. September 1937: *Alberner Brief von Glaeser.*[41]

Bernard von Brentano hingegen, in der Weimarer Republik durchaus dem sehr linken Lager zuzurechnen und Verfasser des bedeutenden Exilromans „Theodor Chindler", war in der Schweiz sogar häufiger Gast im Hause Mann. Über ihn heißt es schon im Sommer 1936: *Fast stürmische Gespräche mit dem närrischen Kauz, der es mit seinen Meinungen denn doch etwas bunt treibt, über Emigrantentum, Juden, Deutschland, etc. (...) Am besten ginge der junge Mann nach Deutschland.*[42]

Der junge Mann ging nicht nach Deutschland, er tat dies erst 1949, bekannte sich allerdings immer offener zu seinen „närrischen" Ansichten. Und in einem Gesuch an das Auswärtige Amt aus dem Jahr 1940, in welchem er seine politische Wandlung klarlegte — Patriot sei er immer gewesen und geblieben —, schreibt er auch über seinen regelmäßigen Gesprächspartner Thomas Mann: *Da unsere politischen Haltungen grundverschieden waren, indem sich Thomas Mann anfangs zögernd, aber mit der Zeit immer lauter zu den Zielen der Emigration bekannte, während mein Weg in umgekehrter Richtung ging, wurden auch unsere persönlichen Beziehungen rasch wieder locker...*[43] Werner Mittenzwei kommt zu dem Urteil: *Brentanos Umfall war der schlimmste, nicht nur deshalb, weil er über beträchtliche theoretische Einsichten verfügte — die besaß Ernst Glaeser auch —, sondern weil er sich in den niederträchtigsten Formen vollzog.*[44]

Seit Carl Seelig Brentanos Chindler-Roman sehr ausführlich und wohlwollend besprochen hatte, war eine lose Verbindung zwischen den beiden hergestellt. Wie üblich, hatte der Kritiker den Kritisierten gleich mit der Kritik versorgt: *Empfangen Sie meinen aufrichtigen Dank,* schrieb dieser darauf, *nicht allein für die liebenswürdige Aufmerksamkeit der Uebersendung Ihrer Kritik sondern vornehmlich für diese selber. Sie hat mir wohlgetan, wenn ich freimütig so sagen darf.*[45] Der persönliche Verkehr kann in den folgenden Jahren nicht sehr intensiv gewesen sein, aber im Sommer 1945, als dann innerhalb der deutschen Kolonie in der Schweiz Verdächtigungen über die jeweilige jüngste persönliche Vergangenheit, die Intensität der Beziehungen zur ehemaligen Heimat, an der Tagesordnung waren und gerade Bernard von Brentano als recht dunkler Ehrenmann im Mittelpunkt verschiedenster Angriffe stand, sandte er Seelig einen umfänglichen Brief, dessen Kernstück seine politische Einstellung von jedem Verdacht befreien sollte: *Ich habe bis jetzt immer angenommen, dass Sie, der Sie einige meiner Bücher freundlich kritisiert haben, und der mich und meine Gedankenwelt doch einigermassen kennt, auch wissen mussten, dass ich zum Naziregime nur eine ablehnende Haltung eingenommen habe.* Als Bekräftigung dieser

Behauptung führte er seine Ehe mit einer „Halbjüdin" an. *Ich bin überzeugt, dass auch die Nazis kein Verlangen gehabt haben, einen Mann in ihren Kreis hineinzuziehen, der so verheiratet war, und obendrein noch einen Autor, dessen sämtliche Bücher — angefangen von meinem leider nur allzu prophetischen Buch: Der Beginn der Barbarei in Deutschland bis zu meinem letzten Buch — im Dritten Reich verboten waren.*[46]

So konnte man es sehen. Man konnte es allerdings auch ganz anders sehen, und Jean Rudolf von Salis scheint hier ein unverfänglicherer Zeuge zu sein. In Salis' Erinnerungen steht zu lesen: *Brentano überraschte uns bei Kriegsbeginn mit einer politischen Kehrtwendung. Als Hitler nach seinem Sieg über Polen in einer Rede den Westmächten ein Friedensangebot machte, rühmte Brentano zu unserer Verblüffung diese Prosa. „Ganz Kleist" nannte er Hitlers Rede. Und von Ribbentrops „wunderbarer Stirn" sagte er „Wie Talleyrand". (...) In seinem Hause wurde ich Zeuge eines peinlichen Auftritts, als sich Brentano in der Gegenwart seiner Frau zu einem antisemitischen Ausbruch hinreißen ließ. Auf einmal waren „die Juden", „die Linken", „die Emigranten" an allem schuld. Ich kannte Brentano recht gut und wußte um seine tiefe Lebensangst, um die Schlaflosigkeit dieses Labilen. Er hatte in der panischen Angst gelebt, er könnte den Nazis in die Hände fallen. Nun klammerte er sich an seinen deutschen Nationalismus wie an einen rettenden Felsen.*[47]

Als von Salis dann in einem Ehrenbeleidigungsprozeß als Zeuge in ebendiesem Sinn aussagte, soll Brentano vor Gericht geantwortet haben: *Wenn ein Mann wie Sie das sagt, muß es wahr sein. Ich kann es nicht bestreiten. Aber ich kann es nicht begreifen.*[48]

Wie immer, so zeigt diese Episode nur, wie heikel die Frage der politischen Einschätzung im Exil war. Carl Seelig, dessen Eigenart es war, von seinem Gegenüber — und noch dazu, wenn es sich um einen beglaubigten Dichter handelte — das

Beste anzunehmen, machte sich wohl keine Gedanken, ob sein Kontakt mit jemandem oder sein Einsatz für jemanden strengsten ideologischen Richtlinien entsprach.

Bei der Bewertung der von Emigranten geschaffenen Werke ließ Seelig aber in der Regel keinen ermäßigten Tarif gelten. So veranlaßte ihn Helmuth Groths im Europa-Verlag erschienener Roman „Kamerad Peter" zu reichlich abfälligen Bemerkungen: *Es ist ein Akt purer Menschlichkeit, daß die seelischen und leiblichen Nöte der Emigranten uns, die Schweizer, angehen. (. . .) In ihrem eigenen Interesse möchte man jedoch wünschen, daß künstlerisch belanglose und von Dilettantismus nicht befreite Bücher (. . .) möglichst dezimiert würden. Denn wenn schon eine Kampfliteratur sein muß, dann eine gute.* [49] Als gute Kampfliteratur pries Seelig einen *bedeutenden Gedichtband* von Johannes R. Becher: *Weder weltanschauliche noch politische Fäden verbinden uns mit dem in München geborenen, seit dem neuen deutschen Regime in Paris wohnenden Dichter Johannes R. Becher,* versicherte der Rezensent gleich zu Beginn seiner Kritik. *Gleichwohl dünkt uns sein Versband „Der Mann, der alles glaubte" die wesentlichste lyrische Leistung seit vielen Jahren. (. . .) Johannes R. Becher's Kraft ist in der Emigration gewachsen. Seine Gedichte vertragen keine lauen Leser. Wie ein Sturm packt sie die Gewalt seines leidenschaftlichen Herzens.* [50]

In Anna Seghers' Roman „Der Kopflohn" endeckte Seelig Talent, Takt und Gerechtigkeitsempfinden der Autorin: *Dies alles besitzt die junge Kleistpreisträgerin Anna Seghers in erstaunlicher Fülle. Sie erzählt mit dem weiten und ruhigen Atem eines Menschen, der über der Politik weder die Schönheit der Natur, noch die anderen Schicksalskräfte vergißt. (. . .) Die kühle Distanz, die Anna Seghers immer wahrt, läßt für keine Figur innigere Teilnahme aufkommen. Aber ihr klarer und knapper, oft auch etwas spröder Stil weckt Sympathie. Sie flunkert nicht, diese Dichterin.* [51]

Wiederholt wies Seelig auch in Besprechungen anderer Bücher auf Ignazio Silone hin, dessen ,,Brot und Wein" er für ein Meisterwerk hielt, denn dies sei nicht der *Roman irgendeiner Partei, sondern eines Revolutionärs, der hinter sich keine Gefolgschaft und vor sich nur die Einsamkeit sieht.* Gerade in jener Zeit hatte sich Silone durch unerbittliche öffentliche Kritik an den Moskauer Schauprozessen politisch isoliert, galt in der Sowjetunion und Kreisen der KP als gefährlicher ,,Trotzkist".
Wir wissen aus persönlichen Gesprächen, fuhr Seelig fort, *daß Henri Barbusse, Kurt Tucholsky und viele andere Linksstehende zu ähnlichen Erkenntnissen wie Ignazio Silone gelangt sind.*[52] Silone bedankte sich umgehend für diese Unterstützung: *votre belle recension sur mon nouveau livre m'a fait un très grand plaisir. Ainsi que pour ,,Fontamara", vous avez été le premier critique qui a compris ,,Pain et Vin" et osé le témoigner sur la presse, dans une ville où la critique littéraire n'est pas logée sous l'enseigne du courage. Il s'agit donc d'une gratitude moins littéraire qu'humaine que je sens envers vous.*[53]
In Seeligs Exemplar von ,,Brot und Wein" schrieb er sogar noch enthusiastischere Dankesworte, den Sonderfall Seelig und Silone ins allgemeine wendend: *Un jeune écrivain révolutionaire a contre soi toute la vielle machine sociale, politique et littéraire, et très souvent il se sent seul. Mais si, dans cette solitude, il sent la sympathie et la solidarité d'un homme, (d'un homme quelconque, d'un étranger même), son cœur saute par la joie, il reprend courage et il ne doute plus que la vielle machine sera balayée. Depuis ,,Fontamara" je sais que M. Carl Seelig est un de ces amis dont l'existence est un encouragement.*[54]
Seelig verfolgte Silones Schaffen auch weiterhin mit Sympathie,[55] und als er sich 1937 vage mit dem Gedanken trug, eine Garibaldi-Biographie zu verfassen, fungierte Silone als Berater und Experte.

DER ÖSTERREICHISCHE TONFALL – MUSIL, BROCH UND DIE ANDEREN

Gerade in den dreißiger Jahren hatte Seelig reichlich Gelegenheit, einzelne Autoren unter seine Fittiche zu nehmen, auch wenn er sie oft nur aus ihren Schriften und korrespondierend kennen- und schätzen gelernt hatte. Im Fall Ernst Weiß[1] hatte er ja schon früher – von Franz Kafka dazu aufgefordert – sein Interesse bekundet. 1930 begann er dann, den Erzähler Ernst Weiß rühmend zu erwähnen,[2] versicherte ihm zwei Jahre danach in der „Neuen Zürcher Zeitung", eine Prosa zu schreiben, *die ersten Ranges in der deutschen Literatur ist*[3], und setzte sich auch folgerichtig erst recht für den emigrierten Dichter ein.[4] In den Antworten auf Seeligs schriftliche Zeichen der Zuneigung erwies sich Weiß für dergleichen durchaus empfänglich: *Der wahren Menschen gibt es wenige und ich habe aus Ihrem Aufsatz und Ihren Briefen den Eindruck oder das Gefühl, dass Sie zu dieser Art gehören. Ich habe mich seit dem Tode von F. K. an keinen Menschen geistig angeschlossen und würde es doch so gerne tun.*[5] Mit solchen Bekenntnissen rannte er natürlich bei seinem Verehrer offene Türen ein; dessen Reaktion darauf muß von so großer Herzlichkeit gewesen sein, daß Weiß im folgenden Brief sein Bedürfnis nach menschlicher Nähe noch deutlicher artikulierte: *Leider fühle ich mich in den letzten Jahren seelisch nicht gerade überwältigend ruhig und glücklich, ich habe eine sehr schwere Zeit (4 1/2 Jahre) hinter mir und ein guter, verständnisvoller, etwas lebensbejahender Freund hätte mich vor vielem geschützt.*[6]

Außerdem hatte Weiß Seeligs Aufmerksamkeit auf seine langjährige Lebensgefährtin, die Tänzerin und Schriftstellerin Rahel Sanzara,[7] gelenkt, die sich damals gerade in Davos aufhielt. 1926 hatte sie mit ihrem Erstlingsroman „Das verlorene Kind" bei Publikum und Presse einen Sensationserfolg erzielt.

Gleichwohl war in literarischen Diskussionen der Verdacht laut geworden, Ernst Weiß wäre der tatsächliche Verfasser des schockierenden Buchs, das den Sexualmord an einem Kind zum Thema hatte. Schließlich wurde die Autorschaft der Sanzara allgemein anerkannt, doch es sollte ihr nie mehr gelingen, den ersten großen Wurf in ihrer schriftstellerischen Karriere auch nur annähernd einzuholen. Seit 1931 durch Unfälle und Krankheiten physisch zunehmend beeinträchtigt, begann im Dritten Reich ihre eigentliche Leidenszeit. Denn obwohl sich hinter dem exotischen Namen Rahel Sanzara eine allen Nürnberger Gesetzen entsprechende Johanna Bleschke verbarg, machten ihre Ehe mit einem Juden und das Beharren auf dem damals verfänglichen Pseudonym sie literarisch und gesellschaftlich zur unerwünschten Person. Seeligs freundschaftliche Teilnahme, auch seine Bemühungen, sie an einen Schweizer Verlag zu vermitteln, waren ihr Trost: *Ganz im Ernst empfange ich sehr dankbar Ihr Interesse, nicht nur um äußerer Hilfe willen, sondern mehr noch um der wohltätigen Segenwirkung willen gegen die oft unmenschliche Vereinsamung, die den am Geiste Hängenden heute so leicht umgibt.*[8] So schrieb sie Ende Oktober 1935 aus Berlin. Bald darauf übersiedelte sie endgültig ins Krankenhaus. Die letzte Nachricht erreichte Seelig kaum zwei Wochen vor ihrem Tod am 8. Februar 1936.[9] In seinem Nachruf heißt es: *Unvergeßlich bleibt mir die Morgenstunde, in der ich diese wunderbar zarte und schöne Dichterin, die auch als Schauspielerin einiger Rollen von Schiller und Wedekind hohe Bewunderung erregte, in einer Zürcher Pension zum letztenmal sah. Es war Herbst, und sie fuhr noch am gleichen Tag nach Berlin, wo sie in einer Klinik sanft wie eine Blume dahinwelkte.*[10] Und Ernst Weiß bedankte sich für Seeligs teilnehmende Worte aus Paris: *Mit Ihrem Brief, der mich erst auf Umwegen erreichte, haben Sie mir eine sehr grosse Freude bereitet. Es gehört zu den letzten Freuden, die unsereinem in der Emigration noch beschie-*

den sind, zu wissen, dass man nicht so verlassen ist, als es manchmal den Anschein haben möchte, und dass die Erinnerung an gemeinsame Freunde, wie hier Franz Kafka und Rahel Sanzara eine dauernde Verbindung darstellt, indem sie mich mit Ihnen in Sympathie und in Freundschaft zusammenführt. (. . .) Ich habe nach dem unersetzlichen Verlust, den ich nach 21 Jahren langer Freundschaft durch den Tod von R. S. (erlitten habe — d. Verf.), *an meiner Gesundheit und auch an meiner Arbeitskraft Schaden gelitten und doch brauche ich diese in meiner Not mehr denn je. (. . .) Alle Worte der Freundschaft und der Bestätigung wie die Ihren tun mir heute besonders wohl.*[11]
Worte der Freundschaft und Bestätigung — das war Seeligs Spezialität, er fand sie für fast alle. Und das schien wichtiger als die Tatsache, daß seine Meldungen nicht immer den Kern der Sache trafen. Nicht ganz ohne humoristischen Einschlag — freilich fällt's eher schon in den Bereich des schwarzen Humors — war Seeligs Artikel über Musils ,,Mann ohne Eigenschaften", der wie folgt beginnt: *So vieles an dem vor wenigen Jahren gestorbenen Kärntner Robert Musil erinnert an den großen tschechischen Dichter Franz Kafka, dessen prosaische Schriften erst nach seinem Tod erschienen sind. Beide waren sehr einsame, tieftragische Menschen, die mit fanatischem Verantwortungsbewußtsein um die große epische Form rangen. Beide sind erst durch ihre posthumen Arbeiten berühmt geworden. . .*[12] Solches wußte Seelig im Juni 1933 im ,,Berner Tagblatt" zu berichten, vierzehn Tage später folgte ,,Eine angenehme Richtigstellung", die besagt, der Rowohlt Verlag habe mitgeteilt, die Bezeichnung des ,,Manns ohne Eigenschaften" als Nachlaßwerk sei eine sehr irrige. Also wurde berichtigend kommentiert: *Der 53jährige, in Klagenfurt geborene Dichter arbeitet vielmehr am dritten, großen Band, was niemand lieber ist als uns: seinen Bewunderern. Musil war früher Techniker, später Psychologe — Lebensetappen, die*

für seine Leser aufschlußreich sind.[13] Es traf sich günstig, daß das nächste Buch Musils, das den Rezensenten und auch Seelig zur Besprechung vorlag, den passenden Titel trug: ,,Nachlaß zu Lebzeiten".[14] Seelig referierte darüber mit großem Enthusiasmus in der Basler ,,National-Zeitung", der ,,Neuen Zürcher" und dem ,,Luzerner Tagblatt". Bei der kurz zuvor veranstalteten Lesung Musils in Zürich war Seelig gleichfalls eifriger Zuhörer und Berichterstatter, preisend den *auch äußerlich fesselnde(n) Autor (wie schön ist seine Denkerstirne und der milde, österreichische Tonfall!).*[15]

Der Hinweis auf den *österreichischen Tonfall,* auch in einer Buchkritik Seeligs vorkommend, wurde von Musil als sanfter Vorwurf empfunden: *In der Basler National Zeitung schrieben Sie, daß man aus manchen meiner Satzwendungen den Österreicher herausmerke, und ich verstehe das so, daß Sie damit sündhafte Austriazismen meinen. Haben Sie vielleicht solche Stellen in Ihrem Rezensionsexemplar angestrichen oder haben Sie sie in Erinnerung?*[16] Nach dieser Frage brach die Korrespondenz abermals für einige Jahre ab, um dann während Musils Schweizer Exil wieder aufgenommen zu werden.

Einem anderen Alt-Österreicher, dem Prager Schriftsteller und Pianisten Hermann Grab, ließ Seelig gleichfalls zumindest moralische Unterstützung zuteil werden. Für seine Art von Literatur — sein Name wird zumeist mit seinem schmalen spätimpressionistischen Roman ,,Der Stadtpark" verbunden — hatte er Verständnis und Einfühlungsvermögen: *Hier komponierte ein Dichtermusiker das Largo seiner Jugend — einer sehr bürgerlichen, von Geldsorgen ungetrübten Jugend, in der Krieg, Liebe, elterlicher Zwiespalt, Lehrerschrullen und Kindergrausamkeit ihr Lied trommeln,*[17] bescheinigte ihm Seelig in der ,,Neuen Zürcher".

Der Autor wußte den Einsatz seines Schweizer Kritikers wohl zu schätzen, zeigt sich auch erfreut, daß dieser den Band Stefan Zweig[18] weitergegeben hatte, obwohl diese Weitergabe für

ihn zugleich eine „kleine Pikanterie" bedeutete: *Ich hätte nämlich zu Zweig eine viel direktere Beziehung haben können,* meinte Grab, *und zwar durch meine nahe Verwandtschaft mit der Familie Richard Strauss. An sich hätte von dieser Seite mir und meinem Buche sehr geholfen werden können. Aber es gibt da so wenig Verständnis für mich und meine Sache, dass ich den Gedanken, da eine Hilfe in Anspruch zu nehmen, gar nicht fassen konnte.*[19]
1938 sollte Grab dann mit Seelig das erste und einzige Mal persönlich zusammentreffen, auf der Flucht vor den Nazis, Ende November 1939, nachdem er *im Feber in zwölfter Stunde aus Prag entkommen* war, schickte er noch ein Lebenszeichen aus der französischen Provinz: *ich bin der tschechischen Legion verpflichtet, aber ich warte noch darauf, zur Stellung gerufen zu werden und es ist möglich, dass ich noch eine Zeit lang warten muss. Dieses Warten ist keine angenehme Situation, denn man ist in der Zirkulation beschränkt, ich habe so gut wie keine Bücher und gar keinen geistigen Kontakt, was sehr hart ist. (. . .) Aber jetzt hat man wenigstens die Hoffnung, dass Europa eingerichtet und gereinigt wird. Ich hatte sie schon — um mich kaufmännisch auszudrücken — abgeschrieben, diese alte Welt. Aber sie rührt sich nun doch!*[20]
Der *Prager Schüler Marcel Prousts,*[21] wie man ihn nannte, mußte die alte Welt dann doch abschreiben, den bekannten Fluchtweg über Lissabon nach New York gehen, wo er an einem angesehenen Konservatorium unterrichtete, später selbst eine eigene Musikschule führte und schließlich 1949, im Alter von erst 46 Jahren, starb.
Keinerlei Verständnis brachte Seelig hingegen für Elias Canettis Erstlingswerk „Die Blendung" auf, und er formulierte dieses Unverständnis auch kategorisch. Der Roman sei *ein abschreckendes Beispiel für den verderblichen Einfluss der Psychoanalyse auf unreife Menschen. Man kann sich nicht leicht ein verworreneres und mit exzentrischen Gestalten prahlende-*

res Buch denken als dieses. Es enthält wohl einige gute Beobachtungen, aber sie verschwinden unter dem Krankhaften und Affektierten, dem Elias Canetti nachschleicht wie die Katze dem Vogel.[22]
Gewiß liegt hier ein krasses Fehlurteil vor, aber wenn die Schwedische Akademie in ihrer Begründung der Zuerkennung des Literaturnobelpreises an Canetti verkündete, auch Hermann Broch habe sich seinerzeit über dieses Werk höchst positiv geäußert, muß man dem die etwas skeptische Meinung entgegenhalten, die Broch Seelig gegenüber formulierte: . . . *die künstlerische Gestaltung der Welt, ihre Erfassung und rein erkenntnismäßige Durchdringung wird uns von Tag zu Tag gleichgültiger. Und so weit ich es überblicken kann, lebt das künstlerische Temperament innerhalb der jüngeren Generation heute nur mehr im Absteigen und siedelt sich in jenen Sphären an, von denen die von Ihnen erwähnten des E. Canetti bloß eine der vielen ist. (Es scheint mir übrigens − entgegen Ihrer Diagnose − dieses Buch wenig mit der Psychoanalyse zu tun zu haben; wohl aber steckt ein analytischer Fall, nämlich der einer extremen seelischen Aufspaltung zweifelsohne dahinter.)*[23]
Mitte Juni 1936, einen Monat danach, sandte Broch aus seiner Tiroler Klause beruhigende Worte, die Seelig seiner Gewogenheit versichern sollten: *Ich freue mich ganz besonders, Sie wieder sehen zu dürfen: es ist so wohltuend, wenn es jemanden gibt, mit dem man gemeinsame Sprache spricht. Nichtsdestoweniger, und eben aus dieser gemeinsamen Sprache heraus, muss ich mit Ihnen polemisieren, u. z. aus egoistischen Gründen, denn wenn Sie sich, nun schon zum zweiten Male, der neuen Literatur gegenüber „nicht klug genug" befinden, dann teile ich diese „Unklugheit": durchaus bereit zu bewundern, stets bemüht, die neue Problematik zu erfassen, vermag ich nicht, mich an dieser Kunst „auszuruhen", wie ich dies z. B. bei Th. Manns „Joseph", dessen Meisterschaft mich tief berührt, zu tun vermag.*[24]

Die Freundschaft mit Broch datierte aus jenen Jahren, doch hatte Seelig bereits früher, 1931, die Gewichtigkeit von dessen Schriften erfaßt und gewürdigt.[25] Auch als Vortragenden für das Studio Fluntern hatte er ihn 1934 engagiert, die angebotene Entschädigung war allerdings — damals zumindest noch — unter Brochs Würde: *Was das Honorar anlangt, so erachte ich den Betrag von Franken 50.— doch für sehr gering. Sollte sich dieser nicht erhöhen lassen, so würde ich vorschlagen, diesen Betrag einem wohltätigen Zweck zuzuführen.*[26]

Über die Zürcher Uraufführung des Zeitstücks „ . . . denn sie wissen nicht, was sie tun" (der eigentliche Titel war „Totenklage")[27] referierte Seelig zur Freude Brochs sogar in einer Wiener Zeitung.[28]

In der Folge wurde der Briefwechsel intensiver, wobei unter anderem Grüße an gemeinsame Freunde und von diesen — wie im Fall Polgar — bestellt wurden, und die beiden 1937 einen Plan — eindeutig bloß der Geldbeschaffung dienend — entwickelten. Broch nannte das Projekt eine *kleine nette Verlagsidee*. Es ging dabei um die von Seelig erwartete Lancierung versifizierter Haussprüche, die teilweise von Broch selbst stammten. Die Überlegung des Dichters war die, *dass derartige harmlose Lyrik die einzige ist, welche gekauft wird (...). Und so übergebe ich Ihnen anbei eine Kollektion solcher Verse, von denen nur etwa die Hälfte von mir ist. (...) Nett ausgestattet hielte ich* (sie — der Verf.) *für ein sehr verkäufliches Produkt, ebensosehr für Geschenkzwecke geeignet, als auch bei Architekten, Malermeistern etc. absetzbar, soferne man diese Kreise geschickt erfasst. Und da die Schweizer Verlage vorderhand noch nach Deutschland importieren können, ist das Risiko keinesfalls bedeutend. Mein eigenes Interesse daran ist lediglich ein pekuniäres, da ich auch einen kleinen Verdienst gerne entgegen nehme; ansonsten hätte ich anonym zu bleiben, schon des deutschen Absatzes wegen.*[29]

Gewiß, für damalige Zeiten kein Projekt, auf das man unbedingt stolz sein mußte, andererseits ist es keineswegs uncharakteristisch. Hingegen kann man auch strenge moralische Maßstäbe — aus der Perspektive des antifaschistischen Exils — an die *kleine nette Verlagsidee* anlegen, und das Urteil fällt entsprechend negativ aus, so geschehen bei Werner Mittenzwei, den Brochs Vorschlag zu dem Schluß kommen läßt: *Bei ihm schlug das Elitäre ganz unmittelbar, ganz rabiat in das Spießige, Geschmacklose um, der höchste Anspruch in der Preisgabe jeglichen Anspruchs.*[30] Dem braucht man in dieser Schärfe nicht beizupflichten, jedoch zeigt sich schon an der Sprachverwirrung des sonst sehr genauen Schrift- und Briefstellers (*nach Deutschland importieren*) eine gewisse innere Unsicherheit dem eignen Tun gegenüber.

Seelig nahm die Anregung jedenfalls völlig ernst und agierte als Herausgeber in spe. Noch am 25. Jänner 1938 wandte er sich an Gerhart Hauptmann, um ihn um Beiträge für diesen Band zu ersuchen: *Als Autoren sind vorgesehen: Hermann Hesse und Hermann Broch (Autor der Romantrilogie „Die Schlafwandler") — beide haben bereits zugesagt — Ernst und F. G. Jünger, ein Ihnen unbekannter Schweizer, Hans Carossa und Felix Braun. (. . .) Hinzufügen möchte ich noch, dass, mit Rücksicht auf die reichsdeutschen Autoren, keine Emigranten an dem übrigens vollkommen unpolitischen Buch teilnehmen und auch kein Emigrantenverlag in Frage kommt.*[31]

Der Mitverfasser von Brochs „Hausinschriften", die dieser auch Peter Suhrkamp anbot, ohne seine Autorenschaft zu verraten, war der Bad Ausseer Lehrer und Lyriker Hans Vlasics.[32] Unter Pseudonym wurden die Sprüche dann 1940 im Deutschen Reich publiziert. 1945, als Broch davon erfuhr, fragte er Seelig: *Wissen Sie übrigens, dass die Gedichte, die ich damals sandte und die Sie als Vorwand für Ihre Hilfeleistung für mich verwandten, von einem Nazi gestohlen und unter seinem Namen veröffentlicht worden sind? Unangenehm ist mir nur, dass sie also schlecht genug waren, um als begehrenswertes Beutestück gelten zu können.*[33]

Rückschauend notierte Seelig 1951 seine Erinnerungen an eine Begegnung mit Broch: *Ich sehe ihn noch deutlich vor mir, wie er vor anderthalb Jahrzehnten Alfred Polgar und mir in Zürich mit rundem Rücken und langen Beinen gegenübersaß, eine anziehende Mischung von heiterer Ironie und Wehmut. Seinem übernächtigen, geistvollen Gesicht sah man den Mangel an Schlaf und die Sorgen an. Er erzählte, daß er seit einem Jahr in einem Tiroler Bergnest lebe und dort, fast nur von Kartoffeln und Milch lebend, von 8 Uhr morgens bis 2 Uhr nachts ununterbrochen an einem religiösen Roman arbeite, der den Titel ,,Ein Jahr Gebirgseinsamkeit" oder ,,Die Verzauberung" erhalten solle.*[34]

Der unangefochtene Favorit in Seeligs Gunst unter all jenen, die das nationalsozialistische Regime wenn nicht damals schon um Heimat, so wenigstens um die wesentlichsten Verdienstmöglichkeiten gebracht hatte, war Alfred Polgar. Ihm suchte er unermüdlich zu helfen, verfaßte pünktlich zu jeder Neuerscheinung mehrere und sogar sehr verständnisvolle Hymnen, verschaffte ihm die Mitarbeit bei der antifaschistischen Wochenzeitung ,,Die Nation", veranstaltete zu Ehren seines angeblichen 60. Geburtstags im Oktober 1935 eine Rundfrage in der Basler ,,National-Zeitung", wobei er sich nicht nur an die Brüder Mann, sondern auch an Hesse und Werfel wandte, und sprang überdies selbst dem Bedrängten mit regelmäßigen finanziellen Unterstützungen bei. Als Zeichen seiner Dankbarkeit schickte Polgar später aus Paris seinen Band ,,Hinterland", den er ihm mit folgenden gereimten Worten widmete:

Immer nur helfen, raten, stützen,
Andren zu Nutz sich selbst abzunützen —
Es wär' zu verstehn, liebster Carl Seelig,
Wenn Ihnen allmälig

*Die Sorge und Bürde zu lästig würde. —
Das Schicksal, das mich
aus der Heimat stieß
Und unsre Wege sich
kreuzen ließ,
Hat, wie's scheint,
Es besser mit mir als mit Ihnen gemeint!*[35]

Die österreichische Affaire hat mich sehr deprimiert und sie deprimiert mich noch, schrieb Max Picard dem Freund im März 1938 und *Was nützt da einem alles Vorauswissen. Die Wirklichkeit ist immer noch schlimmer als alles Vorauswissen und Vorausfürchten.*[36]

Noch ganz kurz vor dem „Anschluß" hatte Seelig einen euphorischen Stimmungsbericht der jungen Erfolgsautorin Annemarie Selinko erhalten, die ihm seit einiger Zeit — wenn auch auf die übliche Entfernung einiger hundert Kilometer — nahestand. *Die meisten meiner Bekannten, meine Familie und ich — wir alle sind politisch wenig interessiert. Aber die Ereignisse der letzten Tage waren für uns nicht Politik, sondern entscheidend für unser Schicksal, es ging jeden einzelnen von uns an. Ganz prachtvoll hat sich die österreichische Arbeiterschaft benommen. (...) Etwas Grosses ist nämlich vor sich gegangen. Die gesamte Arbeiterschaft hat zur Regierung gefunden. Ich weiss nicht, ob man Dr. Schuschnigg im Ausland richtig kennt. Er ist ein sehr stiller Mensch, der beste Freund von Franz Werfel, verbringt seine freie Zeit mit Werfel und sehr viel Künstlern und ich glaube, seine glücklichste Zeit war, als er noch Unterrichtsminister sein konnte. (...) Weiss man in der Schweiz, welchen Verzweiflungskampf unser kleines Land seit Jahren führt? Ich war vorigen Sonntag vormittags in der Stefanskirche. Um ein Uhr sollte die Hitler-Rede beginnen. Bis dreiviertel eins knieten Hunderte in der Kirche, es war eine Stimmung wie zur Christmette. Um dreiviertel eins wurde die Kirche mit einem*

Schlag leer, die Leute liefen zum Radio. Und eines war ein ganz wunderbares Zeichen. Ich habe unseren Kanzler doch schon oft sprechen gehört, seine Reden waren für Intellektuelle immer hinreissend, die einfachen Leute konnten nicht ganz folgen, er sprach immer sehr abstrakt. Und auf einmal, in der entscheidenden Stunde, fand er Worte, die auf die Arbeiter- und Bauernschaft in einer Weise gewirkt haben, wie man es sich gar nicht vorstellen konnte. So menschlich und so einfach und so wie allen zu Mut war. – Wir alle sind seit Donnerstag von der Schlafkrankheit befallen worden. Wir schlafen und schlafen, bleischwer und wunderbar. Ich war vom Anfang an optimistisch, ich verstehe wenig von Politik, aber – alles, was hätte geschehen können und von dem die Leute aufgeregt erzählten, erschien mir einfach unvorstellbar.[37]

Einfach unvorstellbar – das ist in der Tat der Eindruck, den man aus Annemarie Selinkos Brief gewinnen kann – geschrieben unmittelbar vor dem Einmarsch der deutschen Truppen. Man möchte beinahe vermuten, daß sich ihr Unbewußtes in politischen Dingen besser auskannte als ihr Bewußtsein. Das Grandiose der Selbsttäuschung wird allein schon durch eine Fehlleistung von Format dementiert: Statt „Schuschnigg-Rede" schrieb sie „Hitler-Rede". Gleichsam als tragikomische Pointe hatte sie zum Zeitpunkt, als sie den Brief abschickte, eben das Manuskript eines neuen Romans abgeschlossen, sein Titel lautete: „Morgen ist alles besser". In diesem Morgen war Annemarie Selinko gezwungen, Österreich – zur „Ostmark" geworden – zu verlassen. Sie fand in Dänemark Asyl.

Die Okkupation Österreichs brachte für Seelig einen neuen Zustrom von Hilfsbedürftigen, erschwert duch die Haltung der eidgenössischen Behörden. Schließlich war es ja Dr. Heinrich Rothmund, der Polizeichef, der den Nationalsozialisten die Idee des mit einem unübersehbaren „J" gebrandmarkten Reisepasses für Juden gab. In diesen Wochen klagte Seelig Hesse sein Leid und das der anderen, für die er sich verantwortlich fühlte: *Obwohl ich noch äusserst ermüdet bin, im Kopf und im ganzen Körper, habe ich fast täglich mit Künstlern zu tun, die aus Oesterreich geflohen sind. Ich muss mit Ihnen auf die Fremdenpolizei, zu Anwälten, Geld beschaffen etc. — es ist ein rechtes Elend, das sich da auftut. Polgar ist mit seiner Frau hier, viele Schauspieler etc. Egon Friedell*[38] *hat sich das Leben genommen; der kranke Arnold Höllriegel, Hans Reisiger und Hermann Broch (der in Alt-Aussee lebte) sind in Konzentrationslager gebracht worden. Besonders verzweifelt bin ich über Broch, der ein körperlich sehr zarter und angegriffener Mann von besonderer Anständigkeit ist. (...) Ich halte sein Leben für absolut gefährdet, wenn er den brutalen Situationen des Konz. Lagers ausgesetzt wird. Aber was kann man nur für ihn tun? Ich kenne keinen Deutschen, der grossen Einfluss hat. (...) Falls Sie mir einen Hinweis geben können, wäre es schön; ich fürchte aber, dass Sie selbst, wie ich, bei den massgebenden Nationalsoz. nicht gut angeschrieben sind, (...).*[39]

Hesse wußte ebensowenig Rat, erklärte sich außerdem für überfordert: *Mit Oesterreichern haben auch wir stets zu tun. Ich selber habe eine Reihe lieber alter Freunde dort, die zum Teil gefährdet sind ... Im dritten Reich bin ich vollkommen unten durch, mit Recht, wenn ich auch noch nicht verboten bin, worauf ich aber warte. Eine Empfehlung oder ein Eintreten von mir im dritten Reich zu Gunsten von Internierten etc würde im besten Fall ein Gelächter zur Folge haben, wahrscheinlich aber den von mir Empfohlenen geradezu schaden.*[40]

Hesse schickte sogar Schutzbefohlene wie Jakob Haringer an Seelig weiter mit der Anregung, *ihm irgendwo ein oder zweimal die Woche einen Mittagstisch zu verschaffen, solange er in Z. ist. Auch wenn er es mit Unflätigkeiten vergilt.*

Ich bin mit Flüchtlings- und Emigrantensorgen, neben den eigenen so überladen, daß es kein Leben mehr ist. Und dazwischen

kommt dann alle paar Tage noch irgend ein 17, 18 oder 20 jähriger blonder Jüngling aus der Schweiz, oder aus Deutschld, bringt Verse mit, ist voll Sorge um die Entwicklung seiner Persönlichkeit, und begreift gar nicht, daß die Welt voll ganz andrer Sorgen steckt.[41]
Trotz diesem unverkennbaren Überdruß raffte sich Hesse in Einzelfällen, wenn ihm die Behandlung der Flüchtlinge allzu schändlich erschien, zu Worten aufrichtiger Empörung auf: *Am 20. Mai ist A. Ehrenstein aus dem Tessin ausgewiesen. Sein Verbrechen: er hat einen österr. Pass. Wie unsre Behörden sich zu Schnüfflern und Bluthunden im Dienst der Diktatoren hergeben, ist bald nicht mehr erträglich.*[42]
Prompt suchte Ehrenstein bei Seelig Hilfe: *Nun schreibt mir Hermann Hesse, daß Sie durch einen im Tessin gute Beziehungen besitzenden Freund etwas für mich tun könnten, auf daß meine Ausweisung (ab 20. Mai) nicht vollstreckt, sondern Aufenthalt bis 20. Okt. verlängert wird.*[43] Die Intervention dürfte genützt haben. Am 25. Oktober 1938 kam ein neuer Hilferuf: *inzwischen bin ich, Mitte Mai, Czechoslowak geworden, aber ich fürchte, das wird der Eidgen. Fremdenpolizei, Bern nicht mehr besonders imponieren. Ich verlangte halbjährige Aufenthaltsbewilligung ab 1. November, mit dem Recht wiedereinreisen zu können in der Zwischenzeit. Ich wurde nämlich nach Amsterdam winterüber eingeladen, was mir, da nun (zur hier mangelnden Arbeitsbewilligung) auch noch die Prager Blätter versagen, eine Art Rettung wäre.*[44] Auf die Dauer bot ihm die Schweiz allerdings kein Asyl — die Stationen seiner Flucht waren England, Frankreich, Spanien und schließlich, 1941, New York. In der Zeit der ärgsten Bedrängnis soll Ehrenstein den gleichfalls von Ausweisung bedrohten Schriftsteller Eduard Claudius angeherrscht haben: *Was suchen Sie in der Schweiz? Verstehen Sie nicht, daß Sie sich in eine Falle begeben haben? Jeder versucht hinauszukommen, um Hitler zu entgehen, und Sie kommen hierher. Sie müssen hin-*

aus, irgendwohin, nach China oder den USA oder Mexiko. Nur noch wenige Monate, und Hitler wird seinen Weg durch die Schweiz nehmen, um nicht die Maginotlinie überrennen zu müssen...[45]

Max Picard hat in seiner prägnanten Art die Entrüstung über solche Verhältnisse, die von inhumanem Verhalten und wehrhaften Phrasen der Selbstgerechtigkeit geprägt waren, eindringlich formuliert: *Ich habe einmal gesagt: in Deutschland bekomme jeder Bürger am Morgen das Quantum Blödheit und Stumpfheit vom Staat und von Göbbels serviert, jenes Quantum, das der Bürger für seine Existenz brauche. Bei uns in der Schweiz strengt sich der Bürger an, sich jenes Quantum Blödheit selber zu fabrizieren, – das heißt man dann Demokratie oder geistige Landesverteidigung.*[46]

Die Hesse von Seelig überbrachte Unheilsbotschaft, Hermann Broch sei in ein Konzentrationslager gesperrt worden, war eine Falschmeldung; allerdings war Broch kurzfristig tatsächlich seiner Freiheit beraubt. Zwischen 13. und 31. März 1938 wurde er als „Schutzhäftling" im Bezirksgericht Bad Aussee festgehalten. Nach Wien zurückgekehrt, wo er aus Gründen der Sicherheit ständig seinen Wohnsitz wechselte, bei Bekannten Unterschlupf suchte, bemühte er sich mit größter Energie um eine Ausreisebewilligung und als Voraussetzung dafür um die Zuteilung von Visen. Seine Freunde im Ausland waren in diesem Sinne tätig, viele von ihnen allerdings – wie Carl Seelig für die Schweiz – vergeblich.

In jenen Tagen erschien auch dessen Würdigung von Brochs Essay „James Joyce und die Gegenwart"[47] – in der von Thomas Mann und Ferdinand Lion herausgegebenen Exilzeitschrift „Maß und Wert".

Mitte April sandte Broch Seelig einige Zeilen, in denen vorsichtshalber nur Vornamen und Anfangsbuchstaben genannt wurden: *Grüßen Sie Alfred* (Polgar – d. Verf.) *und nehmen Sie viele gute Gedanken Ihres H.*[48]

Am 29. 7. 1938 flog Broch vom Flughafen Aspern bei Wien — Zwischenlandung in Rotterdam — nach London, wo er noch am gleichen Tag eintraf,[49] konstatiert die jüngste Broch-Literatur. Er muß jedoch bereits vorher dort eingetroffen sein, denn eine in London aufgegebene Karte trägt den Poststempel des Vortages. Auf ihr steht zu lesen: *Die Verhältnisse waren so, daß ich das Schweizer- und Franzosenvisum nicht mehr abwarten wollte, sondern direkt hergeflogen bin. Wie gerne ich gekommen wäre, wissen Sie. Aber jetzt kann man wenigstens korrespondieren, und vielleicht werden wir uns doch da oder dort treffen. Ihr letzter Brief war rührend, und Ihre Freundschaft ist für mich ein Positivum dieses Lebens.*[50]

Broch befand sich nun in Sicherheit, freilich nicht in materieller Hinsicht. Ihn in der Ferne zu umsorgen, Mittel und Wege zu finden, damit er sein Auskommen hätte, war Seelig weiterhin bestrebt. Unter anderem schrieb er an Liesl Frank, die Tochter von Fritzi Massary und Bruno Franks Frau. Sie verwaltete in Hollywood einen Hilfsfonds für vertriebene Künstler. *Sie sind wirklich der ruehrendste und vorsorglichste Freund!* versicherte Broch in einem Brief aus Schottland. Die Lust an schriftstellerischer Tätigkeit hatte er durch das in der „Ostmark" Erlebte vorderhand verloren: *das Grauen, in dessen sogenanntes Antlitz ich geblickt habe, war eine allzu starke Bestätigung meiner alten These von der Ueberflüssigkeit des Künstlerischen in dieser Zeit.*[51]

Dieser Überzeugung von der Überflüssigkeit des Künstlerischen zum Trotz setzte Broch natürlich seine Arbeit an den großen Romanen fort, wovon er auch — so regelmäßig, wie dies die durch die Zeitumstände erschwerte Postverbindung zwischen der Schweiz und den USA, seinem endgültigen Asylland, zuließ — den Zürcher Freund und Helfer in Kenntnis setzte.

Zwei der bekanntesten Photos von Robert Musil aus seinem Schweizer Exil (eines ist auf der Musil-Monographie Wilfried

Berghahns zu sehen) stammen von Carl Seelig. Sie entstanden in Zürich im Sommer 1939, kurz bevor Musil nach Genf zog. Die ihm von dem Amateurphotographen übersandten Bilder wurden mit gemischten Dankesgefühlen und ebensolchen -worten quittiert: *Je besser sie meine Frau findet, (was die Wahrheit ist!), desto mehr hadere ich mit dem Schicksal, das im letzten Jahr diesen unsympathischen Alten aus mir gemacht, und ihm noch dazu eine Hose mit überlebensgroßem Bauchteil angezogen hat.*[52]

Seeligs Bemühen, Verleger (Eugen Claassen und Henry Goverts) so weit für das Werk des Österreichers zu interessieren, es in ihr Programm aufzunehmen, blieb vergeblich, obwohl Musil großes Vertrauen in seinen Schweizer Sachwalter gesetzt hatte: *Sie werden mich gut vertreten, ich bin dessen sicher.*[53]

Im Herbst 1940 wurde Seelig in Sachen einer Ausreise Musils in die Vereinigten Staaten aktiv. *Es ist mir sehr lieb, einmal wieder von Ihnen zu hören,* beantwortete dieser das Ansinnen, *zumal mein Leben viel Einsamkeit mit sich bringt, ohne daß ich mit dem Ertrag schon zufrieden wäre. Auch daß sich Hermann B.(roch) meiner erinnert hat, freut mich wirklich.*[54] Anfang März 1942 trat Seelig dann nochmals mit Musil in Verbindung. Über seine Emigrationspläne hatte er nur mehr resigniert zu berichten: *Amerika habe ich fallen lassen; oder es mich, das ist wohl das gleiche. Als Regisseur meiner selbst mag ich nicht hinübergehen, um mich dort in Szene zu setzen, und die Freunde haben sich doch offenbar kein Bein für mich ausgerissen.*[55] Die nächste Nachricht aus Genf kam bereits von Martha Musil: *Der Brief, den Sie von meinem Mann erhalten haben, war einer seiner letzten; und wirklich war seine Stimmung oft melancholisch, weil er seine unhaltbare Stellung in dieser ungeistigen Welt mit Bitterkeit fühlte.* Andererseits sei er auch manchmal besserer Laune gewesen: *So war er am letzten Vormittag ruhig und heiter, ohne die geringste Vorahnung; und ich fand ihn ein paar Minuten später hingestreckt mit heiterem, lebensvollem Ausdruck, ein wenig spöttisch, als ob er mich erschrecken wolle.*[56]

Den ersten von Seelig verfaßten Nachruf hatte Robert Musil um neun Jahre überlebt.[57]

VERTEIDIGUNG DER HUMANITÄT

Man könnte nun vermuten, Carl Seelig habe sich nur für die Berühmten aus Literatur und Kunst, die Prominenz, eben die „Könige im Exil" interessiert, deren momentane Not zu lindern ihm Dankbarkeit jener sicherte, die unter anderen, für sie günstigeren Umständen sich kaum mit ihm eingelassen hätten. Unter seinen Schützlingen befanden sich jedoch auch zahlreiche damals weniger bekannte, wie etwa Hans Sahl, den er 1936 durch Polgar kennengelernt hatte. Aus Paris, wohin er aus *fremdenpolizeilichen und beruflichen Gründen* gezogen war, schrieb Sahl Anfang 1938: *Sie sind den aus Deutschland Vertriebenen immer ein guter (kritischer) Freund gewesen — wir haben ja nicht mehr sehr viele Freunde in der Welt —, und dafür sind wir Ihnen Dank schuldig.* Zugleich bat er den Kritiker, sich für sein Chorwerk „Jemand" einzusetzen, mit dem er *ein grosses Bekenntnis ablegen* wollte, *ein sozialistisches Bekenntnis, das einfach, gross und stark auf den Zuschauer wirken soll.*[1] Die Zürcher Uraufführung am 10. März 1938, getragen von mehreren hundert Akteuren — Arbeitersängern und Musikern — wurde ein unerwartet großer Erfolg. Das Publikum hatte sehr wohl Sahls Botschaft verstanden:
> *Rettet den Menschen, rettet den Menschen,*
> *Rettet die Welt vor der Barbarei.*[2]

Mit Holzschnitten Frans Masereels versehen, wurde das Werk auch verlegt, und hier setzte Seeligs tatkräftige Unterstützung ein: *Bei Oprecht zeigte man mir die wunderbare Einführung, die Sie zur Buchausgabe geschrieben haben. Lassen Sie mich Ihnen sagen, dass ich tief bewegt bin durch die ganz persönliche Bereitschaft, mit der Sie sich für meine Arbeit einsetzen. Es lohnt sich, fünf Jahre lang all dies durchgemacht zu haben, um sich eines Tages so bestätigt zu finden.*[3]

Auch andere durften mit Carl Seeligs freundschaftlicher und bedingungsloser Unterstützung rechnen, so die Tänzerin und

Schriftstellerin Jo Mihaly, die (später geschiedene) Frau des Schauspielers und Regisseurs Leonard Steckel. Nach dem Krieg zählte Jo Mihaly zum engsten Freundeskreis Seeligs. Ihr Zigeuner-Flüchtlings-Roman „Hüter des Bruders" wurde 1942 von dem Kritiker begeistert aufgenommen: *Außer den Romanen von Ignazio Silone ist uns seit langem kein deutschsprachiges Werk begegnet, das uns durch seine Bildkraft, sensitive Psychologie und menschliche Haltung einen derart beglückenden, ja berauschenden Eindruck gemacht hat wie dieses.*[4]

Jo Mihaly leitete die 1942 gegründete „Kulturgemeinschaft der Emigranten in Zürich", deren vielseitig aktives Ehrenmitglied Carl Seelig war. Als man 1943 daran ging, einen Lyrik-Band mit Texten der in Schweizer Lagern internierten Flüchtlinge zusammenzustellen — einer der Herausgeber war Manès Sperber — wurde Seelig der Jury beigezogen, die über die endgültige Auswahl zu entscheiden hatte. Die eidgenössische Fremdenpolizei lehnte indes vorerst eine Veröffentlichung ab — das Buch erschien erst 1945.[5]

Doch auch innerhalb der Ausschuß-Sitzungen blieb Seelig kein stummer Zuschauer, meldete sich vielmehr energisch zu Wort, beispielsweise als er glaubte, jüngere Mitglieder der Kulturgemeinschaft hätten es an Respekt gegenüber dem Sekretär der Vereinigung, Maximilian Goldstein, fehlen lassen und sich überdies in Fragen der Literatur durch krasses Unverständnis höchst negativ ausgezeichnet: *In Kulturfragen gewiss zuständigere Kreise*, erklärte er am 6. Juli 1944, *wie André Gide, Thomas Mann, Hugo von Hofmannsthal usw. haben Franz Kafka, der übrigens Jude war, als ein Phänomen bewundert, das zum halben Dutzend der wesentlichsten Dichter unseres Zeitalters gehört. Wir haben also allen Grund gehabt, sich seiner auch in Zürich zu erinnern, ob es nun den Jugendlichen passt oder nicht. Eine Unhöflichkeit und Unverschämtheit ist es aber, dass sie nachträglich, nachdem die meisten von ihnen beim Besuch gestreikt haben — der Kramhofsaal wurde nicht durch sie voll — die Veranstaltung als eine Angelegenheit bezeichneten, die ihnen nichts sage und sie nichts angehe. Ich sage eine Unverschämtheit, weil sich beispielsweise die Schauspieler Kurt Horwitz, seine Tochter Ruth und Leonard Steckel mit hinreissender Kunst und vorbildlichem Idealismus für Franz Kafka und damit für die deutscheuropäische Kultur und somit auch für unsere Kulturgemeinschaft eingesetzt haben.*[6]

Über organisierte Kulturaktionen hinaus hatte sich Seelig wiederholt für anonyme Hitler-Opfer eingesetzt. ,,Hilfe für Emigrantenkinder", ,,Flüchtlinge in Not!" und ,,Tragödie eines Emigranten"[7] sind charakteristische Titel seiner Appelle an die Schweizer Öffentlichkeit. All diese Betriebsamkeit wurde immer wieder und für längere Zeit von militärischen Übungen unterbrochen, denen sich der Gefreite — seinem nicht gerade jugendlichen Alter zum Trotz — bereitwilligst unterzog. Doch auch in Uniform blieb er sich selbst, seiner schreibenden Existenz, treu, schickte Lebenszeichen an Freunde und Berichte an Zeitungen: Stimmungsbilder aus einem Soldatenleben.[8]

Alfred Polgar sandte damals aus Paris ,,Briefe an einen Schweizer Freund", von denen einer im Dezember 1939 vom Zürcher ,,Tages-Anzeiger" publiziert wurde: *Nun haben auch Sie, keiner der Jüngsten mehr, die Knarre auf den Rücken genommen und sind an die Grenze gegangen, dort die Reihe der Männer, die Ihr schönes Vaterland vor Ueberfall und Vergewaltigung schützen, um einen guten Mann vermehrend. (...) Kein Wort des Unmuts oder selbst nur der Ungeduld in Ihren Briefen, in denen das ,,Ich" fast völlig hinter dem ,,Wir" verschwunden erscheint und die jene Seelenruhe atmen, die der Mensch erwirbt, wenn er mit sich, in des Wortes Sinn, ,,ins reine" gekommen ist; eine Ruhe, die keineswegs Gleichgültigkeit ist, sondern Zeichen hergestellter Harmonie zwischen Müssen und Wollen. (...) Von der Schönheit der Landschaft erzählen Sie,*

von dem festen Schlaf, den die Strapaze als Ertrag abwirft, von der Urwüchsigkeit, der schweizerisch langsamen, aber so grundgesunden Denkungsart und dem sprachschöpferischen Mutterwitz der Männer aus dem Volk, die Ihnen Kameraden sind, und von denen als ihresgleichen angesehen und behandelt zu werden Ihrem demokratischen Herzen sichtlich wohltut.[9]
Pflichtbewußt, wie Seelig in seinem demokratischen Herzen war, begnügte er sich nicht mit normalem Felddienst. Er dichtete u. a. ein „Eidgenössisches Trutzlied", und welchen Feind dies allein nicht schon in die Flucht schlug, dem sagte er in geharnischten Worten seine Meinung. Will Vesper hatte im Juli 1940, da „Die Neue Literatur" in der Schweiz Verbreitungsbeschränkungen unterworfen war, dem neutralen Land unverblümt ein ähnliches Los wie „Schuschnigg-Österreich", der Tschechoslowakei und Polen angedroht — alle diese Staaten seien ja bereits von der Landkarte verschwunden. Seinerzeit, vor Jahrzehnten, hatte Seelig noch mit Vesper korrespondiert;[10] das hinderte ihn nun nicht, den prominenten Nazi-Dichter als *rabiate(n) Literat(en)* zu bezeichnen, ihn als *durch hinterwäldlerische Deutschtümelei auch im neuen Deutschland berüchtigte(n) Herausgeber* der „Neuen Literatur" wegen seiner *rüpelhaften* Angriffe auf Hermann Hesse in die literarischen Schranken zu fordern. Am Verbot der Zeitschrift *des Herrn Vesper sei nicht nur sein fanatischer Antisemitismus schuld, sondern auch die unsachliche Hetzerei gegen die demokratischen Staaten und ihre Künstler.*[11]
Verantwortung für andere, Menschen und Gemeinschaften, bedeutete Seelig, der das Privileg, in einer freien Gesellschaft zu leben, wohl zu schätzen wußte, keine Phrase. So empörte er sich — lyrisch — über das Schicksal Finnlands, das sich ohne Unterstützung gegen eine gewaltige Übermacht zur Wehr setzen mußte:

I. Jahrgang.   **Blatt I.**

Wochen-Kalender.

Erste Woche.
Die Liebe sucht die Einsamkeit,
Doch blüht sie nur in Zweisamkeit.

Zweite Woche.
Freund Amor hält allein das Feld,
Ein Schrecken ist's, wenn Jemand schellt.

Dritte Woche.
Es tauscht die Zeit gar schnell dahin,
Nur Liebe hat man jetzt im Sinn.

Vierte Woche.
Panibfleichen, gar zierlich sein,
Schlicht (seidenweich) sich fein ein.

Fünfte Woche.
Da schlüpft die Eintracht aus dem Schluss,
Was Jedes will, geschieht im Nu.

Sechste Woche.
Und nach der sechsten Woch' — juchhe!
Da weiss man erst, wie schön die Eh'!

das Huhn
PURO OMNIA PURA

Touristisches, montanistisches, klubistisches, nihilistisches, chemisches, sozialistisches, moralistisches Hochzeitsblatt.
Erscheint täglich, wöchentlich, monatlich, bei Verlobungen, Hochzeiten, Kindstaufen, nochmals Kindstaufen, wieder Kindstaufen.
Das erste Mal am 23. Mai 1889.

An unsere verehrten Leser und Leserinnen!

Indem wir Ihnen die Probenummer zur gefälligen Einsicht mit Absicht vorlegen, bitten wir um gütige Nachsicht und hoffen mit Zuversicht, dass Sie das **Huhn** mit der nöthigen Vorsicht durchlesen und mit Rücksicht auf den durchsichtigen Stand unseres Geldbeutels sofort abonniren!

Es mag zwar gewagt erscheinen, heute, wo es politische, religiöse, technische, medizäische, juristische, militärische, Jagd-, Alpen-, See-, Velo- und biersportliche, Briefmarken-, Pferde-, Bienen-, und Hundeblätter aller Art gibt; wo jeder gemeinnützige Stenographen- oder Tambourenverein sein eigenes Organ bearbeitet, ein neues Blatt zu gründen?

Wenn wir es dennoch wagen, so geschieht es in der Ueberzeugung, dass das **Huhn** eine Reihe der genannten Zeitungen überflüssig machen wird. Einmal Abonnent, wird Keiner das **Huhn** mehr fliegen lassen, denn die von ihm gelegten Geistes-Eier werden im Kopfe jeden Lesers ausgebrütet und als Piephähne die Welt durchschwirren.

Im Uebrigen hier unser Programm:

Das **Huhn** wird ganz unpolitisch sein und weder Kantons- noch Nationalrathswahlen oder Gardinenpredigten bringen. Das **Huhn** nimmt jede literarische Nahrung zu sich, die ihm chargirt zugesandt wird. Es ignorirt den Fall Wohlgemuth wie jeden andern Sündenfall und verschliesst daher indiskreten Hebammen seine Thüre.

Das **Huhn** wird stets für ein pikantes Feuilleton besorgt sein, worin es von Grafen und Gräfinnen, Raub und Mord, Wechselfälschung und dergleichen Liebschaften wimmelt.

Das **Huhn** macht es sich zur Pflicht, ganz aussergewöhnliche Leistungen, namentlich im Wasser-, Alpen- und Nordpolsport, zu prämiren, und schon heute ist die Redaktion im Falle, folgenden Preis auszusetzen:

Ein Jahresabonnement auf das Huhn
dem, der an seinem Hochzeitstage mit der jungen Frau auf dem Buckel, rückwärts um den Zürichsee läuft.

Das **Huhn** empfiehlt Hochzeitsgästen mit verdorbenem Magen seine Spalten.

Das **Huhn** wird billigen Klagen des Publikums über unbillige Rechnungen, Steuern u. s. w. stets einige Zeilen reservirt halten.

Das **Huhn** muss vermöge seines fliegenden Temperaments rasche Verbreitung finden und bald ein gesuchtes Publikationsblatt sein; man bittet daher, keine Nummern herumliegen zu lassen oder Hochzeitswurstzipfel darin einhüllen zu wollen.

Für's erste Quartal werden Inserate der verehrten Abonnenten, sowie ächte Marknoten gratis angenommen.

Dies und mehr wird das **Huhn** seinen Lesern versprechen. Und nun flattere, **Huhn**! Niste dich ein bei allen anständigen Familien und erfreue mit deinem Gegacker Alt und Jung.

Titelblatt der Hochzeitszeitung von Carl Seeligs Eltern

In der Kantonsschule Trogen, links im Bild Carl Seelig

Carl Seelig als Student

Hochzeitsphoto von Carl Seeligs Eltern, 1889

Carl Seelig an Hermann Hesse, 1917 — über den Tod des Vaters

Gedenkschrift für die verunglückten Bergsteiger

Hermann Hesse

Feldschützengesellschaft Trogen

Ehrenmeldung

für gute Leistung an

Herrn *Seelig, Karl*

Schüsse 5 Treffer 5 Punkte 22

Der Schützenmeister: Der Aktuar:

Trogen, den 24. Mai 1914

Militärische Ausbildung

Im Felde    Henri Barbusse

Der Arbeiterdichter Alfons Petzold, Porträt von Gustinus Ambrosi

Der österreichische Pazifist Andreas Latzko

Romain Rolland

Frans Masereel für Carl Seelig, 1918

Stefan Zweig, 1920

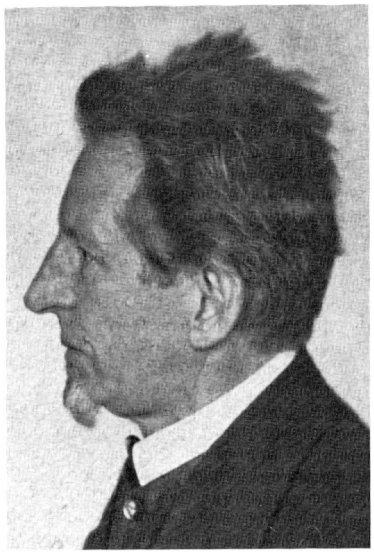

Carl Hauptmann

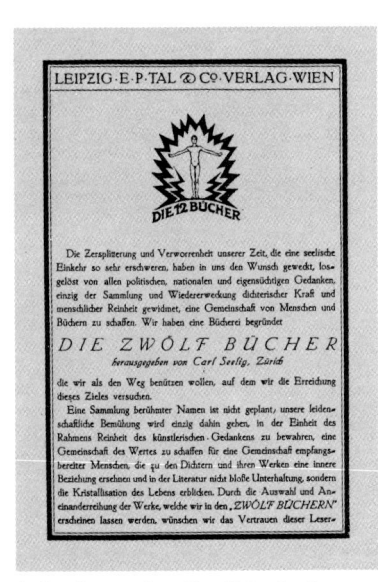

Ankündigung der „Zwölf Bücher"

Gerhart Hauptmann, Photographie von Edward Steichen

Ernst Toller zur Zeit der Räterepublik

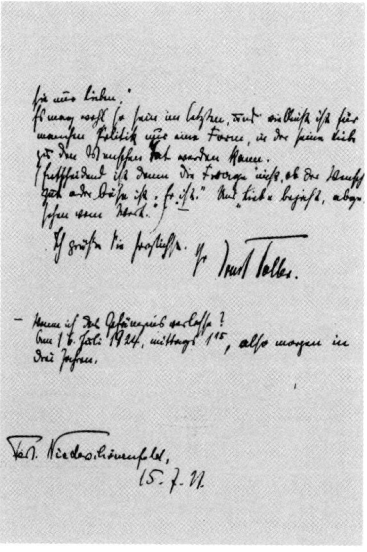

Ernst Toller an Carl Seelig, 1921

Max Hoelz, Photographie von Lotte Jacobi

Jakob Schaffner am Vierwaldstättersee, aufgenommen von Carl Seelig

Carl Seelig, Radierung von Ivo Saliger   Der erste Prosaband

Das Gut Kastanienbaum bei Luzern

In Kastanienbaum

Auf den Neuen Hebriden

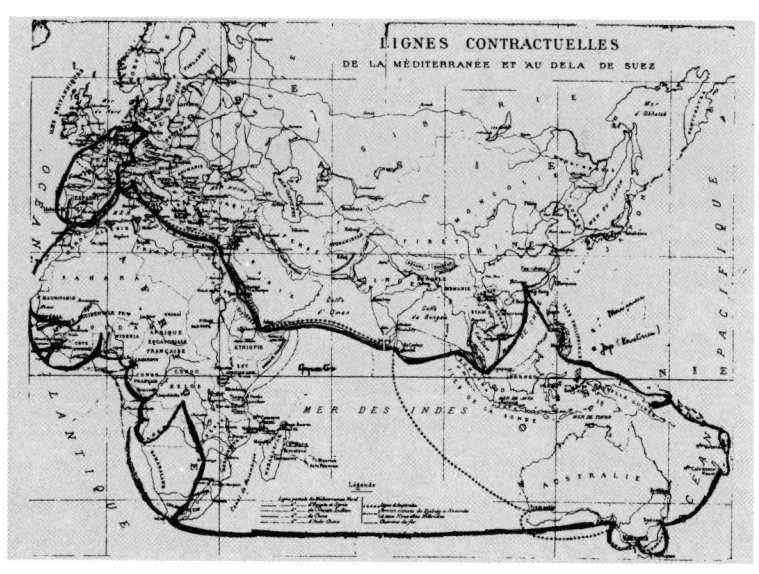

Weltreise 1929/30

CARL SEELIG
Schriftsteller

ZÜRICH 8, Mühlebachstrasse 17 (Schweiz)
Datum des Poststempels

FÜR MEINE MONATLICHEN LITERATURAUFSÄTZE ÜBER INTERESSANTE NEU-ERSCHEINUNGEN ERBITTE ICH UNTER ZUSICHERUNG EINER OBJEKTIVEN BESPRECHUNG IM „LUZERNER TAGBLATT" ODER IN EINER ANDEREN ANGESEHENEN **SCHWEIZER-ZEITUNG** FOLGENDE WERKE **AN MEINE OBIGE ADRESSE:**

....

....

....

....

BELEGE ERHALTEN SIE SOFORT NACH ERSCHEINEN.   HOCHACHTEND:

Der Rezensent

Carl Seelig und seine zweite Frau, Marta

Heinrich Mann, Photographie von Lotte Jacobi

Robert Musil, aufgenommen von Carl Seelig

Hermann Broch, 1934, Photographie von Trude Geiringer

Joseph Roth

Alfred Polgar

Max Picard

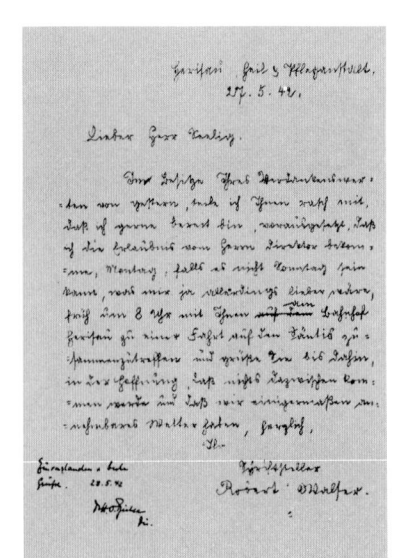

Robert Walser an Carl Seelig aus der Anstalt Herisau, 1942

Robert Walser, ca. 1944/45, aufgenommen von Carl Seelig

Heilanstalt Herisau

Robert Walser an seinem 75. Geburtstag, aufgenommen von Carl Seelig

Der Leichnam Walsers, aufgenommen vom Untersuchungsrichter

Als Reporter bei Charles Ferdinand Ramuz, 1944

Albert Einstein im Gespräch mit Thomas Mann, Princeton 1938, Photographie von Lotte Jacobi

Carl Seelig mit seiner Frau Marta

Carl Seelig und sein Hund Ajax

Max Brod und Carl Seelig, Zürich 1961

Erika Burkart, 1961

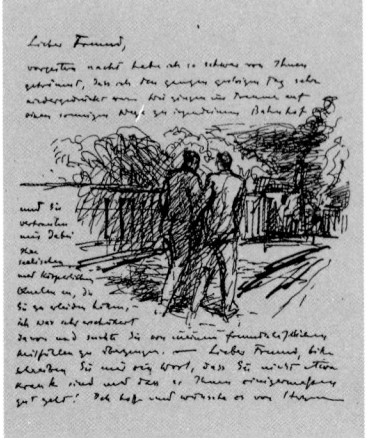

Aus einem Brief des Illustrators Gunter Böhmer an Carl Seelig

Carl Seelig, wenige Wochen vor seinem Tod

Erhebt sich kein Gott mit donnernder Stimme,
Der zornig die trägen Gewissen weckt?
Ruft keiner Europa zur sammelnden Tat?
Muß denn die Freiheit der Völker erst sterben,
Bevor der Panzer der Selbstsucht fällt?

Im Traum erscheint ihr mir oft,
Und düster wehklagt mein Herz:
„Laßt ihr gelassen das tapfere Land verbluten?
Reißt es euch nicht hin zu ihm,
Ihr Demokratien der Welt?"

Bald naht der rächende Tag,
An dem ihr es bitter bereut![12]

Nicht die Demokratien der Welt rührte diese „Klage um Finnland" zu tatbereitem Eingreifen, dafür aber Hermann Hesse, zumindest in dem Maß, daß er dem Verfasser wieder einmal schrieb: *Jemand hat mir aus Zürich das Blatt mit Ihrem lieben, schönen Finnlandgedicht gesandt; darum möchte ich Sie grüßen (...).*[13]

Gewiß, Carl Seelig war in Denken und Fühlen ein Bürger, doch ein stolzer Bürger im Sinne der besten Schweizer Traditionen, dem Autoritäten wenig imponierten, und seien sie auch durch militärische Hierarchie beglaubigt. Verärgert über die nationalsozialistische Propaganda des Deutschen Verkehrsbüros in Zürich, beschwerte er sich beim zuständigen Armeekommando und forderte energisch ein Einschreiten dagegen. Die Antwort kam prompt, unterschrieben von einem trocken *Hochachtend* zeichnenden Herrn namens *Stadler, Oberst: Sie legitimieren sich mit Ihrer „tausendtägigen Grenzdienst-Leistung". In diesem Fall sollte Ihnen bewusst sein, dass Ihre Fragestellung: „Ich ersuche Sie, mir mitzuteilen, ob Sie bereit sind, diese impertinenten Texte zu verbieten" nach der Form ungehörig ist. Als Soldat, Unteroffizier oder Offizier haben*

Sie zu melden und nicht in diesem Ton eine Anwort zu verlangen.[14]

Daß Seelig auch nach dem Krieg den Verrat der Intellektuellen nicht zu verzeihen bereit war, zeigte sich unter anderem in seinem Nachruf auf den Philosophen Ludwig Klages: *Aber die reaktionäre Art, in der hier Klages mit Geist gegen den Geist gekämpft und in seinem selbstherrlichen Stil das Terrain für die nationalsozialistische Blut- und Boden-Ideologie vorbereitet hat, musste besonders während des Hitlerregimes zum Widerspruch reizen. Er ist denn auch in der Schweiz völlig isoliert seine eignen Wege weitergegangen, voll Groll gegen die moderne Zivilisation und Humanität, die er der Verweichlichung anklagte, ohne einzusehen, dass in ihm selber so viel Nachsehen gegenüber den eigenen grossen Fehlern steckte.*[15]

ÜBER DIE GRENZEN

Auch mit Kriegsschluß, im jungen Frieden, war für viele emigrierte Schriftsteller die Zeit materieller und psychischer Not nicht zu Ende. Carl Seelig hatte für all ihre Sorgen, die großen und die kleinen, ein offenes Ohr, ein heilendes Wort, mehr noch, die Bereitschaft, ihnen, soweit es in seiner Macht stand, beizustehen. Nelly Sachs wurde 1946 in ihrem Stockholmer Exil bei der Lektüre des New Yorker „Aufbau", der von ihrem Cousin Manfred George geleitet wurde, auf Seelig aufmerksam — wie sie ihm später schrieb: mit einem *fast somnambule(n) Gefühl, daß mich Ihren Namen finden ließ.* Sie sandte ihm Gedichte, die das *Martyrium des jüdischen Volkes zum Inhalt* hatten. *Diese Dinge haben doch eine Mission, sie müssen doch sprechen dürfen, wenn alle Vertreter der einzelnen Länder ihre Dichter sprechen lassen, so muß es doch Israel auch dürfen.*[1]
Seeligs Bemühungen, ihre Lyrik in einem Schweizer Verlag unterzubringen, blieben erfolglos: *Trotz des traurigen Inhaltes Ihres Briefes, daß kein Verleger die Druckkosten meiner Gedichte auf sich nehmen will, hat mich Ihr schöner Brief ruhig gemacht. Eine geistige Heimat für das Letzte was man fühlt gefunden zu haben ist etwas viel zu Großes so daß man den Mut nicht sinken lassen darf. Sie, mit einem so feinen Gehör begabt, werden fühlen, daß ich, wenn ich so sagen darf nicht rund verwundet bin, sondern einfach durchstochen.*[2]
Kurz darauf konnte die Dichterin allerdings melden,[3] sogar eine vorläufige Verlagsheimat für ihr Werk gefunden zu haben: Im Aufbau-Verlag, Berlin, erschien auf Empfehlung Johannes R. Bechers der Band „In den Wohnungen des Todes", ihre künstlerische Botschaft von der Vernichtung des jüdischen Volkes. Die Korrespondenz brach damit jedoch nicht ab, Seelig schickte Bücher, berichtete von Max Brod und dem ihm bekannten jiddischen Dichter Lajser Aichenrand,[4] machte darüber hinaus, wie aus den Antworten zu sehen ist, auch kri-

tische Anmerkungen, die ohne Empfindlichkeit aufgenommen wurden: *Lieber Freund, ich möchte Ihnen dazu, was meine eigenen schwachen Versuche betrifft das Unsägliche in unzulängliche Sprache zu bringen, sagen, daß mir Ihr Urteil über allem wichtig ist* . . .[5]
Obwohl Seeligs Vermittlungsversuche ja keine direkte Auswirkung zeigten, bedeuteten sie für Nelly Sachs nicht geringzuschätzende Hilfe: *Wenn Sie Guter nicht gewesen wären, mit Ihrem Trost*, heißt es in einem ihrer letzten Briefe, *ich glaube, ich hätte nichts mehr schreiben können.*[6]
Im Fall von Hans Henny Jahnn war es Seelig, der die Beziehung aufnahm, dem auf der dänischen Insel Bornholm lebenden skandalumwitterten Autor und anerkannten Orgelbauer seine Dienste antrug. Dieser reagierte mit *betroffener Freude*, umso mehr, als ihn *die Umstände in eine kummervolle Lage gebracht* hatten. *Die Ereignisse der letzten zwei Jahre in Dänemark, die mich bescheidener Glücksmöglichkeiten und des mühevollen Ertrags eines Jahrzehnts beraubt haben, hinterlassen mich verbittert und gleichgültig. Es wiegt nicht mehr, dass ich ein Gegner des Hitlerismus war und fliehen musste. Ich bin Deutscher geblieben und zähle somit zu den Besiegten. Gemäß dieser Praxis konfiszierte man seinen Besitz.* Aber Jahnn klagte nicht nur, denn daneben gab es wieder literarische Erfolge zu verzeichnen, und er berichtete auch über Zukunftsaussichten: *Bis Jahresende sollen ,,Armut" und ,,Perrudja" als Neudruck vorliegen. 1948 soll der etwa 3000 Seiten umfassende Roman „Fluss ohne Ufer", mein Hauptwerk der letzten zehn Jahre, folgen. Da deutsche Schriftsteller an und für sich vogelfrei sind, ist durch die Vermittlung von Broch für mich das amerikanische Copyright gesichert worden.* Im übrigen suchte Jahnn Seelig für sein dreizehnjähriges Patenkind Yngve Treede zu begeistern: *Er ist nämlich ein ungewöhnlich begabter Komponist polyphoner Richtung −; nicht ein Wunderkind, sondern ein Wunder.*[7] Seelig schickte Pakete und Kaffee.

In weit hoffnungloserer Lage als Jahnn befand sich Fürstin Mechtilde Lichnowsky, wieder in London ansässig, die ihrer selbstgewählten Bestimmung, *Fanatiker der Sprachkunst*[8] zu sein, immer treu blieb. Bereits 1930 hatte Seelig sie gerühmt,[9] ihr als Zeichen der Verehrung die Briefe Rosa Luxemburgs geschenkt. Nun, da ihre Bücher durch den Kulturterrorismus der Nationalsozialisten längst vom Markt verschwunden waren, lebte sie, die als Urenkelin Maria Theresias und Frau des deutschen Botschafters am Hof von St. James, im Glanz der großen Gesellschaft aufgewachsen war, beinahe im Elend. Auch ihrem Werk versuchte Seelig in der Schweiz Unterkunft zu verschaffen. *Sie sind wirklich der einzige Mensch, der sich, wie ich schon sagte, in rührender Weise für mich einsetzt. Und wenn wir zusammen Glück in Neuchâtel haben, dann ist es Ihnen allein zu verdanken, denn meine Versuche als Hausierer waren bisher erfolglos. Niemand will meine Schuhsenkel, meine Knöpfe und Gummibänder.*[10] Es waren zwar keine Schuhsenkel und dergleichen Dinge, mit denen die Lichnowsky hausieren gehen mußte, dafür aber ihre Texte. Für die „Gespräche in Sybaris" hatte sie damals die zweiundzwanzigste Absage erhalten. *Gott, ich brauche es so dringend, von meiner Arbeit zu leben,*[11] lautete ein Hilferuf, und in stolzer Resignation schrieb sie einige Tage später: *Ich bin ein Wrack. Aber niemand merkt es, darf es merken, wenn ich mit den Viechern zusammenkomme, aus welchen die heutige Menschheit besteht.*[12]

Seeligs Ratschläge, wo die Autorin ihr verlegerisches Glück versuchen könnte, fruchteten nichts. Dennoch brachte der intensive Dialog über die Grenzen hinweg Erleichterung; manchmal, wenn nicht gerade Verlagssorgen auf dem Programm standen, erzählte die Lichnowsky einfach von ihren alltäglichen Erlebnissen, von einer zugelaufenen Katze – *Ja, Tiere. die einzigen anständigen Mitmenschen* –, und im Plaudern schwand die Distanz zwischen Zürich und London auf Ruf-

weite: *Leben Sie wohl, lieber CS, unsere Unbekanntschaft hat auch viel Charme. Sollten wir uns je einmal wirklich begegnen, wird nur ein Komma oder Semi Kolon fehlen, wir können ruhig weiter reden, ohne Punkt.*[13]
Max Brod hingegen hatte die überstürzte Flucht vor den Nationalsozialisten nicht ins Exil im eigentlichen Wortsinn getrieben: Das Leben in Palästina und erst recht im neuen Staat Israel bedeutete für den langjährigen Zionisten, wie es in seiner Autobiographie heißt, *ein neues Dasein.*[14] Carl Seeligs Beziehungen zu ihm gehen auf das Jahr 1928 zurück — als *Verehrer Kafkas*[15] wurde er alsogleich akzeptiert. Bereits kurz darauf hatte Brod ihn in Zürich aufgesucht, und Seelig war auch später bereit, sich für den Bruder des Dichters, Otto, der sich ebenfalls schriftstellerisch betätigte, einzusetzen.[16]
Nach 1945 bewährte sich Seelig nicht nur als kritischer Freund Max Brods, sondern er vertrat diesen auch bei Vertragsabschlüssen. *Sie haben mir einen grossen Freundschaftsdienst erwiesen,* schrieb Brod im Sommer 1946, *indem Sie es mir ermöglichen, nach achtjährigem Verstummen wieder das Ohr eines deutsch sprechenden Publikums zu erreichen.*[17] Dieser Dank bezog sich auf Seeligs Bereitschaft, sein kulturphilosophisches Hauptwerk „Diesseits und Jenseits"[18] bei einem Schweizer Verlag unterzubringen und auch die Veröffentlichung zu betreuen. 1948 kam Brod nach Zürich, vor allem um einen Kafka-Vortrag zu halten, nebenbei jedoch, um die Freundschaft mit seinem Schweizer Sachwalter zu festigen. Als er heimkehrte, tobte der israelisch-arabische Krieg. Noch von Genua aus schickte er am 20. Mai einen alarmierten und alarmierenden Brief: *Das Schiff soll heute oder morgen in See stechen. Sollte es gekapert werden und ich in ägyptische Gefangenschaft geraten (es ist schon 3 Schiffen so geschehen, wie ich lese), so wäre es gut, den tschechoslowakischen Gesandten in Bern zu einer Intervention für mich bei der ägyptischen Regierung zu veranlassen. Denn ich bin ja noch tschechischer Staatsbürger*

mit tschechischem Paß! Brod hatte nicht allein seinetwegen Angst: *Jerusalems jüdische Viertel brennen und Tel Aviv wird heftig bombardiert. Abgesehen von allem Unersetzlichen, das dabei verloren geht, ist auch der vollständige Verlust aller unveröffentlichten Kafka-Manuskripte (natürlich auch der bereits veröffentlichten) zu befürchten. Vielleicht könnte das einige Schweizer literarische Kreise (Hesse, Bergengruen, Korrodi, Barth etc.) zu einer Protestkundgebung im Namen der zivilisierten Menschheit aufrütteln? Wenn Du diese Möglichkeit siehst, ergreife die Initiative! Bitte! Der Protest müßte schnell erscheinen, ehe es zu spät ist.* —[19]
Horst Schade, halb Sportler, halb Schriftsteller, war Anfang 1937 aus Deutschland emigriert. Für ihn war Erez Israel nicht das Land seiner Väter, sondern Zufluchtstätte. Dort, in Jerusalem, heiratete er auch seine Freundin, die jüdischer Abkunft war. Neben der Arbeit als Autor verdiente er sich seinen Lebensunterhalt mit Schwimm- und Boxunterricht, worin er als Experte anerkannt wurde, seit er den *jüdischen Schwergewichtsmeister knock-out* geschlagen hatte.[20] Seelig schrieb zu Schades freier Nachdichtung von Oscar Wildes „Die Ballade vom Zuchthaus zu Reading" (1948) ein ausführliches Nachwort. Den gleichen Dienst, nur mit verstärkter Werbeabsicht, erwies er Schades Roman über das Schicksal eines polnischen Jungen, der durch deutsche Konzentrationslager geschleppt wird: „Ein Engel war mit mir" aus dem Jahr 1949. Seelig hatte das Werk im Verlag der Zürcher Schwestern Steinberg, denen er als Autor, Berater und Freund verbunden war, untergebracht. Überdies machte er privat, in seiner Korrespondenz, heftig Werbung für diesen „Tatsachenroman eines deutschen Dichters", so auch in einem Brief an Hermann Broch: *Für mein Gefühl ein unvergängliches Werk.*[21] Der Beschenkte zeigte sich allerdings nach der Lektüre *etwas enttäuscht*, sah zudem kaum Aussichten, das Buch in den Vereinigten Staaten veröffentlichen zu lassen: *einfach weil die Leute hier nicht*

mehr an Konzentrationslager erinnert werden wollen; man könnte es höchstens bei jüdischen Spezialverlagen versuchen.[22] Gleich als ersten *Gruß nach der Weltenpause — wahrlich ein neuer Weltentag, ob gut, ob schlecht, wahrscheinlich ist beides angebrochen, und wir sind dabei gewesen,*[23] wollte Broch Seelig im Sommer 1945 seinen „Tod des Vergil" schicken, doch noch beförderte die Post keine Pakete aus den USA in die Schweiz. Damit war der vier Jahre unterbrochene Kontakt wieder hergestellt, und Broch hatte mehrmals Gelegenheit, seine Dankbarkeit in herzliche Worte zu kleiden: *Je älter ich werde — und mit Sechzig darf ich schon anfangen, von meinem Alter zu sprechen —, desto mehr wird mir bewusst, dass bloss diese wenigen Freundschaftsbeziehungen, wie jene, welche mich mit Ihnen verbindet, im Leben etwas gelten.*[24] Bereits früher hatte er beteuert: *Wir haben ja einander, leider, nur so kurz begegnet, und ich glaube doch, daß wir recht gut umeinander Bescheid wissen . . .* Die einzige Zürcher Begegnung in der Neuen Welt zu wiederholen, regte Broch eine USA-Fahrt Seeligs an: *Freilich frage ich mich, warum ein so geübter Weltreisender, wie Sie es sind, nicht einmal nach Amerika fahren könnte!*[25] Man werde ihm gewiß eine Vortragstournee arrangieren können, sodaß auch die Kosten für diese Möglichkeit, die Freunde wiederzusehen, gering wären. Es blieb bei dem Wunsch.

Kurz vor Weihnachten 1950 bedankte sich Seelig für die Zusendung der „Schuldlosen" — als *steriler Kaktus* könne er sich nicht mit einem *eigenen Roman revanchieren*, müsse sich vielmehr begnügen, das Tagebuch von Charles Ferdinand Ramuz zu senden. Mit der Hand fügte er seinem Brief hinzu: *Bitte, bitte, antworten Sie mir nicht — Sie müssen Ihre Zeit und Kraft für wichtigere Dinge aufsparen!*[26] Selbstverständlich erhielt er Antwort, obwohl Broch dies sophistisch zu verschleiern wußte: *Liebster Freund C. S., das ist keine Antwort, nur ein Dank, und es ist kein Dank, nur eine Beschimpfung:*

habe ich von Ihnen nicht schon viel und allzuviel empfangen (ganz zu schweigen vom Geschenk Ihrer Freundschaft) als dass die Schuldlosen einmal ohne einen gegengesandten Ramuz hätten bleiben dürfen? Er schloß mit den Worten: *Ich wünsche uns allen ein weltgeschichtsfreies Jahr — Freedom from history: the fifth freedom! — und Ihnen dazu alles Privat-Gedeihliche!*[27] Es war das letzte Lebenszeichen, das Seelig von Broch erhielt: Wenige Tage, bevor er seine Europa-Reise antreten sollte, starb Broch am 30. Mai 1951 an Herzversagen.

Thomas Mann wiederum war Seelig kurz vor Kriegseintritt der Vereinigten Staaten innerlich näher gekommen, als er ihm spontan Hilfe anbot — im Gegensatz zu den Vielen, die solche nur von ihm, dem Einflußreichen und Weltberühmten, forderten: *Dass jemand aus Europa mich fragt, ob er etwas für mich oder die Meinen tun kann, ereignet sich wirklich zum ersten Mal! Ich war ganz betroffen und erheitert davon. Alle wollen sie etwas, und mein Name fällt jedem ein, der in Nöten ist, aber dass jemand „mit Bewegung an mein Schicksal denkt", das ist neu. Darauf antworten muss ich freilich: Mein Schicksal ist das Richtige, und wie die Dinge nun einmal liegen, kann ich mir ein anderes weder wünschen noch auch vorstellen.*[28]

1946 wandte sich nun Seelig an Mann mit der Bitte, für eine von ihm edierte Anekdoten-Anthologie einen Text zur Verfügung zu stellen. Der Meister nahm den Plan *sehr interessiert*, jedoch mit Bedenken zur Kenntnis: *Nur hat es mit Kurz-Prosa bei mir grosse Schwierigkeiten. Es fehlt durchaus an Stücken anekdotischen Formates; (. . .) Auch meine kleinsten Kurzgeschichten gehen über zwei Seiten bedeutend hinaus.*[29]

Die vom Autor gemachten Vorschläge konvenierten dem Herausgeber wenig, so machte er selbst einen. Dieser provozierte allerdings Überraschung und zugleich eine sublim ironische Antwort: *Sie haben also das „Eisenbahnunglück" für Ihre Anekdoten-Sammlung gewählt. Dass es sich um eine solche handelt, war mir noch gar nicht recht klar geworden. Da ich's nun aufgefasst, finde ich Ihre Wahl ganz gut und verstehe daneben, dass die Geschichte für Ihre Zwecke etwas zu lang ist. Sie ist mir nicht so teuer und unverletzlich, dass ich nicht gern in Kürzungen willigte. Nehmen Sie sie doch einfach selber vor, — wenn Sie nicht eine Kritik fürchten, die es merken wird! Es gibt Fanatiker.*[30]

Seelig hätte, aus Zeitgründen, die zweischneidige Zusage ohnedies nur für die zweite Auflage seines Bandes „Sterne"[31] verwerten können, doch dazu kam es nicht, und um eigenmächtig einen Thomas-Mann-Verschnitt herzustellen, fehlte ihm — angesichts zu erwartender fanatischer Philologen-Kritik — die Kühnheit. Dafür nahm er aber, da er nun schon einmal die Einwilligung hatte, „Das Eisenbahnunglück" in seine gleichfalls im Steinberg-Verlag erscheinende Auswahl deutscher Prosa des 19. und 20. Jahrhunderts „Lass nur die Sorge sein" auf.[32]

Einer, der Seeligs Erinnern dankbar aufnahm, war Heinrich Mann. Ihm sagten die „Sterne" wohl zu: *Ich finde darin einiges, das ich liebe, anderes mir bis jetzt Unbekannte, aber gerade die Zusammenstellung von Gross und Gering billige ich; mancher zeigt hier, dass er seinem Jahrhundert genug getan hat. Das seine erhalten in der Reihe der Jahrhunderte, bleibt das Ehrwürdige.*[33]

DAS MÜNDEL UND SEIN VORMUND

Ich empfand das Bedürfnis, für die Publikation seiner Werke und für ihn selbst etwas zu tun. Unter den zeitgenössischen Schriftstellern der Schweiz schien er mir die eigenartigste Persönlichkeit zu sein.[1] Solches ist auf der ersten Seite eines 1957 veröffentlichten Bandes nachzulesen, dem Max Picard seinerzeit bescheinigte: *Die ,,Wanderungen mit Robert Walser" sind das beste Buch von Carl Seelig.*[2] Er hatte sehr recht. Andere sprachen von einem *Bild in einer Walser würdigen Sprache* und urteilten: *Es ist eines der schönsten Dichterporträts geworden, die wir in unserer Literatur haben,*[3] und Max Brod formulierte in der ,,Zeit" seine Ansicht so: *Carl Seelig erzählt. Er erzählt meisterhaft knapp, anschaulich, mit sehr präzisen Umrissen aller Vorgänge. (. . .) Durch einfache Erzählung der Tatsachen erzielt Seelig etwas von der Wirkung eines Symbols.*[4] Obwohl zwei dieser Äußerungen aus Freundesmund stammen (Picard und Brod), ist ihnen das erforderliche Mindestmaß an kritischer Distanz und Bemühung um Objektivität keineswegs abzusprechen. Es scheint, als sei Seelig in diesem Werk als Schriftsteller über sich selbst hinausgewachsen, indem er sich fast völlig zurücknahm und so zum Medium eines Größeren, eines Großen wurde. Da stößt man auf keine der sonst bei ihm häufigen angestrengten Vergleiche und verqueren Formulierungen. Schon der erste Eindruck, den er von dem in der Anstalt Herisau internierten Dichter empfängt und weitergibt, kann sich durchaus sehen lassen: *Ein rundes, wie durch einen Blitzschlag gespaltenes Kindergesicht mit rot angehauchten Backen und einem kurzen, goldenen Schnurrbart.*[5] Und das geht bruchlos weiter bis zur Beschreibung des letzten Spazierganges, den Walser, allein, am Weihnachtstag 1956 unternahm, als ihn der Tod in den Schnee warf: *Ausgestreckt liegt der linke Arm neben dem rasch erkalteten Leib. Die linke Hand ist etwas verkrallt, als wolle sie den jähen, kurzen Schmerz, der den Wan-*

derer wie ein Panther im Sprung überfallen hat, mit den Handballen zerdrücken.[6] Rechtens rühmte Picard die Plastizität dieser Darstellung und bot auch eine Erklärung: *Die Liebe und die Güte, die er dem anderen gab, hob nicht nur aus dem Freunde, sondern auch aus ihm selber die Tiefe in die Sichtbarkeit. Alle Tiefe will dort sein, wo die Liebe wirkt.*[7]

Es war eine seltsame Beziehung — für Seelig wohl die typischste seines Lebens —, durch die sein Name bis heute Literaturkennern vertraut klingt. Nach der ersten Begegnung am 26. Juli 1936 wurde er immer mehr und ausschließlicher zum Sachwalter Walsers, kümmerte sich um die finanziellen Belange des materiell Desinteressierten und um die Verbreitung von dessen Werk.[8] Als im Jänner 1944 Walsers Schwester Lisa starb, bestellte man ihn sogar offiziell, am 26. Mai, zum Vormund.

1937, nachdem er im Jahr zuvor bereits die Neuauflage des Romans „Der Gehülfe" angeregt hatte, gab Seelig einen Auswahlband gedruckter und ungedruckter Walser-Texte heraus, nicht ohne bei der editorischen Arbeit ihm vertraute Fachleute wie Max Picard und Hermann Hesse um ihre Meinung zu bitten. Von letzterem erwartete er Entscheidungshilfe in der Frage, ob Lyrik aufzunehmen wäre oder nicht: *Verzeihen Sie mir diese Anfrage. Aber ich möchte die Auswahl mit aller Gewissenhaftigkeit ausführen und deshalb in Zweifelsfällen den Rat meiner Freunde einholen, zu denen ich Sie zähle.*[9] Aus den sieben Walser-Gedichten, die Hesse nannte,[10] wählte der Herausgeber allerdings bloß eines. In seiner Besprechung des Bandes meinte Alfred Polgar dazu: *Schade, daß von seiner Lyrik nur zwei bezaubernde Proben Aufnahme gefunden haben.*[11] Polgar war zweifellos zu solchem Bedauern legitimiert, denn er hatte dem Buch seinen Namen gegeben, als er Seelig im Sommer 1937 schrieb: „*Sport macht Spaß", scheint mir ein netter Titel. Aber orientiert er den Leser nicht einseitig*

über das Walser'sche œuvre, das doch auch schöne ernste und lyrische Partien hat?
Was wäre mit: Große kleine Welt.[12]
Als „Große kleine Welt" dann im Herbst ausgeliefert wurde, bemühte sich Seelig, dem Werk ein entsprechendes Echo zu verschaffen. So bat er Thomas Mann um eine Rezension in „Maß und Wert", die dann auch tatsächlich, verfaßt von Heinz Politzer, Anfang 1938 erschien.[13] In seinem Antwortbrief hatte Mann Wert auf die Feststellung gelegt, man verkenne seine Funktion innerhalb der Zeitschrift: *Ich zeichne als Herausgeber und nehme einen gewissen allgemeinen Einfluß. Aber ich bin nicht Redakteur, auch in Buchbesprechungsfragen keineswegs maßgebend.* Über Walser selbst lautete das Urteil des Nobelpreisträgers: *Ich schätze diesen wahrhaften Poeten sehr, wenn mir auch der Rang, den Sie ihm zuerteilen, denn doch nicht ganz einleuchten will. Daß Kafka, der ungleich Genialere, so viel von ihm hielt, ist mir sehr interessant zu hören, und aus meiner eigenen Sympathie glaube ich es zu verstehen.*[14]
Hermann Broch, mit einem freundschaftlichen Belegexemplar bedacht, schrieb aus Alt-Aussee: *Was ich hingegen nicht wusste, das ist das auffallende Vorhandensein einer Verwandschaft mit Franz Kafka: das ist der nämliche Wachtraum, der da unaufhörlich mitwebt, allerdings wesentlich artistischer, als es bei Kafka der Fall gewesen ist; beinahe könnte man hier von einer Koketterie mit dem Unbewussten sprechen. Aber es ist alles so anmutig, so leicht und oftmals so überlegen, dass man den Gegenpol zu den Untergründigkeiten beinahe in Polgarschen Regionen lokalisieren möchte.*[15]
Romain Rolland entschuldigte sich – in einem diktierten Brief – dafür, das er wegen eines Augenleidens Walsers Buch im Augenblick nicht lesen könne. Er hatte, wie er mitteilte, beschlossen, die Schweiz zu verlassen, um in seine Heimat Burgund zurückzukehren. In einem Geburtstagsartikel der „Ga-

zette de Lausanne" habe man seiner unter dem Titel *le danger communiste en Suisse et dans le canton de Vaud* gedacht. Er, Rolland, zweifle, daß seine Abreise allgemeines Bedauern hervorrufen werde, ihm, Seelig, drücke er aber herzlich die Hand (*Je vous serre cordialement la main*).[16]
Hermann Hesse wurde — erfolgreich — um seine kritischen Dienste ersucht. Er, Seelig, wäre Walsers wegen glücklich, wenn sein ungleich berühmterer Kollege über die Auswahl referieren könnte: *Nicht nur, weil er das gesamte Honorar bekommt, sondern auch, weil es ihm eine Genugtuung ist, wenn sich ein Dichter von Rang für ihn einsetzt.*[17] Zugleich informierte Seelig über das innere und äußere Befinden seines Schützlings: *Er lebt in der untersten Klasse, sortiert Stanniol und war in Gefahr, nicht einmal dort geduldet zu werden, wenn es mir nicht gelungen wäre, durch Private das Geld aufzutreiben, damit er bleiben kann. Zu schreiben hat er ganz aufgehört, ist aber meist bei sehr klarem Verstand. Manchmal versucht er sich das Leben zu nehmen, aber im Ganzen ist er unter den Narren nicht unglücklich. . . .*[18]
Hesse entschied sich für die Haltung, den Kranken halb zu bedauern, halb zu beneiden, sich selbst jedoch vollends zu bemitleiden: *Ach das mit Walser ist traurig! (. . .) Er hat, zeitlebens, seine Freiheit behalten, auch noch im Irrenhaus, während ich, einer andern Sendung folgend, mich fast bis zur Auslöschung hergeben mußte.*[19]
Bei den gemeinsamen Wanderungen Walsers mit Seelig kam das Gespräch wiederholt auf Literatur und Literaten. Was sein Gesprächspartner an Äußerungen Walsers aufgezeichnet hat, wirkt durchaus authentisch. Am 27. Juni 1937 soll dieser sein „Verhängnis" folgendermaßen analysiert haben: *All die herzigen Leute, die glauben, mich herumkommandieren und kritisieren zu dürfen, sind fanatische Anhänger von Hermann Hesse. Sie vertrauen mir nicht. Für sie gibt es nur ein Entweder - Oder: „Entweder du schreibst wie Hesse oder du bist*

und bleibst ein Versager." So extremistisch beurteilen sie mich. Sie haben kein Vertrauen in meine Arbeit. Und das ist der Grund, weshalb ich in der Anstalt gelandet bin. − Mir hat halt immer der Heiligenschein gefehlt. Nur mit ihm kann man in der Literatur arrivieren.[20]
Seelig gab dergleichen kommentarlos wieder. Über das Verhältnis von Normalität zu Walsers Existenz und Eigenart erklärte Picard, dem Seelig regelmäßig über seine Besuche berichtete: *Ich denke sehr oft an Walser, er ist der einzige schweiz. Schriftsteller, der nichts Literatenhaftes in seinem persönl. Wesen hat, und er wäre doch gefährdet durch seine Zartheit und auch durch seine Krankheit. Man kann sagen, dass er, Walser, sich normal menschlich benimmt, während die anderen schweiz. Schriftsteller fast alle wie Schizophrene sich benehmen (das ist die Krankheit, die W. hat). Das ist merkwürdig, komisch und ernst zugleich.*[21]
1943 sandte Seelig Hesse abermals ein ausführlicheres Zustandsbild von Walser: *Er hat nicht einmal auf meine Nachricht, dass er von der Schillerstiftung tausend Franken bekommen hat, reagiert. Wenn er mir schreibt (Vielleicht zwei-, dreimal im Jahr), sind es kühle, schülerhaft-nüchterne Briefe mit stereotypen Wendungen, hinter denen man keinen Herzschlag spürt.*[22] *(. . .) Ich glaube, im Innersten ist er tief verwundet; sein Gemüt war zu edel für unsere Zeit und unsern literarischen Betrieb. Ich habe ihn lieb bekommen wie einen Bruder; aber Menschen wie er sind verdammt zur Einsamkeit. Man kann ihnen nicht helfen; man muß diese Einsamkeit einfach respektieren.*[23]
Niemand ist berechtigt, sich mir gegenüber so zu benehmen, als kennte er mir, lautet das am häufigsten auf ihn selbst gemünzte Zitat Walsers. Seelig versuchte nie, den Panzer des Patienten zu überwinden, ihn zu bedrängen. So gab er ihm, in einer Mischung aus Scheu und Respekt, die Freiheit, zu sein, wie er sich geben wollte oder mußte. Darin liegt auch wohl

das Geheimnis seiner „Behandlung", die Walser die Abhängigkeit akzeptieren ließ.

Zweifellos aber hatte das Verhältnis des Vormunds zu seinem Mündel etwas Exclusives, andere Ausschließendes, wie eben alle Fürsorge zugleich Bemächtigung ist. Walser, von dem es heißt, er habe anderen Umgang außerhalb der Anstalt beharrlich verweigert, dürfte dazu auch gar nicht allzuviel Gelegenheit gehabt haben. Als der Berner Psychiater Theodor Spoerri Walser zwei Jahre vor dessen Tod in Herisau aufsuchte, untersagte Seelig den Anstaltsärzten, eine Wiederholung solchen Fremdeinflusses zu gestatten.[24]

Seit 1944 gab er eine Reihe kleinerer Werke — Auswahlbände und Neuauflagen — heraus,[25] 1953 setzte die von Seelig begonnene Gesamtausgabe ein. Wissenschaftlich mag manches daran anfechtbar sein, Seeligs Verdienst, den Namen und die Worte des in sich und in den Mauern der Psychiatrie Eingeschlossenen über die Jahre gerettet zu haben, bleibt unbestritten.

Am 25. Dezember 1956, nachdem ihm Walsers plötzliches Ableben mitgeteilt worden war — er saß gerade mit seinem *alten, kranken Dalmatiner-Hund in der dunklen Wohnung*[26] — rief er verstört Max Picard an. Unter dem Eindruck dieses Anrufs schickte ihm der Freund einige Zeilen: *Du bist traurig, — ja: da er starb, musste es Dir sein, als sei auch ein Stück von Deiner Existenz mitgestorben. Du weintest nicht nur um ihn, nicht nur u m Dich, D u weintest Dich.*[27] Wie so oft, hat der Philosoph und Arzt Picard, aus genauester Anschauung, auch in diesem Fall das Schlüssigste über Carl Seelig, über diese höchst merkwürdige Ausnahmebeziehung, formuliert: *Ich wollte Dir sagen, daß Deine Freundschaft mit Walser selbst eine Walser-Geschichte ist und daß Du ganz eine Walser-Figur bist: Walser-Figur und doch Du. Von ihm erzeugt, ja, — aber doch warst Du bereit, der Du deutlich Du selbst ist, Dich auch von ihm erzeugen zu lassen.*[28]

Neben dieser Interpretation, die Seelig, seinen Charakter und seine Funktion auf den Begriff bringt, nehmen sich Hesses Worte, geschrieben aus Anlaß von Walsers Tod, ein wenig treuherzig-bieder aus. Gleichwohl zeigt sich in ihnen das Maß der Verbundenheit und Wertschätzung, mit dem Seelig bei Hesse rechnen konnte: *Alle, die Walser geliebt haben, müssen Ihnen dankbar sein, und nicht alle werden es aussprechen. Ich bin Ihnen dankbar dafür, dass Sie durch so viele Jahre sein einsames Leben mit Freude und einem Schimmer von Kameradschaft erhellt haben, dass Sie sein Werk behüten und sein Andenken bewahren helfen.*[29]

VON BÜCHNER ZU EINSTEIN – CARL SEELIG
ALS BIOGRAPH UND HERAUSGEBER

Jenen, die als Schriftsteller ihrem Jahrhundert genug und noch mehr als das getan hatten, zu zeitgenössischem Publikum zu verhelfen, war Carl Seeligs Bestreben – er hat es mit äußerstem Einsatz verwirklicht. Bereits 1944 war seine Georg Büchner-Ausgabe[1] erschienen und allseits wohlwollend aufgenommen worden. Manche Rezensenten gaben allerdings zu bedenken, die Methode, das berühmte Novellen-Fragment „Lenz" durch kursiv gesetzte Auszüge aus dem Tagebuch von Pfarrer Oberlin zu ergänzen, scheine ein wenig fragwürdig.[2] Auch das beigefügte „Lebensbild eines jungen Genies", zweifellos mit Herzblut geschrieben, schließt mit einer biographisch-posthumen Pointe, die etwas gezwungen wirkt: Seelig erwähnt, daß in derselben Gasse des alten Zürich, wo Büchner starb, schon Goethe, nämlich bei Johann Caspar Lavater, zu Gast gewesen sei. *Ebenda wohnte vom Februar 1916 bis April 1917 in zwei Hofzimmern bei einem württembergischen Schuhmacher Lenin, der rechnerisch-kühle Führer der russischen Revolution. Die Polarität, die für Büchner typisch ist, blieb also bis zu seinem Tod gewahrt.*[3]

Der Büchnerkenner Hans Mayer jedenfalls widmete sein Buch „Georg Büchner und seine Zeit" *Dem Büchnerkenner Carl Seelig in freundlicher Erinnerung.*[4] Von Heinrich Mann empfing Seelig das beruhigende Urteil, er *bewundere* die Ausgabe. *Ihre Arbeit ist gewiss vorzüglich. (...) Ich bin empfänglich für Freundlichkeiten, und die von Ihnen mir angebotene und erwiesene ist mir lieb.*[5]

Als nächstes beschloß Seelig, die „Gesammelten Werke" von Novalis herauszugeben, die sich immerhin auf fünf, 1945/46 erschienene Bände, wiederum erweitert durch ein Lebensbild,[6] erstreckten. Der junge Anwalt Michele Picard, Max Picards Sohn, war ihm dabei behilflich und trat auch dafür ein, sich an die vorzügliche Kluckhohn-Edition zu halten: *Hier gehört die Philologie zur Sache selbst und ist nicht eine Zugabe für gelehrte Leute. Philologisch exakt bedeutet nichts anderes als den genauen, wirklichen, lebenden, nicht zurechtgestutzten Novalis.*[7] Über seine Anregung zur Novalis-Edition berichtete Seelig, sie stamme von einer der Wanderungen mit Robert Walser im Herbst 1944: *Plötzlich blieb Walser stehen und sagte: „Warum geben Sie nicht Novalis heraus? Er ist der interessanteste und unbekannteste Dichter der Zukunft, dem wir unendlich viel zu verdanken haben: von Hermann Hesse bis zu Albin Zollinger und der jüngsten Generation!" Da es unter den Schweizern der Gegenwart wohl keinen besseren Kenner der deutschen Literatur gibt als Robert Walser, nahm ich seinen Vorschlag wie ein Geschenk des Himmels entgegen.*[8]

1947 brachte Seelig im renommierten „Verlag der Arche" die „Gesammelten Gedichte" des Expressionisten Georg Heym heraus. Der Vertrag legte fest, daß der Herausgeber vorerst die *gesamten Herstellungskosten* zu begleichen habe — *unter der ausdrücklichen Bedingung, dass diese vertragliche Abmachung v e r t r a u l i c h behandelt wird.*[9] Seelig gab sich große Mühe, fragte bei vielen, sogar bei Heinrich Mann an, der Heym freilich nie gesehen hatte.[10] Trotzdem bekam er mit dieser Ausgabe nicht unerhebliche Schwierigkeiten. Aus Briefen von Emmy Ball-Hennings geht hervor, daß Kurt Hiller öffentlich gegen die Art der Verwertung der beigefügten Lebenszeugnisse polemisierte, wobei er nicht mit harten Worten sparte. Emmy Ball faßte die gegensätzlichen Charaktere der Kontrahenten so zusammen: Hiller *versnobt und verdreht und um irgend eines Sätzleins willen, das ihm „geistreich" vorkommt, um eines überflüssigen Witzes willen, kommt oder jedenfalls kam es ihn nie darauf an, etwas Grosses und Schönes zu verdunkeln. Dagegen sind ja Sie, lieber Carl Seelig, von einer schier heiligen Einfalt . . .*[12] Dennoch mußte auch sie zugeben, daß Hiller ihm *nicht zu Unrecht* Vorwürfe mache, wenn er, Seelig, seine

Sätze verändere. *Ein Ähnliches wie er – ich gebe es offen zu – habe ich selbst empfunden, da Sie auch von mir einige Nuancen, auf die es mir ankam und die sogar entscheidend sind, verwischt, zum Teil aufgehoben haben.*[13]

Der Georg Heym-Kenner und Nachlaßverwalter Erwin Loewenson schrieb Seelig 1956, als man daran ging, eine große Ausgabe vorzubereiten: *Ihre wunderschöne Biographie habe ich hundertmal gelesen, sie ist fesselnd und geradezu faszinierend, – ich glaube nicht nur für mich,* und in bezug auf die erwähnte Auseinandersetzung berichtete er: *Ich habe mit Kurt Hiller – wegen seiner ungerechten u. ordinären Anrempelung Ihrer* (Ausgabe – d. Verf.) *damals jeden brieflichen Verkehr abgebrochen; es ist schade, daß Sie zu vornehm waren, darauf zu erwidern.*[14]

Wie immer, Carl Seelig hat auch in diesem Fall Pionierarbeit geleistet, und solches ist oft undankbar. Als die Georg-Heym-Gesamtausgabe veranstaltet wurde, konnte man auf die Materialsammlung Seeligs zurückgreifen, und die Briefe der Freunde Heyms an Seelig – von Emmy Ball-Hennings über Kurt Hiller bis zu Paul Zech – wurden als wesentliche Zeugnisse in den Dokumentenband aufgenommen.[15]

Die Prosa-Sammlung „Lass nur die Sorge sein" (1948) sollte ebenfalls Bewahrenswertes aus Vergangenheit und Gegenwart vereinen. Von lebenden Autoren konnte auch einiges bisher Unveröffentlichtes publiziert werden, so Beiträge von Max Brod, Werner Helwig und Alfred Polgar. Bertolt Brecht hatte seinen Text „Der Soldat von La Ciotat"[16] mit der Bemerkung *vielleicht können Sie dieses Prosastück brauchen? es ist aktuell – leider*[17] zur Verfügung gestellt. In einer Bibliothek überkamen Carl Seelig später lyrische Zweifel an der Sinnhaftigkeit der entfesselten allgemeinen und eignen Buchproduktion:

Seh ich den Geist verstauben und vergessen,
Packt mich ein Grauen: wie vermessen,

Hier neue Welt auf alte zu säen!
Wird nicht der Tod auch unsre Saat bald mäen?
Doch stürzt die Wut der Zeugung auf uns ein,
Quillt Licht zu Staub in schöpferischer Pein,
So kann uns alles Alte nicht verwehren,
Den Turm der Bücher um ein neues zu vermehren.[18]

So kann man's — nicht ohne beim dritten Zweizeiler kurz zu erschauern — in einem neuen Gedichtband Seeligs aus diesen Jahren nachlesen: „Gang durch die Dämmerung", geschmückt mit Vignetten des Freundes Gunter Böhmer und in 25 Exemplaren sogar auf handgeschöpftem Bütten sowie von Hand in Halbpergament gebunden. Die Zeitgenossen nahmen diese Gedichte eines Kritikers mit mildem Desinteresse auf, und die Kollegen wußten um die Verdienste, die sich Seelig in anderen Regionen des literarischen Lebens erworben hatte.[19] Keine Nachsicht benötigte hingegen ein weiteres Projekt dieser Zeit — Seeligs biographische Arbeiten über Albert Einstein. Die Idee dazu war ihm bereits Anfang 1949 gekommen, ausführen sollte sie ein andrer, nämlich Hermann Broch, der damals in Princeton im Spital lag und an der Studie „Hofmannsthal und seine Zeit" arbeitete. Broch lehnte dankend ab: *Ich brauche dringendst eine Lebensverlängerung von etwa 50 Jahren und werde sie nicht bekommen. Ich wüßte also kaum, wie ich da noch eine Publikation über Einstein, an die Sie in so gütig-freundschaftlicher Weise denken, einschieben soll; zudem fühle ich mich hiefür fachlich-physikalisch nicht gewachsen.*[20]

Seelig fühlte sich all dem gewachsen. Schließlich wäre Einstein seinerzeit, vor Jahrzehnten, beinahe sein Autor geworden, und noch in den frühen zwanziger Jahren hatte er ihm in *aufrichtiger Verehrung* angeboten, eine Schweizer Hilfsaktion für die im Reich bittere Not leidende Naturwissenschaft in die

Wege zu leiten.[21] Der Gelehrte winkte ab — die deutsche Industrie wäre doch hoffentlich selbst zur Unterstützung der heimischen Forschungsstätten imstand und bereit. Eine Fehlleistung in seiner Antwort, wie sie nicht schöner in einem psychoanalytischen Standardwerk zu finden ist, zeigt jedoch, daß ihm der insinuierte Gedanke näher lag, als er zugeben wollte: *Die Verhältnisse in der Schweiz in Gegenwart und Zukunft sehe ich nicht als so glänzend an, dass ich es nicht* (Hervorhebung vom Verf.) *für gerechtfertigt hielte, in der Schweiz für deutsche Institute zu sammeln. Für ein solches Unternehmen könnte ich keinesfalls meinen Namen hergeben.*[22]

Im Februar 1952 präsentierte Seelig Einstein seinen Plan, *in einer schmalen, von jedem Personenkult und Geschwätz sich distanzierenden Publikation ausschließlich die Zeit* seines *SCHWEIZERAUFENTHALTES von 1896 bis* — *mit Unterbruch* — *Ende 1913 darzustellen.*[23] In einem bat er um eine lückenlose Biographie sowie um die Mitteilung, ob die Pressemeldung zutreffe, Versifiziertes aus der Feder Einsteins würde in einem amerikanischen Verlag erscheinen.

Der zu Beschreibende gab seine Einwilligung, zumal er sich davon eine Korrektur gewisser Klischees früherer biographischer Arbeiten versprach. *Gedichte habe ich Gottseidank nie publiziert, wenn ich auch gelegentlich scherzhafte Gedichte geschrieben habe, nach Wilhelm Busch's glorreichem Vorbild.*[24]

Nun war Seelig in seinem Tatendrang nicht mehr aufzuhalten und bestürmte Einstein mit Fragen, die sich aus der Lektüre der Sekundärliteratur ergeben hatten. Außerdem begann er eine rege Korrespondenz mit Nobelpreisträgern aller Sparten, um von ihnen Auskunft über den geschätzten Kollegen zu erhalten. Thomas Mann mußte passen, tat dies aber auf sehr amüsante Art: *Schöne Beiträge, die Licht werfen werden auf die noch halb dunklen und tastenden Anfänge eines Welt-Genies, werden Ihnen von den verschiedensten Seiten zukommen. Ich werde nicht „fehlen", wenn ich fehle, und das muss ich, denn ich bringe über den neuen Newton einfach nichts zustande. Was hat mein bisschen Nachbarschaft mit ihm in Princeton zu tun mit jener Lebensperiode, die es biographisch zu erhellen und darzustellen gilt? Mein ,,Beitrag" würde aussehen, wie der bekannte Dialog: ,,I was in Princeton and saw Einstein." – ,,How did you find him?" – ,,Well, I pushed his hair away – and there he was."*[25]

Im Lauf des Briefwechsels wurde Einstein immer gelöster, sodaß sich eine fast vertraute Gesprächsatmosphäre einstellte. Mit ein Grund dafür war nicht nur die hartnäckige Sorgfalt, die aus Seeligs Detailfragen sprach, sondern auch – und wahrscheinlich dies vor allem – sein Anerbieten, sich um Einsteins zweiten Sohn Eduard (,,Teddy") zu kümmern, der wegen Schizophrenie entmündigt und in einer Zürcher Klinik untergebracht war. Bereits im April 1952 – Seelig hatte Teddy wiederholt zum Essen und ins Theater ausgeführt – versicherte Einstein seinem künftigen Biographen: *Ich kann Ihnen nicht genug danken für Ihre verständnisvolle Beschäftigung mit meinem kranken Sohn. Er bleibt das nahezu einzige menschliche Problem, das ungelöst verbleibt. Die andern sind nicht durch mich, sondern durch die Hand des Todes gelöst worden.*[26]

Aufgrund dieser Nahebeziehung ging Einstein auf alles ein, ob es sich nun um seine ,,Einheitliche Feldtheorie", die Allgemeine Relativitätstheorie oder um die Frage handelte: *Ist Ihre w i s s e n s c h a f t l i c h e Begabung eine Erbschaft der väterlichen und die m u s i k a l i s c h e der mütterlichen Linie?*[27] Diesbezüglich fiel seine Antwort kurz und bündig aus: *Ich habe keine besondere Begabung, sondern bin nur leidenschaftlich neugierig. Damit entfällt die Frage nach der Erbschaft.*[28]

Auch persönliche Kontakte sollten Seelig zu Informationen verhelfen – er traf sich unter anderem mit Max Born und dem Sekretär der II. Internationale, Friedrich Adler, den Einstein besonders schätzte: *Ich kann mir denken, dass Ihnen das Ehepaar Friedrich Adler gefallen hat. So vollkommene und reine Menschen gibt es nur ganz wenige. Dass die Oesterreicher Friedr. Adler nach dem Stürgk-Mord nicht umgebracht haben, gereicht ihnen zur unvergänglichen Ehre.*[29]

Sogar Max Brod im fernen Israel bemühte Seelig, bat um Auskunft, weshalb man seiner Figur des Johannes Kepler in „Tycho Brahes Weg zu Gott" (1916), die erkennbar dem jungen Einstein nachgebildet war, Gefühlskälte vorwerfe. Die erwünschte Aufklärung kam prompt: *Nicht die angebliche „Herzlosigkeit" Einsteins war mir Modell für die Charaktereigenschaften meines Kepler: sondern die bewundernswerte Eigenschaft Einsteins, alte Hypothesen wegzuschmeißen und die Forschung mutig von vorn, beim A anzufangen –, (. . .) Die angebliche Kälte und Herzlosigkeit Einsteins hätte ich nie schildern können, auch wenn ich gewollt hätte, – denn so privat habe ich ihn gar nicht beobachten können. Was ich zu sehen und zu hören bekam, war Wärme, Liebenswürdigkeit. Öfters habe ich Einstein am Klavier begleitet, wenn er Mozartsonaten auf der Violin spielte – im kleinen Kreis, im Salon der Frau Bertha Fanta in Prag. (. . .) In diesem Salon lasen wir nämlich alle 14 Tage an langen Abenden bis zur Mitternacht Kants „Kritik der reinen Vernunft", Hegels „Phänomenologie" und Fichtes „Wissenschaftslehre". (. . .) In den Diskussionen über Kant trat Einstein oft mit den überraschendsten neuen Formulierungen hervor – und genau dieser Punkt seiner immer neuen, gleichsam naiven Erkenntnisbereitschaft hat mich zur Figur Keplers inspiriert. Nichts anderes sonst!*[30]

Alle solche Daten und Berichte gingen in Seeligs biographische Arbeit ein, ob sie nun von Schulkameraden Einsteins stammten, von Wissenschaftern von Weltruf wie Lise Meitner und Max von Laue oder von dem ehemaligen Bankier und Kunstsammler Eduard von der Heydt. Zweifellos hatte Seelig bereits viel zu viel Material gesammelt, um allein die Schweizer Jahre Einsteins erhellen zu können. Daher bildete die ursprünglich geplante Studie, nunmehr mit immerhin 253 Seiten, „Albert

Einstein und die Schweiz" (1952) bloß eine Vorstufe zu Größerem.

Thomas Mann, um Stellungnahme ersucht, äußerte sich liebenswürdigst über das, was er *mit gefesselter Aufmerksamkeit* gelesen hatte: *Es ist ein wichtiger, dankenswerter Beitrag zur Biographie eines Welt-Genies, auf dessen noch halb dunkle und tastende Anfänge es neues Licht wirft.*[31] Wie sich an der ungewöhnlichen Ähnlichkeit, der Beinahe-Übereinstimmung der Formulierungen von einst, da er von dem Projekt erfuhr, mit jenen, da er das fertige Produkt in Händen hielt, unschwer erkennen läßt, hätte es der gefesselten Aufmerksamkeit gar nicht so sehr bedurft, um zu solchem Urteil zu gelangen.

Doch zählt es zu den philologischen Gemeinplätzen, daß Mann im literaturkritischen Lobpreis ein wenig unzuverlässig war — gleichwohl in seiner Unzuverlässigkeit nicht so verläßlich, daß man sich prinzipiell auf die Richtigkeit des Gegenteils seiner Begeisterung verlassen könnte.

Albert Einstein war befangen, gewiß, aber man darf ihm wohl auch in dieser Beziehung jenes Format zutrauen, sich bei aller Vertrautheit und Nähe des Themas die Fähigkeit zu klarer Erkenntnis bewahren zu können: *Ich habe sonst immer daran festgehalten, nichts zu lesen, was über meine Person geschrieben worden ist — das einfachste Mittel, um unter den obwaltenden Umständen sich die Unbefangenheit zu erhalten. Als aber Frl. Dukas* (Einsteins langjährige Privatsekretärin — der Verf.) *vor ein paar Tagen der Kontrolle wegen anfing, mir ein paar Sätze vorzulesen, da war ich so fasziniert, dass ich sie bat weiter vorzulesen, und das ging stundenlang weiter. (. . .) Sie haben es fertig gebracht, aus dokumentiertem Material ein geradezu meisterhaftes lebendiges Bild zu gestalten. Ich weiss nicht, ob ich den feinen Geschmack oder die ganz ungewöhnliche Einfühlung mehr bewundern soll.* Das zu entscheiden war nun in der Tat schwer, und Einstein zog sich mittels einer alles Vorangegangene relativierenden Schlußpointe aus der Affäre: *Übrigens bewährt es sich auch hier, dass so ein biographisches Buch mehr den Schreibenden als den Beschriebenen charakterisiert!*[32]

Das Buch wurde ein großer Erfolg, und die Zusammenarbeit des Biographen mit seinem „Objekt" ging ungestört, ja intensiver weiter. Um das Spektrum der Zeugnisse bedeutender Zeitgenossen zu erweitern, baute Seelig seine Befragungstechnik aus, wandte sich unter anderen an C. G. Jung.[33]

Neben der eigentlichen biographischen Arbeit, die immer umfangreichere und umfassendere Ausgaben zur Folge hatte („Albert Einstein. Leben und Werk eines Genies unserer Zeit", 1960, 436 Seiten), die sogar ins Englische, Holländische und Japanische übersetzt wurden und heute noch unter Fachleuten als unersetzliche Quellenwerke gelten, bemühte sich Seelig auch um Einsteins weltanschauliche und allgemeinverständliche wissenschaftliche Schriften. Er fungierte als Herausgeber einer revidierten und erweiterten Fassung des erstmals 1934 publizierten Einstein-Bandes „Mein Weltbild",[34] wofür er erhebliche Vollmachten erhalten hatte. Was die Entfernung alter, nicht mehr wesentlich erscheinender Texte betreffe, meinte Einstein: *Auch wenn jemand einige wichtige Gedanken produziert hat, ist es nicht gerechtfertigt, jeden Dreck von ihm in die Oeffentlichkeit zu bringen.* Und hinsichtlich der Auswahl von Vorträgen über die Relativitätstheorie sei sein Herausgeber wohl besser geeignet, weil er, Einstein, sich *nicht so gut in die Lage des bemitleidenswerten Lesers hineinversetzen* könne: *Also nehmen Sie Ihr Messer und scheuen Sie vor keiner Brutalität zurück.*[35] Das Werk in Händen, war's Einstein dann sichtlich zufrieden. Es sei durch die neuen Anmerkungen *lebendiger geworden. Als ich mirs von innen ansah, da kam es mir vor wie eine vergilbte Schmetterling-Sammlung aus der Knabenzeit, die man nach so viel Jahren auf dem Estrich wiedergefunden hat. Sie werden das Gefühl als Schriftsteller sehr*

wohl kennen, dies Gemisch von Vertrautheit, Fremdheit, Unzulänglichkeit.
Was mich erwärmt, ist das Bewußtsein, dass Sie so viel liebevolle Fürsorge darauf verwandt haben. [36]
Einsteins weltanschauliche Position war der Seeligs sehr ähnlich — pazifistisch, kosmopolitisch, gegen Rassendiskriminierung und Antisemitismus, voll Vertrauen in die Möglichkeiten der Demokratie. Daher nahm Seelig auch Einsteins Haltung in bezug auf die unabdingbaren Freiheitsrechte ein, als dieser während des *vom faschistisch-reaktionären Senator J. McCarthy aufgezogenen Kreuzzugs gegen die kommunistische Infiltration*[37] allen Intellektuellen empfahl, vor Untersuchungskommissionen über ihre parteipolitische Bindungen befragt, die Aussage zu verweigern. Damals, 1953, teilte Einstein Seelig seine Sorgen um die weltpolitische Entwicklung mit, in der Gewißheit, ein offenes Ohr zu finden: *Die guten Amerikaner machen eine blödsinnige Politik, der in der Bewaffnung der Deutschen die Krone aufgesetzt wird. Später wird man wieder dafür bluten müssen. Der Hochmut der hiesigen benebelt ihren Verstand. Der Heisenberg ist ein kluger Mensch, aber ein Deutscher, wie er im Buch steht (nämlich im Tacitus). Es wäre zum Verzweifeln, wenn es den freien Willen gäbe.*[38]
In einem der letzten Briefe Einsteins an Seelig von Anfang 1954 dankte er diesem dafür, in welchem Ausmaß er ihm durch die Betreuung seines Sohnes diesen Kummer seines Lebens erleichtere — Seelig hatte inzwischen angeboten, selbst die Vormundschaft zu übernehmen. Aus all dem werde deutlich, wie er *sich unwiderstehlich zu denen hingezogen* fühle, die seiner bedürften, *sei's nun der feinsinnige Walser oder mein Teddi oder irgendwelche Opfer der irdischen Gerechtigkeit. Man muß aber ein gut Teil gelitten haben, um diese Stufe zu erreichen.*[39]

„TRAUERARBEIT" EINES SCHWEIZER KRITIKERS

Man kann nun die berechtigte Frage stellen, weshalb sich Carl Seelig 1952 mit so gewaltigem Energieaufwand die Last der Einstein-Biographie aufgebürdet haben mag. Der Grund war ein sehr persönlicher. Am Ursprung dieser Arbeitswut, neben der ja alles übrige, der journalistische Alltag, seinen hektischen Gang zu gehen hatte, steht ein Todesfall, und so war es wohl Trauerarbeit in einem übertragenen Sinn, die er bis zur physischen Erschöpfung geleistet hat. Seine zweite Frau Marta — er hatte sie bereits 1933 geehelicht — ging im Sommer 1951 nach langem Leiden elend zugrunde. Seit seiner Heirat bewohnte er gemeinsam mit Frau und Schwiegermutter eine Großwohnung in der Mühlebachstraße in der Zürcher Innenstadt. Daß die beiden je ein Paar gewesen, war in der Öffentlichkeit, in Seeligs Öffentlichkeit — wie bei seiner ersten Ehe — bis dahin gar nicht recht zum Ausdruck gekommen. Marta Suter, auch sie — von einem niederländischen Kolonialbeamten in Batavia — bereits geschieden, stammte gleichfalls aus begüterter Familie und war eine Dame der Gesellschaft mit allen speziellen Interessen und Vorlieben ihres Standes. Sie hatte ihre Welt, er die seine, und der Berührungspunkte gab es wenige. Erst als 1950 Anzeichen schwerer Krankheit auftraten, verstärkte sich Seeligs vordem durchaus konventionell gemäßigtes Interesse an seiner Frau, wurde ihm klar und anderen erkennbar, daß er sie liebte — weil sie ihn brauchte.

Zu spät entdeckten die Ärzte die Ursache ihrer Beschwerden, vorerst hatte man sie zur Kur nach St. Moritz geschickt. Als man schließlich einen chirurgischen Eingriff durchführte, war der erfolgversprechende Zeitpunkt dafür schon verstrichen. Anfang April 1951 teilte man Seelig mit, der Zustand sei hoffnungslos.

Max Picard versuchte mit dem ihm eigenen Ernst, dem Freund

Mut zuzusprechen: *Ich bin sehr traurig, nicht nur wegen des Falles an sich, sondern auch weil du jetzt viel zu leiden hast. Man kann nichts anderes tun, als das Leiden, sein eigenes, und sein Mit-Leiden ernst zu nehmen. Ich habe gemerkt, wie nahe du mir bist, als du sagtest, du wolltest deine Frau daheim sterben lassen. Man muss daheim geboren werden und daheim sterben, nicht in den Krankenhaus-Silos, die unmenschlich sind.*[1]

Es war nicht möglich, Marta Seelig zu Hause sterben zu lassen. Doch ihr Mann wich in den bitteren Wochen, die folgten, nicht von ihrer Seite, bewachte sie in der Klinik Tag und Nacht, und er bewachte sie im Wortsinn — niemand außer ihm durfte an ihrem Krankenbett sitzen.

Als er das Unvermeidliche einfach nicht wahrhaben wollte, rief ihn Picard in die Realität zurück: *Es ist richtig, dass du Sehnsucht nach deiner Frau hast. Aber du musst die Situation anerkennen, dass deine Frau gegangen ist und dass du zurückbleibst, du bist allein gelassen worden, du musst das als etwas Gültiges hinnehmen. ... Es ist wie eine Verurteilung, es ist, als ob einer geurteilt hätte: sie geht, aber er muss bleiben. Dieses Urteil ist im Zusammenhang mit deiner Frau gefällt worden. Um deiner Frau willen, musst du das annehmen: du musst bleiben. So, in dieser Deutlichkeit, spricht es.*[2] Picard sah freilich tiefer, erkannte das Wesen dieser Trauer, des scheinbar maßlosen Mit-Leiden-Wollens, wenn er wenige Tage darauf schrieb: *Erinnerst du dich noch, lieber Carl, dass ich zu dir sagte, du würdest dich nach dem Krankenzimmer und nach dem Leiden, das du darin durchmachtest, sehnen? Du hast dich selber in deiner wesentlichsten Wesentlichkeit gespürt damals, darnach wirst du dich immer sehnen...*[3]

Carl Seelig veränderte sein Leben, radikal und doch konsequent. Das Gut Kastanienbaum wurde verkauft, die Einrichtung großteils verschenkt. Der ETH stiftete er 10.000 Franken für Stipendien zur Unterstützung minderbemittelter Studenten. Seine Begründung dem Schweizerischen Schulrat gegenüber lautete: *Da ich keine Nachkommen habe, will ich aus dem Erträgnis meiner Arbeit und durch die allmähliche Liquidierung meines Vermögens einigen begabten Mitmenschen helfen...*[4]

Er wartete nicht, bis ein in Not Geratener an ihn herantrat. Er suchte die Hilfsbedürftigen auf. Sein Begriff des Wohltuns war umfassend,[5] hat man ihm, sehr zu Recht, bestätigt. Dem engsten Freund, Max Picard, dem sein materielles Auskommen zu finden allzeit schwer gefallen war, baute er, als wär's eine Kleinigkeit, ein Haus im Tessin, damit er, zumindest von diesen Sorgen unbelastet, weiterarbeiten könne.

Ein krasser Fall von Hilfsbedürftigkeit, ja Hilflosigkeit, war Ferdinand Hardekopf, der kongeniale Übersetzer von Gide, Malraux, Maupassant, Balzac und anderen – ein Literat von außergewöhnlicher Zartheit und höchster Lebensuntüchtigkeit. Mit 70 Jahren gelangte er 1946 in die Schweiz, nachdem er im Frankreich der Besatzungszeit als antifaschistischer Emigrant mehrfach in Haft gewesen war. Er hatte schon für sich selbst kaum genug zu leben, dennoch heiratete er 1949 die ehemalige Schauspielerin Sita Staub. In einem handschriftlichen Lebenslauf, durch dessen Inhalt Thomas Mann alarmiert werden sollte, heißt es: *Hardekopf hat sich bisher durch Übersetzungen notdürftig durchgebracht. Die lange Krankheit seiner Frau hat seine letzten Mittel erschöpft (...) er befindet sich jetzt in großer Not und Verzweiflung.*[6] Carl Seelig leitete eine Hilfsaktion ein, gab selbst wiederholt Geld. Im Herbst 1952 erreichte ihn ein stürmisch bewegter Dankesbrief: *Die Güte Ihres Geistes, Ihres Herzens ist unerschöpflich – noch weitere hundert Franken haben Sie, meiner Frau und mir zuliebe, erobert und dem von Ihnen geschaffenen Fonds, der Sita Genesung bringen soll, hinzugefügt!! (...) Seien Sie nochmals für all das Märchenhafte bedankt: die 950 Franken, die Sie mir vorgestern im Café übergaben (und für all die Uner-*

müdlichkeit, deren es bedurft hat, diese Summe zusammenzubringen) . . .[7]
Schließlich kamen nur noch knappe Hilferufe: *Ich bitte Sie aus tiefstem Herzen, sich morgen nach unserem Schicksal zu erkundigen; wir werden wohl (oder: gewiß) nicht mehr da sein.*[8] Und:
Geschrieben in letzter Not.
Wenn Sie irgend können, kommen Sie bitte, bitte, sogleich noch einmal zu uns! Wenn es nicht geht, erkundigen Sie sich bitte nach dem Ende, das es mit uns genommen hat.[9]
Hardekopf wurde ins Spital gebracht. Seelig besuchte ihn dort des öfteren, machte von den Besuchen bei ,,Hardy" — wie man ihn und er sich nannte — Aufzeichnungen:
9. II. 54 abends — er schläft, als ich komme. Er entschuldigt sich, dass er so verzweifelt sei. ,,Ich bin so arm, dass ich mit nackten Füssen diese Erde verlassen muss. So werden sie mich abführen" (er kreuzte die Hände wie ein Gefesselter)
Nach einer Pause: ,,Von jetzt an werde ich sterben müssen..."
Es ist alles so traurig.
Unendliche Angst quäle ihn. Er habe doch versucht, ein rechtschaffenes Leben zu führen, und nun dieses Ende.[10]
Ein Protokoll der Vormundschaftsbehörde der Stadt Zürich vom 14. Mai 1954 vermerkt: *Am 26. März 1954 ist Ferdinand Hardekopf, geb. 1876, staatenlos, gestorben. Ausser seiner Ehefrau Sita Hardekopf-Levien, geb. 1895, sind keine Erben bekannt. Letztere befindet sich seit einiger Zeit in der kant. Heilanstalt Burghölzli und ist gemäss einem Bericht der Anstaltsdirektion vom 6. April 1954 nicht in der Lage, ihre Angelegenheiten zu besorgen und ihre Interessen am Nachlass des Ehemannes selber zu wahren.*[11] Man bestellte einen amtlichen Vormund, das Protokoll wurde Seelig übermittelt.
In den Tagen, da Seelig Hardekopf im Spital aufsuchte, fällte das Schweizerische Bundesgericht, Bern, ein aufsehenerregen-

des Urteil — zu Ungunsten Carl Seeligs. Damit war „Der Fall Dr. Carl Seelig",[12] der mehr publizistischen Staub aufgewirbelt hatte, als es seine literarischen und humanitären Bemühungen je zu tun vermochten, abgeschlossen. Drei Jahre hatte der Journalist Seelig, insbesondere der Filmkritiker in ihm, versucht, als neuestzeitlicher Michael Kohlhaas zu seinem Recht zu kommen, durch alle Instanzen. Nachdem er im Sommer 1951 im „Tages-Anzeiger" eine, wie das Bundesgericht meinte, *etwas abfällige Kritik* veröffentlicht hatte, verweigerte das betroffene Kino dem unliebsamen Besucher in der Folge den Zutritt — weder mit Presseausweis noch mit einer gekauften Karte sei er erwünscht. In komplizierten juristischen Erwägungen wurde ein Rechtsanspruch des Klägers nach der geltenden Rechtslage verneint. Seelig mußte nicht nur die Gerichtskosten begleichen, sondern auch die beklagte Partei mit 900 Franken entschädigen. Bereits die Sprüche vom Bezirks- und Obergericht waren von der Schweizer Presse lebhaft kommentiert worden: „Warum Carl Seelig den Prozess verlor" („Neue Zürcher Zeitung"), „Für die Freiheit der Kritik" („Volksrecht"), „Informationsfreiheit oder Vertragsfreiheit" („National-Zeitung", Basel).[13] Der Schweizerische Schriftstellerverein solidarisierte sich öffentlich mit seinem Mitglied — vergeblich.[14]

Jakob Bührer eröffnete seinen ausführlichen Artikel im „Volksrecht" mit den Worten: *Nun ist also das Bundesgericht im Falle Carl Seelig ebenfalls dem Buchstaben des Gesetzes gefolgt. Jeder Kinobesitzer hat somit das Recht, einen ihm unbequemen Filmkritiker vor die Türe zu setzen. Man muß sich nochmals überlegen, was das bedeutet.*[15] Sogar „Le Figaro" und die Londoner „Times" berichteten über das spektakuläre Urteil. Daß es Carl Seelig, seriös bis in die letzte Faser, wie er war, mit einer bloß sensationellen Justizgroteske gelungen war, von der internationalen Presse beachtet zu werden, entbehrt nicht einer gewissen Ironie des Schicksals.

Zweifel an sich, an dem, was er zu leisten imstande war, bedrängten ihn in zunehmendem Maße. Er wolle lieber *Maler und Musiker als Schriftsteller sein*, klagte er Hermann Hesse, *als der ich mich immer als Stümper fühle.*[16] Auch Picard gegenüber, der sich in seinen Antworten und Analysen nie auf Höflichkeitsfloskeln beschränkte, muß er hin und wieder Ähnliches ausgesprochen haben: *Du schriebst dann von der Gnade im Schreiben, die du nicht habest. Aber wer darf sagen, er habe sie! (...) Nur rate ich dir, dass du in den nächsten 2 - 3 Jahren nichts Eigenes mehr publizierst, auch nichts derartiges à la Einstein, die Arbeit über Walser* (,,Wanderungen mit Robert Walser" — der Verf.) *ausgenommen, die mache natürlich fertig, und zwar darum rate ich dir das, weil im Nichtschreiben vieles reift, ja sich formt, was sonst nie entstehen würde. Deine journalistische Arbeit kannst du selbstverständlich weiter machen, erstens weil ja deine ,,Person" nicht dabei ist und zweitens weil du das als Ausgleich brauchst, du würdest sonst melancholisch, wozu du ja neigst — leider.*[17] Carl Seelig führte diese seine journalistische Arbeit weiter, und eifriger denn je. In einem undatierten Brief, es muß 1937 gewesen sein, hat Albin Zollinger Seelig, seinem Kameraden aus dem Militärdienst, dafür gedankt, daß er sich der Stillen im Lande kritisch annehme: *Es scheint, daß Du (...) angefangen hast, zum verantwortungsbewußten Anwalt der wenig umfänglichen, aber vorhandenen Schweizer Dichtung heranzuwachsen — die Gewissenhaften und Umsichtigen der Schweizer Presse sind beinahe noch seltener als deren Dichter; daher haben wir allen Grund, es mit Dank zu vermerken.*[18] Dieser Anwalt war er im umfassendsten Sinn des Wortes. Den posthum zu Weltruhm gelangten Charles Ferdinand Ramuz hatte Seelig bereits 1926 gewürdigt,[19] ihn zu seinem fünfzigsten Geburtstag als *größte(n) Dichter der Westschweiz*[20] gefeiert. 1944 suchte er ihn auf, um für eine Illustrierte eine Bildreportage zu machen.[21] Außerdem ist es Seeligs Bemühen zuzuschreiben, daß 1950 im Steinberg-Verlag die deutsche Ausgabe von Ramuz' ,,Tagebuch"[22] erschien.

Besondere Zuneigung verband den wohl emsigsten aller Rezensenten mit dem kauzig-genialen Dichter-Philosophen und Kulturkritiker Adrien Turel, der zeitweise das ,,Institut für angewandte Psychologie Zürich. Zur Psychologie der Codes, Geheimschriften und der Algebra" führte. Seine kosmogonische Lyrik hatte er 1949 in einem Brief an Seelig trefflich und allgemeinverständlich auf den Begriff gebracht: *Rilke und (der Schweizer Heimatlyriker − der Verf.) Hiltbrunner fangen gern mit (alten) Naturgesetzen an und enden beim lieben Gott. Ich fange gern beim Lieben Gott an und ende bei neuen Naturgesetzen.* Turel war ein heiter-respektloser Zeitgenosse, und als der Dramatiker Cäsar von Arx Selbstmord beging,[23] erhob er diese Tat zur nachahmenswerten Maxime im Dichterreich, zumindest in dessen eidgenössischer Filiale: *Dass von Arx sich aus helvetischem Spleen erschossen hat, ist wichtig, denn das gesamte schw. Schrifttum droht an taedium vitae, am schuldhaften Gefühl seiner Überflüssigkeit zu sterben.*[24]

Das unermüdliche Werben für diesen poetischen Außenseiter − allein zu seinem 60. Geburtstag 1950 veröffentlichte Seelig fünf Artikel − erfreute den so Geehrten sichtlich: *Seit Jahren gehören Sie zu meinen allerbesten Freunden weit und breit. Ich meinerseits sehe mit Schmerz und Ungeduld zugleich, in welcher rührenden Weise Sie mir als Schriftsteller und Dichter, als Philosophen weiterzuhelfen suchen.*[25]

Überblickt man Carl Seeligs Rezensionstätigkeit und Korrespondenz, stößt man darin auf fast alle bedeutenden Namen der Schweizer Literatur, von Otto Wirz[26] bis Ludwig Hohl[27], von Meinrad Inglin bis Paul Nizon, von Max Gertsch, der ihm schrieb: *Wer übrigens, mag mich, schätzt mich oder benimmt sich gut gegen mich? Niemand, keiner ... ausser Ihnen!*[28] bis zu Cécile Lauber.[29] Besonders am Herzen lag Seelig auch die Arbeiterdichtung, deren Vertreter er durch Rat, Kritik, aber vor allem durch Tat – als Mitglied der Literaturkommission der Stadt Zürich und dank seiner guten Beziehungen zu Verlagen – förderte. Albert Steffen, Joseph Saladin, Peter Kilian und andere mehr, sie alle konnten sich auf seinen Beistand verlassen.

Gewiß, Carl Seelig hat in seinem Drang zu protegieren die verschiedenstartigen Sorten von Literatur und Literaten unter seine Schirmherrschaft genommen. Neben Schriftstellern von Rang, die zum Teil erst später zu Namen kamen, finden sich der greise Klassiker der Volksbibliotheken, Ernst Zahn, und die Trivialautorin der „russischen Seele", Alja Rachmanowa, die ihre Dankbarkeit in die umständliche Anrede *Unser liebster sehr verehrter Freund und guter Engel Herr Seelig!* zu kleiden wußte.[30] Kein Wunder, hatte er doch eben ihrem Mann, ganz nebenbei, zum Geburtstag ein kostbares kaukasisches Silberservice seines Vaters geschenkt.

Seeligs Praxis, anderen immer auf nobelste Art zu begegnen, während er selbst äußerst sparsam lebte, in den einfachsten Lokalen verkehrte, wurde im Alter zum Prinzip. Und als er glaubte, für seine mäzenatischen Verpflichtungen nicht mehr genug Geld zu haben, ließ er sogar Autographen berühmter Dichter versteigern.

Er arbeitete tagein tagaus, als werde er andauernd gehetzt, er stand unter ständigem Hochdruck, und in all dem lebte er mehr fremdes Leben als eigenes. Von sich abzulenken war sein erfolgreiches Bestreben, und nur zögernd tastete er sich an sein Inneres heran. Er begann Träume aufzuzeichnen und sie Michele Picard, Max Picards Sohn, mitzuteilen, der sie ihm zu deuten versuchte. In einem dieser Träume traten Carl Seelig und C. G. Jung gemeinsam in einer Gerichtsszene auf, dann schritt Jung eine herrschaftliche Treppe hinan, sang eine Arie aus Don Giovanni, es folgte andeutungsweise Orgiastisches.

Die Antwort Michele Picards auf die Notizen des väterlichen Freundes sollten ihm das Grundproblem seiner Lebensführung klar machen: *Du lebst persönlich in grosser Beschränkung. Freude an Dingen, an denen die meisten, auch die guten und edlen Menschen, Freude haben, hast du nicht. (...) Du gehst in viele, sehr bemühende Arbeiten hinein. Freude hast du daran nur indirekt: das Gefühl der Pflicht, das du getan hast z. B. Aber du hast selten eine direkte Freude; wo Arbeit vorherrscht, da kann keine unmittelbare Freude sein. Das willst du so. Du bist es, der das so will, der es sich selbst auflud.*[31]

Das einzige, was sich Seelig an längerer Entspannung gönnte, waren Wanderfahrten nach Norddeutschland, die er 1960/61 gemeinsam mit Jo Mihaly unternahm. Einige Eindrücke von diesen Reisen hat die Begleiterin festgehalten: *In seinem Mantel aus dünnem Stoff und einem Regenschirm von wahrhaft grossväterlichem Gepräge, den langen Körper schräg gegen den peitschenden Regen gestemmt, fing er an die Hallig rastlos abzuschreiten, indem er sich meiner Führung überliess. (...) Mich erstaunte seine innere Unruhe. Schon in der grauen Morgenfrühe, wenn die Halligbauern noch schliefen, trieb es ihn zum Vieh hinaus, als bedürfte er notwendig der stummen Unschuld und Geduld der Geschöpfe, oder als wäre er einer Zärtlichkeit voll, die er nicht anders zu verschwenden wusste. Seelig schien sichtlich müde, wenn auch nicht aller, so doch vieler Dinge, die ihm sonst von Herzen lieb gewesen waren. Als hielte eine starke Klammer ihn umspannt, genoss er das Schauspiel der bewegenden Natur und ihrer scheuen Tiere gleichsam nur mit Anstrengung . . . Er liebte es nicht, über sich zu sprechen, noch weniger hätte er den Mangel an Glück bekennen mögen, an dem er litt. Freilich fühlte er sich einer Glücksbegegnung auch kaum noch gewachsen. Allein die Wiederholung eines heiteren Tages lehnte er mit der Begründung ab, ein Mehr sei zuviel, er habe gewiss ein Jahr an der Erinnerung zu tragen — und nicht den Mut, sie leichtfertig aufs Spiel zu setzen.*[32]

Ansonsten ging alles den gewohnten Gang — Reportagen, Film-

glossen, Dichterporträts, Referate über Autorenlesungen, Buchkritiken, die Arbeit an einer Walser-Biographie, die sehr weit gedieh und später von Robert Mächler als Grundlage seines Buches verwendet wurde.[33]
Eines der charakteristischesten Briefzitate von Seelig aus seinen späten Jahren lautet: *Kann ich Ihnen mit nichts eine Freude machen, lieber, verehrter Freund Hesse? Ich möchte dies so gern tun. – – –*[34] Eines der charakteristischesten an ihn stammt von Max Picard: *Lieber Carl, du sagst, dein Inneres sei ein Schlachtfeld. Was macht das aus? Es kommt darauf an, ob man über diesem Schlachtfeld lebt oder nicht, und du lebst über ihm. Man hat ja die Hölle im Innern, dass man über ihr lebt und sie so zähmt. (. . .) Kümmere dich nicht um deine Hölle, lasse sie, lasse sie noch grösser werden, umso grösser wird dein Leben darüber.*[35]
Im Winter 1962 verabredete sich Seelig mit der Lyrikerin Erika Burkart in Zürich zum Mittagessen. Er war übermüdet, sprach von Tieren, von Hunden und den Möwen, die er allmorgendlich fütterte, erzählte von seinen Reisen, von seinen Wanderungen mit Robert Walser. *Ich solle mich nicht stören lassen, sagte S., als er gleich nach dem Essen aufstand. Er müsse weiter. Ich drückte die Zigarette aus und begleitete ihn zur Tür. Eine Glastüre. Nachdem wir uns verabschiedet hatten und S. bereits draußen vor der Tür war, drehte er sich nochmals um, ohne jedoch die Lider zu heben. Hinter der zerknitterten Pergamentmaske seiner Müdigkeit schien das leichenbleiche, wie in einem Nebel sich auflösende Gesicht zu schlafen. Von einer plötzlichen Angst gepackt, wollte ich die Tür nochmals aufstoßen. Da es jedoch eine lähmende Angst war, kam ich zu spät. Seelig hatte sich schon abgekehrt und war zwischen den Passanten untergetaucht.*[36]
Auch am Donnerstag, dem 15. Februar, war Seelig unterwegs, eilig wie immer. Der Himmel über Zürich war bedeckt. Carl Seelig stand auf dem Bellevueplatz und wartete im leichten

Schneetreiben auf die Straßenbahn.[37] Sie kam, hielt an der Station, fuhr weiter. Erst als der Zug eine Geschwindigkeit von ca. 10 km/h erreicht hatte, schwang sich Carl Seelig auf den Motorwagen. Er stürzte. Am Trittbrett entstand leichter Sachschaden. Die Schadenshöhe betrug sfr 10.—, an anderer Stelle des Polizeiprotokolls werden sfr 20.— angegeben. *Durch den Vorfall erlitt der Trambetrieb einen Unterbruch von ca. 10 Minuten.* Die Bezirksanwaltschaft Zürich registrierte einen *aussergewöhnlichen Todesfall* und stellte fest: *Irgend ein Verschulden des Trampersonals oder einer anderen Drittperson liegt nicht vor. Die Sache ist deshalb strafrechtlich nicht weiter zu verfolgen.*

Er suchte den Tod nicht, aber er hielt sich ihm bereit,[38] hat man über Seeligs plötzliches Ende geschrieben, und das trifft wohl den Kern dieses „Todesfalls". Carl Seelig war, wie sein Vater, ausgeglitten, einem Unglück zum Opfer gefallen, seinem Unglück.

ANMERKUNGEN

HIER STARB EIN MENSCH

1 Der Ablauf des Geschehens ist aus den diversen Zeitungsberichten rekonstruiert.

2 m.: Carl Seelig tödlich verunglückt. In: Volksrecht, 16. 2. 1962.
ag.: Carl Seelig gestorben. In: Die Tat, 17. 2. 1962, S. 5.
ol.: Carl Seelig tödlich verunfallt. In: Tages-Anzeiger, 16. 2. 1962.
Die „Neue Zürcher" brachte am 16. Februar 1962 einen Kurzbericht: „Schriftsteller Carl Seelig tödlich verunglückt" und in der Samstagsausgabe einen ausführlichen Nachruf von Werner Weber: Gedenkblatt für Carl Seelig.

3 R. J. Humm: Bei uns im Rabenhaus. Literaten, Leute und Literatur im Zürich der Dreißigerjahre. Zürich 1963, S. 84 - 90.

4 Zu Ferdinand Lion siehe auch: Peter de Mendelssohn und Fritz Martini (Hrsg.): Ferdinand Lion: Geist und Politik in Europa. Verstreute Schriften aus den Jahren 1915 - 1961. Mit einem Vorwort von Golo Mann. Heidelberg 1980.

5 Ferdinand Lion: Typoskript über Carl Seelig. Im Besitz der Carl Seelig-Stiftung, Zürich.

EIN SOHN AUS GUTEM HAUS

1 Die Familiendokumente stammen sämtlich aus den Beständen der Carl Seelig-Stiftung, Zürich.
Die Familie soll 1848 aus Deutschland in die Schweiz eingewandert sein. Kontakt hatte der Zürcher Zweig der Seelig vor allem mit dem Juristen und Amateurschriftsteller Geert Seelig (u. a.: „Eine deutsche Jugend. Erinnerungen an Kiel und den Schwanenweg". Hamburg o. J. (1920)).

2 Prof. Dr. E. Walder: Nachruf auf Karl Seelig in der Zürcher Wochen-Chronik. In einer Gedenkschrift „Die Opfer des Unglücks am kleinen Spannort. 27. September 1917." Zürich o. J., S. 12 f.

3 Programmzettel. Aus den Beständen der Carl Seelig-Stiftung, Zürich.

4 Carl Seelig: Meine Großmutter. In: C. S.: Erlebnisse. Dortmund 1923, S. 7 - 13, S. 9 f.

5 Schweizer Dichter der Gegenwart. Carl Seelig. In: Frauen- und Moden-Zeitung für die Schweiz, Heft 14, 13. 1. 1923, S. 9 f., S. 9.

6 Carl Seelig an seinen Vater; Trogen, 3. September 1911. Original in der Carl Seelig-Stiftung, Zürich.

7 Immatrikulationsurkunde Nr. 24181. Original in der Carl Seelig-Stiftung, Zürich.

8 Carl Seelig: Gegenwarts- und Zukunftsgedanken. In: Beilage zur Appenzeller Landes Zeitung, Nr. 61, 31. 7. 1915.

9 Zit. nach: Hermann Hesse in Selbstzeugnissen und Bilddokumenten. Dargestellt von Bernhard Zeller. Reinbek 1963, S. 73.

TRÄUMER, SCHWÄRMER, DICHTER

1 Vgl. Stefan Zweig: Die Welt von Gestern. Erinnerungen eines Europäers. Frankfurt (Fischer-TB) 1970, S. 178.

2 Siehe auch die Studie von Helene M. Kastinger Riley: Romain Rolland. (Köpfe des XX. Jahrhunderts, Bd. 91) Berlin 1979, insbesondere S. 38 - 46.

3 Siehe dazu: Donald A. Prater: Stefan Zweig. Das Leben eines Ungeduldigen. München - Wien 1981, S. 143 ff.
Über Stefan Zweig im Ersten Weltkrieg vgl. auch den Aufsatz von Klaus Heydemann: Der Titularfeldwebel. Stefan Zweig im Kriegsarchiv. In: Stefan Zweig 1881/1981. Aufsätze und Dokumente. Hgg. von der Dokumentationsstelle für neuere österreichische Literatur und dem Salzburger Landesarchiv (= Zirkular, Sondernummer 2, Oktober 1981), S. 19 - 55.

4 Carl Seelig an Hermann Hesse; 5. Juli 1916. Autograph der Schweizerischen Landesbibliothek Bern Ms L 83/1.

5 Hermann Hesse an Carl Seelig; Bern, 15. Juli 16. Autograph der Zentralbibliothek Zürich (ZB-Zürich) Ms Z II 580/66. Copyright by Suhrkamp Verlag.

6 Carl Seelig: Dichterische Widmungen in Büchern. In: Silva, Dezember 1960, S. 8.

7 Carl Seelig: Dichterische Widmungen in Büchern, a. a. O.

8 Carl Seelig: Romain Rolland. In: St. Galler Blätter für Unterhaltung und Belehrung aus Kunst, Wissenschaft und Leben, Nr. 1, 1917, S. 4.

9 Carl Seelig: Hermann Hesse. In: St. Galler Tagblatt, 2. 7. 1917.

10 Hermann Hesse an Carl Seelig; Bern, 4. Juli 17. Autograph der ZB-Zürich Ms Z II 580/66. Copyright by Suhrkamp Verlag.

11 Hermann Hesse an Carl Seelig; Bern, 13. Sept. 17. Autograph der ZB-Zürich Ms Z II 580/66. Copyright by Suhrkamp Verlag.

12 ebda. Siehe auch: Hermann Hesse: Gesammelte Briefe. Erster Band 1895 - 1921. In Zusammenarbeit mit Heiner Hesse hgg. von Ursula und Volker Michels. Frankfurt 1973, S. 360.

13 Hermann Hesse an Carl Seelig; Bern (1917). Autograph der ZB-Zürich Ms Z II 580/66-B. Copyright by Suhrkamp Verlag.

14 Carl Seelig an Hermann Hesse; 26. 9. 1917. Autograph der Schweizerischen Landesbibliothek Bern Ms L 83/2.

15 Carl Seelig an Hermann Hesse; 1. 10. 17. Autograph der Schweizerischen Landesbibliothek Bern Ms L 83/3.

16 Vgl. Schweizer Illustrierte Zeitung, Nr. 41, 13. 10. 1917, S. 36.

17 Die Zitate sind dem Band von Carl Seelig: Erlebnisse. Dortmund 1923, S. 14 - 23 entnommen.

18 Fritz von Unruh an Carl Seelig; o. O., o. D. Autograph der ZB-Zürich Ms Z II 580/163.

19 Käthe Kollwitz an Carl Seelig; 22. April (1918). Autograph der Carl Seelig-Stiftung, Zürich. Gustav Meyrink wiederum gab sich auf die Frage *Wie kann ich Sie trösten ?–?* sehr allgemeine Antwort: *Nur das eine will ich Ihnen sagen: seit 25 Jahren habe ich alle Metaphysik bis auf den Grund durchforscht wie kaum einer jemals; was ich mit apodiktischer Sicherheit weiss, ist: es gibt keinen Tod.– (. . .). Lassen Sie sich also nochmals gesagt sein: wer gestorben ist, – obendrein in freier Natur –, ist zu beneiden und nicht zu betrauern!!* (Gustav Meyrink an Carl Seelig, 20. 10. 1917, Autograph der Carl

Seelig-Stiftung, Zürich. Copyright by Albert Langen - Georg Müller Verlag GmbH).

20 Hermann Hesse an Carl Seelig; o. D. (ca. Herbst 1919). Autograph der ZB-Zürich Ms Z II 580/66. Siehe auch: Hermann Hesse: Gesammelte Briefe, I. Band, a. a. O., S. 422 ff.

WEGE ZUR LITERATUR

1 Siehe u. a.: Carl Seelig: Grenzdienst im Tessin. In: Luzerner Tagblatt, 4. 4. 1918.

2 ,,Den Wucherern ins Stammbuch". Von einem Soldaten. In: Volksrecht, 23. 3. 1918.

3 Gedichte von Carl Seelig (,,Gesang des Blutes", ,,Auf Wanderschaft", ,,Spruch", ,,Mein wildes Herz"). In: Hermann Hesse (Hrsg.): Alemannenbuch. Bern 1919, S. 70 f.

4 Hermann Hesse an Carl Seelig; o. O., o. D., Autograph der ZB-Zürich Ms Z II 580/66. Copyright by Suhrkamp Verlag.

5 Carl W. Seelig: Der Golem. Ein Roman von Gustav Meyrink. In: Wissen und Leben, 15. 8. 1917, S. 502 ff., S. 504.

6 Gustav Meyrink an Carl Seelig; 28. 8. 1917. Autograph der Carl Seelig-Stiftung, Zürich. Copyright by Albert Langen - Georg Müller Verlag GmbH.

7 Waldemar Bonsels an Carl Seelig; Grafrath bei München, den 16. 1. 17. Autograph der ZB-Zürich Ms Z II 580/16. Das Ergebnis dieses Bemühens war u. a. ein Artikel in der ,,Appenzeller Landes Zeitung" vom 7. 4. 1917: ,,Waldemar Bonsels".

8 Hermann Claudius an Carl Seelig; Im Felde, den 3. 1. 1917. Autograph der Carl Seelig-Stiftung, Zürich.

9 Karl Kraus in: Die Fackel, XIX (462 - 471), Oktober 1917, S. 175.

10 Andreas Latzko an Carl Seelig; 30. XI. - 1. XII. (1917), 1/2 2 Nachts. Autograph der ZB-Zürich Ms Z II 580/98. Seelig widmete Latzko mehrere Artikel, u. a.: Andreas Latzkos ,,Friedensgericht". In: Luzerner Tagblatt, 15. 10. 1918, und 18 Jahre später: ,,Andreas Latzko sechzigjährig". In: Tages-Anzeiger, 2. 9. 1936.

11 Henri Barbusse an Carl Seelig; o. O., o. D. Autograph der ZB-Zürich Ms Z II 580/6 - 23.

12 Hermann Hesse an Carl Seelig; o. O., o. D. Autograph der ZB-Zürich Ms Z II 580/66. Daß Seelig als ,,Anlaufstelle" fungierte, wird auch aus dem Briefwechsel Hermann Hesse — Romain Rolland deutlich: Siehe: Hermann Hesse/Romain Rolland: Briefe. Zürich 1954, S. 33.

13 Carl Seelig an Gerhart Hauptmann; Im Felde, den 11. Hornung 1918. Autograph der Staatsbibliothek Preußischer Kulturbesitz, Berlin. Signatur GH Br Nl Carl Seelig.

14 Zeugnis der Firma Rascher & Cie für Carl Seelig. — Original in der Carl Seelig-Stiftung, Zürich.

15 Stefan Zweig an Carl Seelig; o. D. Autograph der ZB-Zürich Ms Z II 580/183 - 18.

16 Handschriftlicher Entwurf Stefan Zweigs ,,Die Zwölf Bücher herausgegeben und verlegt von Carl Seelig Zürich bei Max Raschers Verlag". Autograph der ZB-Zürich Ms Z II 580/183, Beilage 2.

17 Handschriftlicher Entwurf Stefan Zweigs: ,,Die Zwölf Bücher. Vertraulich". Autograph der ZB-Zürich Ms Z II 580/183, Beilage 1.

18 Prospektblatt ,,Die Zwölf Bücher". Original in der Carl Seelig-Stiftung, Zürich.

VERLEGER IN BEWEGTEN ZEITEN
,,DIE ZWÖLF BÜCHER"

1 Abschrift des Briefwechsels, beigefügt dem Brief E. P. Tals an Carl Seelig vom 12. Juli 1921. Original in der Carl Seelig-Stiftung, Zürich.

2 Hermann Hesse an Carl Seelig; Montagnola, 13. Mai 19. Autograph der ZB-Zürich Ms Z II 580/66. Copyright by Suhrkamp Verlag.

3 Hermann Hesse an Carl Seelig; Bern, den 15. März 19. Autograph der ZB-Zürich Ms Z II 580/66. Copyright by Suhrkamp Verlag.

4 Hermann Hesse an Carl Seelig; Bern, 22. 3. 1919. Autograph der ZB-Zürich Ms Z II 580/66. Siehe auch: Hermann Hesse: Gesammelte Briefe, a. a. O., S. 395 f.

5 Hermann Hesse an Samuel Fischer; 27. 8. 1919. In: Gesammelte Briefe, a. a. O., S. 414 - 417, S. 415.

6 Für die später erschienene Volksausgabe stellte Käthe Kollwitz eine Umschlag-Zeichnung zur Verfügung.

7 Georges Duhamel: Das Licht. Leipzig - Wien - Zürich 1921. Maurice Maeterlinck: Der Bürgermeister von Stilmonde. Drama in drei Akten. Übertragung von Paul und Marta Amann. Leipzig-Wien-Zürich 1921. Wilhelm Schäfer: Frühzeit. Erzählungen. Leipzig - Wien - Zürich 1921. Ernst Toller: Die Maschinenstürmer. Ein Drama aus der Zeit der Ludditenbewegung in England in fünf Akten und einem Vorspiel. Leipzig-Wien-Zürich 1922. Otto Zoff: Gedichte. Leipzig-Wien-Zürich 1920.

8 Alfred Brust an Carl Seelig; Heydekrug/Ostpreußen, d. 18. Mai 1919. Autograph der Carl Seelig-Stiftung, Zürich.

9 Alfred Brust an Carl Seelig; Heydekrug/Ostpreußen, den 31. 3. 1919. Autograph der Carl Seelig-Stiftung, Zürich.

10 Postkarte Heinrich Manns an Carl Seelig; München, 25. März 1919. Autograph der Carl Seelig-Stiftung, Zürich.

11 Thomas Mann an Carl Seelig; München, den 8. IV. 19. Autograph der ZB-Zürich Ms Z II 580/112. Dieser Brief ist zur Gänze abgedruckt in: Thomas Mann: Briefe I (1889 - 1936). Hgg. von Erika Mann. Frankfurt (Fischer-TB) 1979, S. 159.

12 Karte Alfred Döblins an Carl Seelig; Berlin, 9. 6. 21. Autograph der Carl Seelig-Stiftung, Zürich.

13 Dies geht aus einem Brief Seeligs an Gerhart Hauptmann vom 12. April 1919 hervor, in dem es heißt: *Vor ca. 14 Tagen habe ich Sie zur Mitarbeit an meinem neuen Verlagsunternehmen „Die zwölf Bücher" gebeten und Sie ersucht, mir ein Fragment oder irgend ein anderes Werk zum Erstdruck in 1000 Exemplaren zu überlassen.* — Autograph der Staatsbibliothek Preußischer Kulturbesitz, Berlin. Signatur GH Br Nl Carl Seelig.

14 Arthur Schnitzler an Carl Seelig; 20. 8. 1920. Autograph der Carl Seelig-Stiftung, Zürich.

15 Rainer Maria Rilke an Carl Seelig; München, 26. März 1919. Autograph der ZB-Zürich Ms Z II 580/132.

Seelig gab sich damit nicht geschlagen, was noch weitere zwei Briefe Rilkes zur Folge hatte, vom 8. April 1920 und vom 8. Juni 1921; letzterer bezieht sich auf Seeligs Bitte, sich für das Werk Max Picards öffentlich einzusetzen.

16 Carl Seelig an Albert Einstein; Zürich, 21. 12. 1919. Autograph der Eidgenössischen Technischen Hochschule (ETH), Zürich Hs 304:1.

17 Albert Einstein an Carl Seelig; Berlin, den 29. 12. 1919. Autograph der ETH Zürich Hs 304:2.
Carl Gustav Jung war um ein „Buch über Träume" ersucht worden, konnte diesen Wunsch damals aber wegen Arbeitsüberlastung nicht erfüllen. Siehe: C. G. Jung an Carl Seelig; Küsnacht-Zürich, 2. V. 1921. Autograph (Typoskript) der Carl Seelig-Stiftung, Zürich.

18 Martin Buber an Carl Seelig; Heppenheim, 21. X. 19. Autograph der Carl Seelig-Stiftung, Zürich. In der letzten erhaltenen Karte vom 18. September 1923 schrieb Buber: *Ich werde von Mitte November ab drei Wochen in der Schweiz zubringen und hoffe Sie dann persönlich kennen zu lernen.* – Autograph der ZB-Zürich Ms Z II 580/21.

19 André Gide an Carl Seelig; 29. 3. 1919. Autograph der Carl Seelig-Stiftung, Zürich.

20 Klabund an Carl Seelig; Locarno-Monti 10. VIII. 19. Autograph der Carl Seelig-Stiftung, Zürich.

21 Carl Seelig an E. P. Tal; 20. 8. 1919. Durchschrift in der Carl Seelig-Stiftung, Zürich.

22 Jules Romains an Carl Seelig; Nice 27 mars 1919. Autograph der ZB-Zürich Ms Z II 580/135.

23 Sophie Michaëlis an Carl Seelig; 12. September 1919. Autograph der Carl Seelig-Stiftung, Zürich.

24 Sophie Michaëlis an Carl Seelig; 26. Dezember 1919. Autograph der Carl Seelig-Stiftung, Zürich.

25 Karin Michaëlis an Carl Seelig; Thurö bei Svendberg, 21. Dec. 1920. Autograph der ZB-Zürich Ms Z II 580/117.

26 Ebda.

27 Karin Michaëlis an Carl Seelig; Thurö 13. Jan. 1921. Autograph der ZB-Zürich, Ms Z II 580/117.

28 Carl Seelig an Carl Hauptmann; Zürich, 30. Oktober 1919. Autograph des Archivs der Akademie der Künste, Berlin. Sammlung Carl Hauptmann.

29 Auf eine Anfrage teilte d'Albert Ende Jänner 1919 mit: *Indessen habe ich in letzter Zeit, machmal an Lieder Kompositionen gedacht und würde es mich sehr interessieren, wenn Sie mir Ihre Texte zusenden wollten.* — Eugen d'Albert an Carl Seelig; Luzern 29. Januar 1919. Autograph der ZB-Zürich Ms Z II 580/1.

30 Carl Seelig an Carl Hauptmann, a. a. O.

31 M. D. Calvocoressi: Mussorgsky. Deutsche umgearbeitete Ausgabe von Carl Seelig. Wien (E. P. Tal & Co.) 1921. Ähnlich ging Seelig bei einem anderen Buch ans Werk: Knud Rasmussen: Neue Menschen. Neue Bearbeitung von Carl Seelig. Wien (E. P. Tal & Co.) 1920.

32 In der Carl Seelig-Stiftung, Zürich, befinden sich zwei Briefe Bela Bartoks an Carl Seelig vom 7. und 21. Mai 1921.

33 Erich Wolfgang Korngold an Carl Seelig; Wien, April 1919. Autograph der ZB-Zürich Ms Z II 580/94.

34 Arnold Schönberg an Carl Seelig; Mödling 17. III. 1919. Autograph der ZB-Zürich, Ms Z II 580/145.

35 Arnold Schönberg an Carl Seelig; Mödling 22. Juli 1919. Autograph der Carl Seelig-Stiftung, Zürich. Auch in einem Brief vom 11. August 1919 (ebda.) werden die finanziellen Modalitäten, u. a. im Zusammenhang mit dem Umrechnungskurs der Währungen ausgiebig erörtert.

36 Carl Seelig an E. P. Tal; 20. Juli 1919. Durchschrift in der Carl Seelig-Stiftung, Zürich.

37 Stefan Zweig an Carl Seelig; Salzburg am 25. 8. 1919. Autograph der Carl Seelig-Stiftung, Zürich.

38 Stefan Zweig an Carl Seelig; Salzburg, 14. 11. 1919. Autograph der Carl Seelig-Stiftung, Zürich.

39 Max Picard an Carl Seelig; 17. II. 1920. Autograph im Besitz der Carl Seelig-Stiftung, Zürich.

40 Max Picard an Carl Seelig; Schopfheim, 4. April 1921. Autograph im Besitz der Carl Seelig-Stiftung, Zürich.

41 Max Picard an Carl Seelig; 17. II. 1920, a. a. O.

42 Carl Hauptmann an Carl Seelig; 16. Sept. 1920. In: Carl Hauptmann: Leben mit Freunden. Gesammelte Briefe. Berlin-Grunewald 1929, S. 294.

43 Zu Genia Schwarzwald siehe: Alice Herdan Zuckmayer: Genies sind im Lehrplan nicht vorgesehen. Frankfurt 1979.

44 Im Nachlaß Carl Seeligs befinden sich auch einige Briefe Otto Zoffs. Carl Seelig: Das wahre Wien. Undatierter Zeitungsausschnitt aus den „Luzerner Nachrichten". Original in der Carl Seelig-Stiftung, Zürich.

45 Stefan Großmann: Toll, Toller, am Tollsten. Zit. nach: Wolfgang Frühwald und John M. Spalek: Der Fall Toller. Kommentar und Materialien. München-Wien 1979, S. 135 ff., S. 135 f.
Zu Ernst Toller in der Räterepublik siehe auch: Hansjörg Viesel (Hrsg.): Literaten an der Wand. Die Münchner Räterepublik und die Schriftsteller. Frankfurt 1980, S. 347 - 394.

46 Ernst Toller an Carl Seelig; Fest. Niederschönenfeld, 15. 7. 21. Autograph der Carl Seelig-Stiftung, Zürich.

47 Siehe dazu auch den großen Aufsatz von Carl Seelig: Briefe von Rosa Luxemburg. In: Volksrecht, 5. 10. 1954.

48 Postkarte Max Picards an Carl Seelig; undatiert, um 1921. Autograph im Besitz der Carl Seelig-Stiftung, Zürich.

49 Max Picard an Carl Seelig; Schopfheim, 4. April 1921. Autograph im Besitz der Carl Seelig-Stiftung, Zürich.

50 Postkarte Max Picards an Carl Seelig; 11. 12. 1922. Autograph im Besitz der Carl Seelig-Stiftung, Zürich.

51 Robert Musil an Carl Seelig; Berlin, 31. Dezember 1922. Autograph der Carl Seelig-Stiftung, Zürich. Siehe auch: Nachtrag zu: Robert Musil: Briefe 1901 - 1942. Herausgegeben von Adolf Frisé. Reinbek 1981.

52 Postkarte des E. P. Tal-Verlags an Carl Seelig; Wien, am 15. III. 1923. Autograph der Carl Seelig-Stiftung, Zürich.

53 E. P. Tal an Carl Seelig; Wien, den 22. März 1923. Autograph der Carl Seelig-Stiftung, Zürich.

54 Dies ist einem Brief Tals an Carl Seelig, Wien, den 27. April 1923, Autograph der Carl Seelig-Stiftung, zu entnehmen.

55 Robert Musil an Carl Seelig; Wien, 4. Mai 1923. Autograph der ZB-Zürich Ms Z II 580/123. Siehe auch Robert Musil: Briefe, a.a.O., S. 293.

56 Robert Musil an Carl Seelig; Wien, 2. Juni 1923. Autograph der ZB-Zürich Ms Z II 580/123. Siehe auch: Robert Musil: Briefe, a. a. O., S. 304.

57 Hermann Hesse an Carl Seelig; Montagnola 1. Mai 23. Autograph (Typoskript) der ZB-Zürich Ms Z II 580/66-38. Copyright by Suhrkamp Verlag.

58 Franz Kafka an Carl Seelig; (Schelesen, September 1923). In: Franz Kafka: Briefe 1902 - 1924. Gesammelte Werke. Hgg. von Max Brod. Frankfurt 1958, S. 444. Der Originalbrief liegt in der ZB-Zürich Ms Z II 580/78.

59 Franz Kafka an Carl Seelig; (Berlin-Steglitz, Herbst 1923). In: Franz Kafka: Briefe 1902 - 1924, a. a. O. Der Originalbrief befindet sich in der ZB-Zürich Ms Z II 580/78.

60 E. P. Tal an Carl Seelig; Wien, den 27. Dezember 1923. Autograph der Carl Seelig-Stiftung, Zürich.

61 Max Picard an Carl Seelig; Brissago, den 4. März 1924. Autograph der Carl Seelig-Stiftung, Zürich.

62 E. P. Tal an Carl Seelig; Wien, den 15. Juli 1925. Autograph der Carl Seelig-Stiftung, Zürich.

63 Max Rychner an Carl Seelig; Zürich, den 31. Mai 1920. Autograph der ZB-Zürich Ms Z II 580/137.

„GESUNDE POETENNATUR"

1 Rundschreiben der „Clarté"; Paris, le 5 Juillet 1919. Original in der Carl Seelig-Stiftung, Zürich.

2 Victor Cyril an Carl Seelig; Paris, le 16 Octobre 1919. Autograph der Carl Seelig-Stiftung, Zürich. Der Großteil der Briefe von Henri Bar-

busse an Carl Seelig liegt in der ZB-Zürich Ms Z II 580/6. Zu Robert Müller siehe vor allem: Helmut Kreuzer und Günter Helmes (Hrsg.): Expressionismus — Aktivismus — Exotismus. Studien zum literarischen Werk Robert Müllers (1887 - 1924). Göttingen 1981.

3 Erschienen im Verlag „Der Garten Eden", Dortmund.

4 Vgl.: Ein Gedichtband von Carl Seelig. In: Luzerner Neueste Nachrichten, 16. 11. 1922.

5 Ernst Schmid: Carl Seelig. In: Beilage des St. Galler Stadt-Anzeiger für Volksbildung, 17. März 1923, S. 1 f.

6 A. H. (d. i. Alfred Huggenberger): Literatur (darin über: „Erlösung". Gedichte von Carl Seelig). In: Der Freisinnige (Wetzikon), 26. 1. 1923.

7 E. K. (d. i. Eduard Korrodi): Gedichte. In: Neue Zürcher Zeitung, 17. 12. 1922.

8 Zu diesem Band siehe auch die Rezension von Eduard Berend in der „Neuen Zürcher Zeitung" vom 22. 4. 1923.

9 Prospekt. Original in der Carl Seelig-Stiftung, Zürich.

10 W. Sch. über: Karl Seelig: „Erlebnisse". In: Berliner Tageblatt, 22. 6. 1924.
Siehe auch: Schweizerische Erzählungen. In: National-Zeitung, Basel, 29. 9. 1923. Eine hymnische Kritik stammt von Adolf Potthoff. In: Die schöne Literatur, 15. 1. 1924, S. 340.

11 Siehe auch die Rezension von Franz Heinemann (F. H.) in: Luzerner Neueste Nachrichten, 22. 2. 1923.

12 Druck- und Verlagsvertrag zwischen Hr. Louis Ehrli, Sarnen, und Hr. Carl Seelig, Kastanienbaum, vom 21. Dezember 1922, sowie Vertrag zwischen Herrn Kunstmaler Kurt Szafranski in Berlin-Wilmersdorf und Schriftsteller Carl Seelig in Kastanienbaum vom Februar 1923. Original in der Carl Seelig-Stiftung, Zürich.

13 Erschienen im Greifen-Verlag, Rudolstadt. 1947 kam im Mondial-Verlag, Winterthur, eine neue, bearbeitete Ausgabe heraus.

14 Erschienen bei Orell-Füssli, Zürich.

15 Wilhelm Stapel in: Deutsches Volkstum (Hamburg), Februar 1926, S. 163 f.

16 Carl Seelig: Warum ich den „Gulliver" neu übersetzt habe! In: Bücherblatt, Oktober 1945.

17 Max Picard an Carl Seelig; 23. Februar 20. Autograph im Besitz der Carl Seelig-Stiftung, Zürich.

18 Max Picard an Carl Seelig; o. O., o. D. (1920): „Mein lieber Carl Seelig". Autograph im Besitz der Carl Seelig-Stiftung, Zürich.

19 Ebda.

20 Rilke wurde in einer Postkarte Picards an Seelig vom 10. III. 20 (Datum des Poststempels) genannt. Autograph im Besitz der Carl Seelig-Stiftung, Zürich.

21 Carl Seelig an Direktor Haupt vom Feuerverlag, Leipzig; 20. Januar 1924. Durchschrift des Originals in der Carl Seelig-Stiftung, Zürich.

22 U. a. in der Zeitschrift für englischen und französischen Unterricht, Berlin, 1/1928.

23 Zitiert in: Carl Seelig: Warum ich den „Gulliver" neu übersetzt habe! A. a. O.

24 Carl Seelig: Erinnerung an Carl Spitteler. In: Basler Nachrichten (Morgenblatt), 5. 1. 1925.

„GENOSSE" SEELIG ALS WELTREISENDER

1 Carl Seelig: Neues vom Büchermarkt. In: Zentralschweizerisches Arbeiterblatt, 26. 9. 1925.

2 Carl Seelig: D. H. Lawrence in der Schweiz. In: Neue Zürcher Zeitung, 23. 5. 1957.

3 Carl Seelig: Der Dichter Alfred Polgar. In: Tages-Anzeiger, 18. 8. 1928.

4 Alfred Polgar an Carl Seelig; Velden am Wörthersee, 23. 8. 1928. Autograph der Carl Seelig-Stiftung, Zürich.

5 Alfred Polgar an Carl Seelig; Wien, 23. 9. (1928). Autograph der Carl Seelig-Stiftung, Zürich.

6 Oskar Maria Graf an Carl Seelig; München, 6. Juli 1927. Autograph der ZB-Zürich Ms Z II 580/53 - 1.

7 Carl Seelig: Der literarische Erfolg eines Sozialisten. In: Basler Arbeiter-Zeitung, 4. 8. 1927.

8 Oskar Maria Graf an Carl Seelig; München, 8. August 1927. Autograph der ZB-Zürich Ms Z II 580/53 - 2.

9 1938 ging es um eine Einreise Grafs in die Schweiz, für die Seelig bürgen sollte. Der Brief beginnt mit den Worten: *Lieber Karl Seelig! Immer wenn es mir schlecht geht und ich an einen Ausweg denke, kommen Sie mir in den Sinn. Das scheint mir ein Zeichen von innerer Zusammengehörigkeit zu sein, obgleich ich Sie persönlich nie kennen gelernt habe.* – Oskar Maria Graf an Carl Seelig; Brno (ČSR), den 20. März 1938. Autograph (Typoskript) der Carl Seelig-Stiftung, Zürich.

10 Carl Seelig (S): Neue Bücher. In: Arbeiterblatt, Luzern, 24. 4. 1928.

11 Carl Seelig (C. S.): Militaristische Filmkritik. In: Der Kämpfer, 9. 5. 1929.

12 Carl Seelig: Die Kunst im Februar. In: Luzerner Tagblatt, 23. 2. 1929.

13 Die Verbrecher. Briefwechsel über Bruckners Schauspiel anläßlich der Aufführung im Zürcher Schauspielhaus. (Geführt von Martha Beatrice Gubler und Carl Seelig) In: Tages-Anzeiger, 9. 1. 1929. (Wurde auch im Programmheft des Zürcher Schauspielhauses vom 15. 1. 1929 abgedruckt).

14 Carl Seelig: An das Zürcher Schauspielhaus. In: Tages-Anzeiger, 29. 1. 1929.

15 Siehe: David Pike: Deutsche Schriftsteller im sowjetischen Exil 1933 - 1945. Frankfurt/Main 1981, S. 417 f.

16 Die folgenden Zitate stammen aus Briefen von Max Hoelz an Carl Seelig. Die Originale werden in der ZB-Zürich Ms Z II 580/68 aufbewahrt. Dieser Brief wurde bereits veröffentlicht. Siehe: Theodor Pinkus u. a. (Hrsg.): Briefe nach der Schweiz. Gustav Landauer, Erich Mühsam, Max Hoelz, Peter Kropotkin. Zürich 1972, S. 64-75.

17 Max Hoelz an Carl Seelig; Im Zuchthaus Großstrehlitz, am 26. April 1927. Ms Z II 580/68.

18 Max Hoelz an Carl Seelig; Im Zuchthaus Großstrehlitz, am 27. Mai 1927. Ms Z II 580/68.

19 Ebda.

20 Max Hoelz an Carl Seelig; Zuchthaus Sonnenburg, 29. August 1927. Autograph der ZB-Zürich Ms Z II 580/68.

21 Werner Mittenzwei: Exil in der Schweiz. (= Kunst und Literatur im antifaschistischen Exil 1933 - 1945, Bd. 2) Leipzig 1978, S. 119.

22 Empfehlungsschreiben Ernst Tollers für Carl Seelig; Berlin-Wilmersdorf 26. 6. 1931. Autograph der Carl Seelig-Stiftung, Zürich.

23 Brief von Henri Barbusse an den Parteisekretär von Odessa; 5 Juillet 1931. Autograph der ZB-Zürich Ms Z II 580/6 - 22.

24 Carl Seelig: Die Kunst, billig zu reisen. In: Tages-Anzeiger, 15. 2. 1932.

25 Emil Nolde an Carl Seelig; Seebüll, 13. 10. 28. Zitiert nach: Unveröffentlichte Briefe von Emil Nolde. Mitgeteilt von Carl Seelig. In: Neue Zürcher Zeitung, 19. 10. 1958. Beilage Literatur und Kunst, Blatt 6.

26 Carl Seelig: In der Negerrepublik Liberia. In: Tages-Anzeiger, 2. 9. 1932.

27 Carl Seelig: Ankunft in Afrika. In: Tages-Anzeiger, 9. 8. 1932.

28 Carl Seelig: Von einer Weltreise. An der Goldküste. In: Luzerner Tagblatt, 12. 6. 1929.

29 Carl Seelig: Von einer Weltreise. XI. Durch Südafrika. In: Luzerner Tagblatt, 18. 9. 1929.

30 Carl Seelig: Ein Ozeanbrief. In: Tages-Anzeiger, 24. 10. 1929.

31 Siehe: Carl Seelig: Glossen über Menschenfresser. In: Neue Zürcher Zeitung, 2. 3. 1930.

32 Carl Seelig: Ein Schweizer unter Menschenfressern. In: Schweizer Magazin, August 1931, S. 3 - 11. S. 4 f.

33 Alle Zitate ebda., S. 6 und 11.

34 Hermann Hesse an Carl Seelig; Zürich, Mitte Januar 30. Autograph (Typoskript) der ZB-Zürich Ms Z II 580/66 - 49. Copyright by Suhrkamp Verlag.

35 Käthe Kollwitz an Carl Seelig; Berlin, den 22. Februar 1930. Autograph der Carl Seelig-Stiftung, Zürich. Zu Käthe Kollwitz, insbesondere auch zu dem schmerzlichen Verlust ihres Sohnes im Ersten Weltkrieg siehe: Catherine Krahmer: Käthe Kollwitz in Selbstzeugnissen und Bilddokumenten. Reinbek 1981.

36 Carl Seelig: Zum Tod von Käthe Kollwitz. Ein Gedenkblatt im Namen der Armen. In: Schweizerisches Familien Wochenblatt, November 1945.

37 Vicki Baum an Carl Seelig; Berlin-Grunewald, o. D. Autograph der ZB-Zürich Ms Z II 580/9 - 11.

38 Vicki Baum an Carl Seelig; Berlin-Grunewald, 15. Dezember 30. Autograph der ZB-Zürich Ms Z II 580/9 - 4.

39 Carl Seelig: Heimweh nach Afrika. In: Tages-Anzeiger, 2. 1. 1931.

40 Carl Seelig an Hermann Hesse; Zürich, 5. September 1933. Autograph der Schweizerischen Landesbibliothek Bern Ms L 83/9.

ANWALT DER ENTRECHTETEN – IN DEN WIRREN DER EMIGRATION

1 Siehe u. a.: Carl Ludwig: Die Flüchtlingspolitik der Schweiz seit 1933 bis zur Gegenwart (1957). Bern 1966.
Alfred A. Häsler: Das Boot ist voll – Die Schweiz und die Flüchtlinge 1933 - 1945. Zürich 1968.
Peter Stahlberger: Der Zürcher Verleger Emil Oprecht und die deutsche politische Emigration. Zürich 1970.
Werner Mittenzwei: Exil in der Schweiz, a. a. O., sowie das Unterkapitel „Unbarmherzigkeit und Gewissenlosigkeit der Schweiz" in: Walter Zadek (Hrsg.): Sie flohen vor dem Hakenkreuz. Selbstzeugnisse der Emigranten. Ein Lesebuch für Deutsche. Reinbek 1981, S. 207 - 211.

2 Werner Mittenzwei: Exil in der Schweiz, a. a. O., S. 45.

3 Ebda., S. 115.

4 Siehe: C. S. (Carl Seelig): Zu Alfred Polgars Lesung. In: Neue Zürcher Zeitung, 25. 5. 1933. Seeligs Einsatz für Alfred Polgar wurde bereits dokumentiert und wird hier deshalb nicht ausführlicher behandelt. Siehe: Ulrich Weinzierl: Alfred Polgar im Exil. In: Alfred Polgar: Taschenspiegel. Hgg. und mit einem Nachwort versehen von U. W. Wien 1979, S. 187 - 242.

5 Siehe: C. S. (Carl Seelig): Vorlesung Else Lasker-Schüler. In: Neue Zürcher Zeitung, 5. 7. 1933, Abendausgabe.

6 Siehe: Thomas Mann an Carl Seelig; Sanary sur mer (Var), o. D. Autograph der ZB-Zürich Ms Z II 580/112 - 3.

7 Heinrich Mann an Carl Seelig; Castel Ansaldy, Bandol s. mer (Var), 8. August 1933. Autograph der ZB-Zürich Ms Z II 580/109.

8 Carl Seelig: Biographische Romane. In: Tages-Anzeiger, 17. 12. 1935.

9 Heinrich Mann an Carl Seelig; Los Angeles, 11. März 1946. Autograph der ZB-Zürich Ms Z II 580/109.

10 Kurt Tucholsky an Carl Seelig; 26 - 5 - 33. Autograph der ZB-Zürich Ms Z II 580/161.

11 C. S. (Carl Seelig): Besuch bei Kurt Tucholsky. In: National-Zeitung, Basel, 3. 1. 1936.

12 Friedrich Wilhelm Foerster an Carl Seelig; Paris, 4. 2. 1934. Autograph der Carl Seelig-Stiftung, Zürich.

13 Verlag „Die Fackel". Herausgeber Karl Kraus, an Carl Seelig; Wien, 16. Februar 1934. Autograph der Carl Seelig-Stiftung, Zürich.

14 Hans Fallada an Carl Seelig; 20. Juli 1933. Autograph der ZB-Zürich Ms Z II 580/43.

15 Friedrich Sieburg an Carl Seelig; Paris, 1. August 1933. Autograph der Carl Seelig-Stiftung, Zürich.

16 Gottfried Benn an Carl Seelig; Berlin, 4. 11. 33. Autograph der ZB-Zürich Ms Z II 580/13 - 25.

17 Siehe Brief Seeligs an Joseph Roth; Zürich, 30. August 33. Autograph (Typoskript) des Leo Baeck Institute, New York, Bornstein-Collection.

18 Joseph Roth an Carl Seelig; Hotel Schwanen. Rapperswil am Zürichsee, 5. September 33. In: Joseph Roth: Briefe 1911 - 1939. Hgg. und eingeleitet von Hermann Kesten. Köln - Berlin 1970, S. 278.

19 Fragment eines Briefentwurfs von Joseph Roth an Carl Seelig. Leo Baeck Institute, New York, Bornstein-Collection.

20 Durchschlag eines Briefes von Max Picard an Joseph Roth; Sorengo, den 1. Okt. Beigelegt einem Brief Picards an Seelig. Dokument der Carl Seelig-Stiftung, Zürich.

21 Max Picard an Carl Seelig; Sorengo bei Lugano, den 4. Okt. 33. Autograph (Typoskript) der Carl Seelig-Stiftung, Zürich.

22 Joseph Roth an Carl Seelig; Hotel Schwanen, Rapperswil, 1. Oktober 1933. Siehe: Joseph Roth: Briefe 1911 - 1939, a. a. O., S. 281 f.

23 Joseph Roth an Carl Seelig; Rapperswil, d. 23. 11. 33. Siehe: Joseph Roth: Briefe 1911 - 1939, a. a. O., S. 292.

24 Andrea Manga Bell an Carl Seelig; Zusatz auf dem Brief Roths an Carl Seelig vom 29. November 1933. Autograph der ZB-Zürich Ms Z II 580/136. Zu Andrea Manga Bell siehe auch: David Bronsen: Joseph Roth. Eine Biographie. Köln 1974.

25 Siehe: Eine Filmrundfrage. In: Neue Zürcher Zeitung. Sonntagsbeilage, 15. Juli 1934, Blatt 3.

26 Thomas Mann nannte als das *Hübscheste, was ich in jüngster Zeit gesehen*, ,,Abel mit der Mundharmonika" nach dem gleichnamigen Buch von Manfred Hausmann. Er sah den Film am 3. Februar 1934 in Bern und machte auch eine positive Eintragung in seinen Tagebüchern. Vgl.: Thomas Mann: Tagebücher 1933 - 1934. Hgg. von Peter de Mendelssohn. Frankfurt 1977, S. 308.

27 Knut Hamsun in: ,,Filmrundfrage", a. a. O.

28 Joseph Roth an Carl Seelig; Paris, d. 12. März 34. In: Joseph Roth: Briefe 1911 - 1939, a. a. O., S. 319 f., S. 319.

29 Joseph Roth an Carl Seelig; Paris, am 28. März 1934. Ebda., S. 324 f., S. 324.

30 Joseph Roth an Carl Seelig; Paris, d. 6. Mai 34. Ebda., S. 328.

31 Joseph Roth an Carl Seelig; Nizza, am 17. Juli 1934. Ebda., S. 354 f., S. 355.

32 Carl Seelig: Joseph Roth's Roman „Tarabas". In: Berner Tagblatt, 4. 7. 1934. Außerdem besprach Seelig noch ausführlich Roths „Beichte eines Mörders". In: Neue Zürcher Zeitung, 7. 1. 1937.

33 Joseph Roth an Carl Seelig; Marseille, 7. Juli 1934. In: Joseph Roth: Briefe 1911 - 1939, a. a. O., S. 347.

34 Joseph Roth an Carl Seelig; Nizza, am 19. XI. 1934. Ebda., S. 396 f., S. 396.
Der Schriftsteller David Luschnat lebte ab 1935 in Frankreich, war Mitbegründer und Schriftführer des Schutzverbandes Deutscher Schriftsteller im Ausland, während des Krieges zeitweise interniert. Siehe: Wilhelm Sternfeld - Eva Tiedemann: Deutsche Exil-Literatur 1933-1945. Eine Bio-Bibliographie. Heidelberg ^{2}1970, S. 324.

35 Ernst Glaeser an Carl Seelig; Zürich, 26. 1. 36. Autograph der Carl Seelig-Stiftung, Zürich.

36 Ernst Glaeser an Carl Seelig; Zürich, 27. 1. 36. Autograph der Carl Seelig-Stiftung, Zürich.

37 Carl Seelig: Literarische Notizen. In: National-Zeitung, Basel, 18. 2. 1936.

38 Carl Seelig: Literarische Vorlesung. In: Tages-Anzeiger, 22. 2. 1936.

39 Carl Seelig: Literarische Chronik. Ernst Glaesers neue Bücher. In: Tages-Anzeiger, 26. 6. 1936.

40 Alfred Polgar an Carl Seelig; Wien, 26. 6. 1937. Autograph der Carl Seelig-Stiftung, Zürich. Das Zitat wurde auch abgedruckt in: U. W., Alfred Polgar im Exil, a. a. O., S. 210.

41 Thomas Mann: Tagebücher 1937 - 1936. Hgg. von Peter de Mendelssohn. Frankfurt 1980, S. 102.

42 Thomas Mann: Tagebücher 1935 - 1936. Hgg. von Peter de Mendelssohn. Frankfurt 1978. Eintragung vom 25. V. 36, S. 306.

43 Zit. nach Werner Mittenzwei: Exil in der Schweiz, a. a. O., S. 109 f.

44 Ebda., S. 105.

45 Bernard von Brentano an Carl Seelig; Küsnacht bei Zürich, 24. 6. 36. Autograph der Carl Seelig-Stiftung, Zürich. Brentanos Dank bezieht sich auf Seeligs ausführliche Besprechung seines Romans ,,Theodor Chindler": Literarische Chronik. Roman einer deutschen Familie. In: Tages-Anzeiger, 21. 5. 1936.

46 Bernard von Brentano an Carl Seelig; Küsnacht, am 7. 7. 45. Autograph (Typoskript) der Carl Seelig-Stiftung, Zürich.

47 Jean Rudolf von Salis: Grenzüberschreitungen. Ein Lebensbericht. Zweiter Teil 1939 - 1978. Frankfurt 1978, S. 20 f.

48 Zit. nach: F. C. Weiskopf: Unter fremden Himmeln. Ein Abriß der deutschen Literatur im Exil 1933 - 1947. Mit einem Anhang von Textproben aus Werken exilierter Schriftsteller. Neuausgabe, Berlin und Weimar 1981, S. 22.

49 Carl Seelig: Ein Emigrantenroman. In: Tages-Anzeiger, 15. 8. 1936.

50 Carl Seelig: Ein bedeutender Gedichtband. In: Berner Tagblatt, 2. 12. 1935.

51 Carl Seelig: ,,Der Kopflohn", Roman von Anna Seghers. In: Neue Zürcher Zeitung, 24. 3. 1934.
Positiv — mit Einschränkungen — äußerte sich Seelig auch über Lion Feuchtwangers Roman ,,Erfolg": *Im Grunde genommen ist dieser klug und gut geschriebene Roman nämlich eine agitatorische Arbeit, die weniger für den Dichter als den politischen Journalisten zeugt. Das als Feststellung — nicht als Vorwurf.* — Carl Seelig: Lion Feuchtwanger: ,,Erfolg". In: National-Zeitung, 16. 2. 1935.

52 Carl Seelig: Ignazio Silones Meisterwerk. In: Tages-Anzeiger, 15. 5. 1936.

53 Ignazio Silone an Carl Seelig; 17 mai 1936. Autograph der ZB-Zürich Ms Z II 580/151.

54 Widmung Ignazio Silones für Carl Seelig in ,,Brot und Wein", datiert mit 28. Mai 1936. Aus der Widmungsexemplar-Sammlung Seeligs in der ZB-Zürich.

55 Unter anderem schrieb Seelig: ,,Die Schule der Diktatoren". Das neue Buch von Ignazio Silone. In: Tages-Anzeiger, 26. 11. 1938 und ,,Der Samen unterm Schnee". Der neue Roman von Ignazio Silone.

In: Tages-Anzeiger, 23. 12. 1941. 1955 veröffentlichte Seelig dann noch ein großes Porträt mit Gesprächszitaten: Europäische Dichter. Begegnung mit Ignazio Silone. In: Sonntagspost. Wöchentliche Beilage zum Landboten und Tagblatt der Stadt Winterthur, 14. 5. 1955. Der Plan der Garibaldi-Biographie läßt sich aus einem Brief Silones an Seelig vom 9. April 1937 schließen. Autograph der Carl Seelig-Stiftung, Zürich.

DER ÖSTERREICHISCHE TONFALL – MUSIL, BROCH UND DIE ANDEREN

1 In letzter Zeit hat sich das Interesse an Weiß' Person und auch an seiner Prosa erheblich verstärkt, wie Neuauflagen seiner Werke und wissenschaftliche Publikationen über ihn beweisen. Siehe u. a.: Ulrike Längle: Ernst Weiß. Vatermythos und Zeitkritik. Die Exilromane am Beispiel des „Armen Verschwenders". Innsbruck 1981. Vgl. auch: Klaus-Peter Hinze: Ernst Weiß. Bibliographie der Primär- und Sekundärliteratur. Hamburg 1977.

2 Carl Seelig: Vom Büchertisch. Menschen und Tiere. In: St. Galler Tagblatt, 7. 7. 1930.

3 Carl Seelig: Der Erzähler Ernst Weiß. In: Neue Zürcher Zeitung, 10. 1. 1932.

4 Siehe u. a.: Carl Seelig: Romane aus der Emigration. „Der arme Verschwender" von Ernst Weiß. In: Neue Zürcher Zeitung, 17. 6. 1936.

5 Ernst Weiß an Carl Seelig; Berlin, ca. 1930. Autograph (Typoskript) der ZB-Zürich Ms Z II 580/171 - 3.

6 Ernst Weiß an Carl Seelig; Berlin W 15 Konstanzerstrasse 2/II, Oliva 480, o. D. Autograph der ZB-Zürich Ms Z II 580/171 - 4.

7 Zu Rahel Sanzara siehe: Diana Orendi Hinze: Rahel Sanzara. Eine Biographie. Frankfurt 1981 sowie: Jürgen Serke: Die verbrannten Dichter. Erweiterte Ausgabe. Frankfurt (Fischer TB) 1980, S. 314 ff.

8 Rahel Sanzara an Carl Seelig; Berlin, 31. X. 1935. Autograph der Carl Seelig-Stiftung, Zürich.

9 Rahel Sanzara an Carl Seelig; W 35, Klinik Derfflingerstr. 21, 26. I. 1936. Autograph der Carl Seelig-Stiftung, Zürich.

10 Carl Seelig: Rahel Sanzara †. In: Tages-Anzeiger, 27. 2. 1936.

11 Ernst Weiß an Carl Seelig; Paris, 25. V. 36. Autograph der Carl Seelig-Stiftung, Zürich.

12 Carl Seelig: Robert Musil's Nachlaßroman. In: Berner Tagblatt, 28. 6. 1933.

13 Carl Seelig: Eine angenehme Richtigstellung. In: Berner Tagblatt, 12. 7. 1933.

14 Carl Seelig: Robert Musil: „Nachlaß zu Lebzeiten". In: National-Zeitung, 22. 12. 1935 sowie: Robert Musils „Nachlaß zu Lebzeiten". In: Neue Zürcher Zeitung, 27. 12. 1935 und: Robert Musil. In: Luzerner Tagblatt, 21. 12. 1935.

15 Carl Seelig: Robert Musil am Vortragspult. In: Zürcher Post, 19. 11. 1935. Auch in der „Neuen Zürcher Zeitung" erschien eine Notiz: Vorlesung Robert Musil, 21. 11. 1935.

16 Robert Musil an Carl Seelig; Wien, 3. Jänner 1936. Autograph der ZB-Zürich Ms Z II 580/123. Siehe auch: Robert Musil: Briefe, a. a. O., S. 697.

17 Carl Seelig: Erzählende Literatur. „Der Stadtpark" von Hermann Grab. In: Neue Zürcher Zeitung, 5. 5. 1935.

18 Stefan Zweig hatte Seelig für seinen Zürcher Aufenthalt eine Sekretärin vermittelt, die aber nicht den in sie gesetzten Erwartungen entsprach. Siehe: Donald A. Prater: Stefan Zweig, a. a. O., S. 330 u. 333.

19 Hermann Grab an Carl Seelig; Prag, den 18. 6. 35. Autograph (Typoskript) der Carl Seelig-Stiftung, Zürich.
Eine Kusine Grabs war Richard Strauss' Schwiegertochter. Siehe: Max Brod: Der Prager Kreis. Mit einem Nachwort von Peter Demetz. Frankfurt (suhrkamp taschenbuch) 1979, S. 235.
In einem Brief aus Schottland vom 1. 9. 1938 schrieb Hermann Broch an Seelig: *Und wenn wir schon von Literatur sprechen: ich kenne Hermann Grabs erstes Buch, einen Kinderroman, und finde allerhand sehr Positives darin. Grab selber kenne ich nicht, doch wenn Sie ihn nochmals sehen, so sagen Sie ihm bitte einen Gruss von mir.* – Autograph (Typoskript) der ZB-Zürich Ms Z II 580/20-27.

20 Hermann Grab an Carl Seelig; Chantilly (Oise), 26. XI. 39. Autograph der Carl Seelig-Stiftung, Zürich.

21 Vgl. Ernst Schönwiese: Literatur in Wien zwischen 1930 und 1980. Wien-München 1980, S. 145 - 158.

22 Carl Seelig: Elias Canetti: „Die Blendung". In: National-Zeitung, Basel, 9. 2. 1936.

23 Hermann Broch an Carl Seelig; Mösern b. Seefeld, 20. 4. 36. Autograph (Typoskript) der ZB-Zürich Ms Z II 580/20 - 4.
Siehe auch: Hermann Broch: Briefe 1 (1913 - 1938). Hgg. von Paul Michael Lützeler, Frankfurt 1981, S. 408 f.

24 Hermann Broch an Carl Seelig; Mösern b. Seefeld, 19. 5. 36. Autograph (Typoskript) der ZB-Zürich Ms Z II 580/20.

25 Carl Seelig: Neue Literatur (über „Pasenow oder die Romantik"). In: Luzerner Tagblatt, 2. 2. 1931 sowie: Carl Seelig: Neue Bücher (über „Esch oder die Anarchie"). In: Luzerner Tagblatt, 6. 6. 1931.

26 Hermann Broch an Carl Seelig; Wien, 6. III. 1934. Autograph (Typoskript) der ZB-Zürich Ms Z II 580/20.

27 Siehe: Manfred Durzak: Hermann Broch in Selbstzeugnissen und Bilddokumenten, Reinbek 1966, S. 88 - 92. In der Bearbeitung von Ernst Schönwiese trägt das Stück den Titel „Die Entsühnung".

28 Carl Seelig: Hermann Broch als Dramatiker. In: Neues Wiener Abendblatt, 4. 4. 1934. Auf diese Rezension nimmt auch Brochs Brief vom 11. April 1934 Bezug. Autograph (Typoskript) der ZB-Zürich Ms Z II 580/20.

29 Hermann Broch an Carl Seelig; Alt Aussee, 25. November 37. Autograph (Typoskript) der ZB-Zürich Ms Z II 580/20 - 16.

30 Werner Mittenzwei: Exil in der Schweiz, a. a. O., S. 130.

31 Carl Seelig an Gerhart Hauptmann; Zürich, 25. Januar 1938. Autograph (Typoskript) der Staatsbibliothek Preußischer Kulturbesitz GH Br Nl Carl Seelig.
Ernst und Friedrich Georg Jünger hatten in einem gemeinsamen Brief abgelehnt; Überlingen, den 4. Februar 1938. Autograph der ZB-Zürich Ms Z II 580/78.

32 Siehe den Brief Brochs an Peter Suhrkamp vom 24. November 37. In: Hermann Broch: Briefe 1 (1913 - 1938), a. a. O., S. 473 f.

33 Hermann Broch an Carl Seelig; Princeton, 4. 12. 45. Autograph (Typoskript) der ZB-Zürich Ms Z II 580/6 - 37.

34 Carl Seelig: Erinnerungen an Hermann Broch. In: Tages-Anzeiger, 9. 6. 1951.

35 Widmung des Buches „Hinterland" von Alfred Polgar an Carl Seelig, Paris, August 1939. Aus der Widmungsexemplar-Sammlung Carl Seeligs in der ZB-Zürich.

36 Max Picard an Carl Seelig; o. O., o. D. (März 1938). Autograph (Typoskript) im Besitz der Carl Seelig-Stiftung, Zürich.

37 Annemarie Selinko an Carl Seelig; o. O., o. D., (Wien, kurz vor dem 11. März 1938). Autograph (Typoskript) der Carl Seelig-Stiftung, Zürich.
Annemarie Selinkos Roman „Morgen ist alles besser" erschien noch 1938 im Zeitbild-Verlag, dessen Hauptsitz sich in Prag befand. Seelig rechnete die Verfasserin des Romans „Ich war ein häßliches Mädchen" zu den *begabtesten deutschen Unterhaltungsschriftstellerinnen.* Siehe: Carl Seelig: „Ich war ein häßliches Mädchen" von Annemarie Selinko. In: Neue Zürcher Zeitung, 23. 10. 1937.

38 Seelig widmete Friedell auch einen Nachruf: Carl Seelig: Egon Friedell †. In: National-Zeitung, Basel, 22. 3. 1938.

39 Carl Seelig an Hermann Hesse; Zürich, o. D. (Frühjahr 1938). Autograph (Typoskript) der Schweizerischen Landesbibliothek Bern Ms L 38 - 12.

40 Hermann Hesse an Carl Seelig; o. O., o. D. (Frühjahr 1938). Autograph der ZB-Zürich Ms Z II 580/66 - 30. Copyright by Suhrkamp Verlag.

41 Hermann Hesse an Carl Seelig; o. O., o. D. Autograph (Typoskript) der ZB-Zürich Ms Z II 580/66 - 31. Copyright by Suhrkamp Verlag.

42 Hermann Hesse an Carl Seelig; o. O., o. D. Autograph (Typoskript) der ZB-Zürich Ms Z II 580/66 - 30. Copyright by Suhrkamp Verlag. Zu Hesses Haltung in diesen Jahren siehe auch den Band von Volker Michels (Hrsg.): Hermann Hesse. Politik des Gewissens. Die politischen Schriften 1932 - 1964. Frankfurt 1977.

43 Albert Ehrenstein an Carl Seelig; Brissago 5. V. 38. Autograph der ZB-Zürich Ms Z II 580/38 - 1.
Zu Albert Ehrenstein siehe: Jürgen Serke: Die verbrannten Dichter, a. a. O., S. 119 - 133, insbesondere S. 132 sowie Klaus Völker: Stiefkind der Zeit. Über Albert Ehrenstein. In: Basler Magazin (Magazin der Basler Zeitung), 11. 7. 1981, S. 6 f. und Karl-Markus Gauß: „Mich verfluch' ich, der ich kam, ehe Licht die Erde nahm". Über Albert Ehrenstein. In: Wiener Tagebuch, Jän. 1981, S. 24 - 27.

44 Albert Ehrenstein an Carl Seelig; Brissago, 25. X. 38. Autograph der ZB-Zürich Ms Z II 580/38 - 2.

45 So berichtet Eduard Claudius in seinem Buch „Ruhelose Jahre". Zitiert nach Werner Mittenzwei: Exil in der Schweiz, a. a. O., S. 299 f.

46 Max Picard an Carl Seelig; den 25. April (o. J.). Autograph (Typoskript) im Besitz der Carl Seelig-Stiftung, Zürich.

47 Carl Seelig: Hermann Broch: James Joyce und die Gegenwart. In: Maß und Wert I (4), März/April 1938, S. 632 - 634. Im selben Heft rezensierte Seelig auch Jakob Wassermanns „Olivia" (S. 634 f.) und Max Picards „Die Grenzen der Physiognomik" (S. 636 f.). Außerdem finden sich in „Maß und Wert" folgende Beiträge Seeligs über: Ernst Weiß: Der Verführer (I (5), Mai/Juni 1938, S. 811 f.), Alfred Wolfenstein (Hrsg.): Stimmen der Völker (I (6), Juli/August 1938, S. 971 f.) und im selben Heft über Peter Bezruč: Schlesische Lieder (S. 972 f.), Ernst Iros: Wesen und Dramaturgie des Films (II (5), Mai/Juni 1939, S. 690 ff.) und Erich Eyck: Gladstone (III (5/6), Sept./Okt./Nov. 1940, S. 682 ff.). Den Kontakt zur Zeitschrift hielt Seelig mit dem ihm befreundeten Ferdinand Lion aufrecht.

48 Hermann Broch an Carl Seelig; Wien, 16. 4. 38. Autograph der ZB-Zürich Ms Z II 580/20 - 23.

49 Hermann Broch: Briefe 1 (1913 - 1938), a. a. O., S. 507.

50 Hermann Broch an Carl Seelig; London, 28 July 1938 (Poststempel). Autograph der ZB-Zürich Ms Z II 580/20 - 24.

51 Hermann Broch an Carl Seelig; St. Andrews, Fife, Scotland, 23. 8. 38. Autograph (Typoskript) der ZB-Zürich Ms Z II 580/20 - 25. Siehe auch: Hermann Broch: Briefe 2 (1938 - 1945). Hgg. von Paul Michael Lützeler, Frankfurt 1981, S. 23 ff.

52 Robert Musil an Carl Seelig; Genf, 22. Juli 1939. Autograph (Typoskript) der ZB-Zürich Ms Z II 580/123-5. Siehe auch: Robert Musil: Briefe, a. a. O., S. 1035. Zu den letzten Lebensjahren Musils vgl. auch: Robert Musils Schweizer Jahre. Erinnerungen von Robert Lejeune. In: Karl Dinklage, Elisabeth Albertsen, Karl Corino (Hrsg.): Robert Musil. Studien zu seinem Werk. Reinbek 1970, S. 359 - 370.

53 Robert Musil an Carl Seelig; Genf, 6. August 1939. Autograph (Typoskript) der ZB-Zürich Ms Z II 580/123-6. Siehe auch: Robert Musil: Briefe, a. a. O., S. 1046 f., S. 1047.

54 Robert Musil an Carl Seelig; Genf, 11. X. 1940. Autograph (Typoskript) der ZB-Zürich Ms Z II 580/123 - 9. Siehe auch: Robert Musil: Briefe, a. a. O., S. 1235.

55 Robert Musil an Carl Seelig; Genf, 22. III. 1942. Autograph (Typoskript) der ZB-Zürich Ms Z II 580/123 - 11. Siehe auch: Robert Musil: Briefe, a. a. O., S. 1411.

56 Martha Musil an Carl Seelig; Genf, 30. IV. 1942. Autograph der ZB-Zürich Ms Z II 580/123 - 12. Siehe: Robert Musil: Briefe, a. a. O., S. 1428 f., S. 1428.

57 Seelig schrieb zwei Nekrologe: Robert Musil [+]. In: Neue Zürcher Zeitung, 19. 4. 1942 sowie, unter dem Pseudonym Thomas Glahn, im „Luzerner Tagblatt" vom 18. 4. 1942: Zum Tode von Robert Musil. Martha Musil schrieb an Nellie Kreis: *Ich habe an Wittner ziemlich ausführlich geschrieben, damit er ein Gerücht vom Selbstmord, das durch die ungeschickte Äußerung im Feuilleton Seelig's in Zürich aufgetaucht war, widerlegen kann.* — Siehe: Robert Musil: Briefe, a. a. O., S. 1426.

VERTEIDIGUNG DER HUMANITÄT

1 Hans Sahl an Carl Seelig; Paris, den 8. 1. 1938. Autograph (Typoskript) der Carl Seelig-Stiftung, Zürich.

2 Vgl.: Werner Mittenzwei: Exil in der Schweiz, a. a. O., S. 228 - 232.

3 Hans Sahl an Carl Seelig; Zürich, den 8. 3. 38. Autograph (Typoskript) der Carl Seelig-Stiftung, Zürich.

4 Carl Seelig: Erzählende Literatur. „Hüter des Bruders". In: Tages-Anzeiger, 24. 7. 1942. Auch die Tänzerin hatte Seelig bereits früher gewürdigt — Carl Seelig: Ein Tanzabend. In: Tages-Anzeiger, 22. 3. 1935. Siehe auch spätere Aufsätze: Bekenntnis zu Jo Mihaly. In: Schweizerisches Kaufmännisches Zentralblatt, 24. 9. 1954 und schließlich in der Sonntagsbeilage vom 19. 3. 1961 der National-Zeitung, Basel: Jo Mihaly. Eine Dichterstimme aus dem Tessin.

5 Siehe: Traugott Vogel: Leben und Schreiben. Achtzig reiche magere Jahre. Zürich 1975, S. 170 ff.

6 Typoskript Carl Seeligs vom 6. Juli 1944 „Vollausschuss-Sitzung der Kulturgemeinschaft der Emigranten". Dokument der Carl Seelig-Stiftung, Zürich.

7 In: Tages-Anzeiger, 29. 6. 1936; ebda., 11. 12. 1935 sowie Luzerner Tagblatt, 22. 9. 1936.

8 Vgl. u. a.: Soldatenleben in Prosa. In: Tages-Anzeiger, 10. 11. 1939 und Winterlicher Gebirgsdienst. In: Neue Zürcher Zeitung, 6. 11. 1939.

9 Alfred Polgar: Briefe an einen Schweizer Freund; Paris, im November. In: Tages-Anzeiger, 2. 12. 1939, Blatt 3, Nr. 284.

10 Vgl. Brief Carl Seeligs an Will Vesper; Wien, 15. 5. 1921. Autograph des Deutschen Literaturarchivs Marbach am Neckar, Vesper 76.2591.

11 Carl Seelig: Kleine Chronik des Tages. Ein plumper Angriff auf die Schweiz. In: St. Galler Tagblatt, 26. 7. 1940.

12 Carl Seelig: Klage um Finnland. In: Zürcher Illustrierte, 8. 3. 1940.

13 Hermann Hesse an Carl Seelig; o. O., (März 1940). Autograph (Typoskript) der ZB-Zürich Ms Z II 580/66 - 53. Copyright by Suhrkamp Verlag.

14 Brief von Oberst Stadler, Ter. Kdo. 6, an Carl Seelig, 19. August 1940. Dokument der Carl Seelig-Stiftung, Zürich.

15 Carl Seelig: Zum Tode von Ludwig Klages. In: National-Zeitung, 3. 8. 1956.

ÜBER DIE GRENZEN

1 Nelly Sachs an Carl Seelig; Stockholm, d. 27. 10. 47. Autograph (Typoskript) der Carl Seelig-Stiftung, Zürich. Zu Nelly Sachs siehe vor allem: Erhard Bahr: Nelly Sachs. München 1980.

2 Nelly Sachs an Carl Seelig; Stockholm, d. 14. 9. 46. Autograph (Typoskript) der Carl Seelig-Stiftung, Zürich.

3 Nelly Sachs an Carl Seelig; Stockholm, d. 1. 10. 46. Autograph (Typoskript) der Carl Seelig-Stiftung, Zürich.

4 Seelig schrieb auch einen Aufsatz über Aichenrand: Carl Seelig: Lajser Aichenrand wie ich ihn sehe. In: Israelitisches Wochenblatt. Zeitungsausschnitt der Carl Seelig-Stiftung, Zürich.

5 Nelly Sachs an Carl Seelig; d. 27. 10. 47. A. a. O.

6 Nelly Sachs an Carl Seelig; Stockholm, d. 21. 4. 47. Autograph (Typoskript) der Carl Seelig-Stiftung, Zürich.

7 Hans Henny Jahnn an Carl Seelig; Bondegaard/Bornholm, 29. 10. 1947. Autograph (Typoskript) der Carl Seelig-Stiftung, Zürich.

8 Mechtilde Lichnowsky an Carl Seelig; London, 24. III. 49. Autograph der ZB-Zürich Ms Z II 580/104-10.

9 U. a. Carl Seelig: Eine Fürstin schreibt. In: Tages-Anzeiger, 18. 7. 1930.

10 Mechtilde Lichnowsky an Carl Seelig; London, 25. V. 49. Autograph der ZB-Zürich Ms Z II 580/104-13.

11 Mechtilde Lichnowsky an Carl Seelig; 30-VI-49. Autograph der ZB-Zürich Ms Z II 580/104-15.

12 Mechtilde Lichnowsky an Carl Seelig; 4-VII-49. Autograph der ZB-Zürich Ms Z II 580/104-16.

13 Mechtilde Lichnowsky an Carl Seelig; London 21. April 50. Autograph der ZB-Zürich Ms Z II 580/104-29.
Seelig schrieb der Lichnowsky zwei große Nachrufe: Letzter Dank an Mechtilde Lichnowsky. In: Tages-Anzeiger, 12. 6. 1958 sowie Abschied von Mechtilde Lichnowsky. In: National-Zeitung, Basel, 14. 6. 1958.

14 Vgl.: Max Brod: Streitbares Leben. Autobiographie 1884 - 1968. Frankfurt 1979, S. 293 ff. Brod würdigt darin wiederholt Seeligs Verdienste um Robert Walser, S. 244 - 247. Auch in einem unveröffentlichten Typoskript Max Brods, „Carl und die Freundschaft", wird diese Beziehung ausführlich behandelt. Im Besitz der Carl Seelig-Stiftung, Zürich.

15 Max Brod an Carl Seelig; Prag, 14. I. (1928). Autograph der Carl Seelig-Stiftung, Zürich.

16 Vgl. Brief Max Brods an Carl Seelig; Prag, den 30. Oktober 1934: *Es ist ein Erfahrungssatz, dass Verwandte von Autoren, die sich einigermassen durchgesetzt haben, es bei ihrem Debut besonders schwer haben, und ich wäre Ihnen sehr verbunden, wenn Sie meinem Bruder diesen ersten Schritt nach Tunlichkeit erleichterten.* — Autograph (Typoskript) der Carl Seelig-Stiftung, Zürich.
Otto Brod wurde von den Nationalsozialisten nach Auschwitz deportiert und ist dort umgekommen.

17 Max Brod an Carl Seelig; Tel Aviv, 4. Juli 1946. Autograph (Typoskript) im Besitz von Dr. E. Fröhlich, Zürich.

18 Der Autor schreibt über die Bände „Diesseits und Jenseits": *Sie sind mein weitaus wichtigstes Werk. Sie sind auch mein weitaus am wenigsten bekanntes.* — Max Brod, Streitbares Leben, a. a. O., S. 325.

19 Max Brod an Carl Seelig; Genova, 20. Mai (1948). Autograph im Besitz von Dr. E. Fröhlich, Zürich.
Zur Beziehung Seeligs zu Brod siehe auch: Carl Seelig: Freundschaft mit Max Brod. Zum 75. Geburtstag des Dichters. In: Volksrecht (Zürich), 28. 5. 1959.

20 Carl Seelig über Horst Schade. In: Carl Seelig (Hrsg.): Lass nur die Sorge sein. Prosa des 19. und 20. Jahrhunderts. Zürich (Steinberg Verlag) 1948, S. 170.

21 Carl Seelig an Hermann Broch; Zürich, 2. 3. 1949. Typoskript der Reinecke Rare Book and Manuscript Library, Yale.

22 Hermann Broch an Carl Seelig; Yale University, 6. 5. 49. Autograph (Typoskript) der ZB-Zürich Ms Z II 580/20-49.

23 Hermann Broch an Carl Seelig; Princeton, 26. 8. 45. Autograph (Typoskript) der ZB-Zürich Ms Z II 580/20 - 36.

Siehe auch: Hermann Broch: Briefe 3 (1945 - 1951). Hgg. von Paul Michael Lützeler, Frankfurt 1981, S. 11 ff., S. 11.

24 Hermann Broch an Carl Seelig; Princeton, 21. Dezember 1946. Autograph (Typoskript) der ZB-Zürich Ms Z II 580/20 - 41.

25 Hermann Broch an Carl Seelig; Princeton, 2. 12. 45. Siehe: Hermann Broch: Briefe 3, a. a. O., S. 39.

26 Carl Seelig an Hermann Broch; Zürich, 22. Dezember 1950. Autograph (Typoskript) der Reinecke Rare Book and Manuscript Library, Yale.

27 Aerogramm Brochs an Carl Seelig; 28. 12. 1950. Autograph (Typoskript) der ZB-Zürich Ms Z II 580/20.

28 Thomas Mann an Carl Seelig; Pacific Palisades, 20. VII. 41. Autograph der ZB-Zürich Ms Z II 580/112-7.
Mann bedankte sich auch für einen Nachruf, den Seelig auf dessen Schwiegermutter Hedwig Pringsheim verfaßt hatte (Carl Seelig: Hedwig Pringsheim +. In: Tages-Anzeiger, 29. 6. 1942): Thomas Mann an Carl Seelig; Pacific Palisades, 19. Sept. 1942. Autograph der ZB-Zürich Ms Z II 580/112-8.

29 Thomas Mann an Carl Seelig; Pacific Palisades, 22. Mai 1946. Typoskript der ZB-Zürich Ms Z II 580/112-10.

30 Thomas Mann an Carl Seelig; Pacific Palisades, 13. X. 46. Autograph der ZB-Zürich Ms Z II 580/112-13.

31 „Sterne". Anekdotische Erzählungen aus sechs Jahrhunderten. Mit biographischen Einführungen, herausgegeben von Carl Seelig, Zürich 1946. Bereits am 1. November 1946 erschien im „Bücherblatt" eine Selbstanzeige mit dem Titel „Dem Herausgeber das Wort".

32 Carl Seelig (Hrsg.): Lass nur die Sorge sein. Prosa des 19. und 20. Jahrhunderts, Zürich 1948.

33 Heinrich Mann an Carl Seelig; Los Angeles, 21. Jan. 1947. Autograph der ZB-Zürich Ms Z II 580/109-13.

DAS MÜNDEL UND SEIN VORMUND

1 Carl Seelig: Wanderungen mit Robert Walser. Frankfurt 1977, S. 9.

2 Max Picard: In memoriam Robert Walser. In: Vaterland (Luzern), 7. 1. 1958.

3 Hans Heinz Hahnl: Wanderungen mit Robert Walser. In: Die Zukunft (Wien), Heft 4/5, April/Mai 1958, S. 141.

4 Max Brod: Dichter-Wahnsinn. In: Die Zeit, 23. 1. 1958, S. 9. In der „Neuen Zürcher Zeitung" schrieb darüber Traugott Vogel: Wanderungen mit Robert Walser, 20. 2. 1958.

5 Carl Seelig: Wanderungen mit Robert Walser, a. a. O., S. 9.

6 Ebda., S. 174.

7 Max Picard: In memoriam Robert Walser, a. a. O.

8 Die Bibliographie von Katharina Kerr (Über Robert Walser. Zweiter Bd., Frankfurt 1978) verzeichnet mehr als dreißig Texte Seeligs zu Robert Walser. Die wichtigsten der Rezensionen, auch die Grabrede, sind abgedruckt in: Katharina Kerr (Hrsg.), Bd. I., a. a. O., S. 188 - 204.

9 Carl Seelig an Hermann Hesse; Zürich, 13. III. 37. Autograph der Schweizerischen Landesbibliothek Bern Ms L 83-10.

10 Hermann Hesse an Carl Seelig; o. O., o. D. Autograph (Typoskript) der ZB-Zürich Ms Z II 580/66 - 80. Copyright by Suhrkamp Verlag.

11 Alfred Polgar: Robert Walsers „Große kleine Welt". In: Die Nation V (50), 9. 12. 1937, S. 9. Abgedruckt in: Katharina Kerr (Hrsg.): Über Robert Walser. Erster Band, Frankfurt 1978, S. 140 ff. sowie in: Alfred Polgar: Taschenspiegel, a. a. O., S. 79 - 82.

12 Alfred Polgar an Carl Seelig; 12. Juni 37. Autograph der Carl Seelig-Stiftung, Zürich.

13 Heinz Politzer: Robert Walser: Große kleine Welt. In: Maß und Wert I (3), Jan. 1938, S. 467 ff. Abgedruckt in: Katharina Kerr (Hrsg.), Bd. I, a. a. O., S. 143 ff.

14 Thomas Mann an Carl Seelig; Küsnacht-Zürich, 14. X. 37. Autograph (Typoskript) der ZB-Zürich Ms Z II 580/112-6.

15 Hermann Broch an Carl Seelig; Alt Aussee, 25. November 37. Autograph (Typoskript) der ZB-Zürich Ms Z II 580/20-16.

16 Romain Rolland an Carl Seelig; Villeneuve, le 4 Février 1938. Typoskript der ZB-Zürich Ms Z II 580/134-4.

17 Carl Seelig an Hermann Hesse; Zürich, 26. Oktober 1937. Autograph (Typoskript) des Deutschen Literaturarchivs Marbach am Neckar, Hesse-Archiv.

18 Ebda.

19 Hermann Hesse an Carl Seelig; o. O., o. D. (wahrscheinlich Ende 1937). Autograph (Typoskript) der ZB-Zürich Ms Z II 580/66-67. Copyright by Suhrkamp Verlag.

20 Carl Seelig: Wanderungen mit Robert Walser, a. a. O., S. 17.

21 Max Picard an Carl Seelig; o. O., o. D. (wahrscheinlich September 1943). Autograph (Typoskript) im Besitz der Carl Seelig-Stiftung, Zürich. Die gründlichste Untersuchung von Walsers Krankheit samt Diskussion des Krankheitsbegriffes findet sich in der germanistischen Staatsexamensarbeit von Bernhard Echte: Robert Walser und das Problem der Schizophrenie. Untersuchung zum Verhältnis von Literaturwissenschaft und Psychiatrie. Tübingen 1981.

22 Drei dieser Briefe an Seelig sind abgedruckt in: Robert Mächler: Das Leben Robert Walsers. Eine dokumentierte Biographie. Frankfurt ²1978, S. 202 f.

23 Carl Seelig an Hermann Hesse; 7. Sept. 43. Autograph des Deutschen Literaturarchivs Marbach am Neckar, Hesse-Archiv.

24 Siehe: Robert Mächler, a. a. O., S. 207.

25 U. a. die Aphorismenfolge „Vom Glück des Unglücks und der Armut". Basel 1944 und die Sammlung unveröffentlichter Prosastücke „Stille Freuden".

26 Carl Seelig an Hermann Hesse; o. O., o. D. (Anfang 1957). Autograph (Typoskript) der Schweizerischen Landesbibliothek Bern Ms L 83-32.

27 Max Picard an Carl Seelig; den 26. 12. 56. Autograph im Besitz von Dr. E. Fröhlich, Zürich.

28 Max Picard an Carl Seelig; den 18. 1. 57. Autograph im Besitz von Dr. E. Fröhlich, Zürich.

29 Hermann Hesse an Carl Seelig; o. O., o. D. (Anfang 1957). Autograph (Typoskript) der ZB-Zürich Ms Z II 580/66 - 110. Copyright by Suhrkamp Verlag. Werner Kraft schrieb in seinem Aufsatz „Die Idee des Verschwindens bei Robert Walser": *Man sollte übrigens Carl Seeligs immer dankbar gedenken, wenn von Walser und besonders wenn von seinem Lebensausgang die Rede ist.* — In: Text + Kritik. Zeitschrift für Literatur. Heft 12/12a. Robert Walser. München ^{2}1975, S. 21 - 32, S. 21.

VON BÜCHNER ZU EINSTEIN – CARL SEELIG ALS BIOGRAPH UND HERAUSGEBER

1 Georg Büchner: Gesammelte Werke. Mit einem Lebensbericht herausgegeben von Carl Seelig, Zürich (Artemis-Verlag) 1944.

2 U. a. H. Wr.: Zu einer schweizerischen Büchner-Ausgabe. In: Tages-Anzeiger, 14. 12. 1944.

3 Georg Büchner: Gesammelte Werke, a. a. O., S. 319.

4 Widmung Hans Mayers an Carl Seelig vom Dezember 1946. Aus der Widmungsexemplar-Sammlung Seeligs in der ZB-Zürich. Mayer erwähnt die Ausgabe auch auf der letzten Seite seines Buches: Hans Mayer: Georg Büchner und seine Zeit. Wiesbaden 1946, S. 398.

5 Heinrich Mann an Carl Seelig; Los Angeles, 5. Mai 1946. Autograph der ZB-Zürich Ms Z II 580/109-11.

6 Carl Seelig: Novalis. Eine Darstellung seines Lebens. In: Novalis: Gesammelte Werke. Herrliberg-Zürich (Bühl-Verlag) 1945, Bd. 5, S. 319 - 387.

7 Michele Picard an Carl Seelig; Caslano, o. D. (Ende 1944). Autograph (Typoskript) im Besitz der Carl Seelig-Stiftung, Zürich.

8 Carl Seelig: Dem Herausgeber das Wort. In: Bücherblatt, November 1945.

9 Verlagsvertrag zwischen Peter Schifferli und Carl Seelig; Zürich, den 25. April 1946. Dokument der Carl Seelig-Stiftung, Zürich.

10 Vgl. Brief Heinrich Manns an Carl Seelig; Los Angeles, 11. März 1946. Autograph der ZB-Zürich Ms Z II 580/109-19: *Schade, vom "Neuen Club" weiss ich nichts, Georg Heym habe ich nie gesehen, obwohl ich seit 1910 viel in Berlin war. Damals übernahm Paul Cassirer meine Bücher, und seine Frau, Tilla Durieux, spielte fortan meine Stücke. Wo sie ist? Rätsel. Hardekopf desgleichen. Lasker-Schüler – tot, Mynona – vielleicht am Leben, dann in New York. Dort, durch den "Aufbau" ist auch Heinrich Eduard Jacob zu erfragen. Ludwig Hardt war noch unlängst hier, jetzt kämpft er um eine neue Virtuosen-Laufbahn. Die Geschicke wechseln, der Zustand bleibt.*

11 Carl Seelig (Hrsg.): Georg Heym: Gesammelte Gedichte. Mit einer Darstellung seines Lebens und Sterbens. Zürich (Verlag der Arche) 1947.

12 Emmy Ball an Carl Seelig; Magliaso d. 24. Dezember 47. Autograph (Typoskript) der ZB-Zürich Ms Z II 580/4-10.

13 Emmy Ball an Carl Seelig; Magliaso, d. 7. Jan. 48. Autograph (Typoskript) der ZB-Zürich Ms Z II 580/4-12.

14 Erwin Loewenson an Carl Seelig; Tel Aviv, 27. II. (III.) 56. Autograph der Carl Seelig-Stiftung, Zürich.

15 Georg Heym. Dokumente zu seinem Leben und Werk. Hgg. von Karl Ludwig Schneider und Gerhard Burckhardt (= Dichtungen und Schriften, Bd. 6). Verlag Heinrich Ellermann 1968, S. 85-100. ("Mitteilungen über Georg Heym aus seinem Freundeskreis. Gesammelt von Carl Seelig")

16 Bertolt Brecht: Der Soldat von La Ciotat. In: Carl Seelig (Hrsg.): Lass nur die Sorge sein, a. a. O., S. 164 ff.

17 Bertolt Brecht an Carl Seelig; Zürich, Juli 48. Autograph der ZB-Zürich Ms Z II 580/17.

18 Carl Seelig: In einer Bibliothek. In: Carl Seelig: Gang durch die Dämmerung. Gedichte vom Leben und Sterben der Menschen. Zürich (Oprecht, Copyright by Europa-Verlag) 1953, S. 66.

19 U. a. R. K. H.: Ein Schweizer Dichter. In: Basler Nachrichten, 9. 10. 1953.

20 Hermann Broch an Carl Seelig; Princeton Hospital, N. J., 8. 3. 49. Siehe: Hermann Broch, Briefe 3, a. a. O., S. 315 f., S. 316.

21 Carl Seelig an Albert Einstein; Zürich, den 9. April 1923. Autograph (Typoskript) der Handschriftensammlung der ETH Zürich Hs 304:3.

22 Albert Einstein an Carl Seelig; Berlin W 30, den 16. V. 23. Autograph der ETH Hs 304:4.

23 Carl Seelig an Albert Einstein; Zürich, 21. Februar 52. Autograph (Typoskript) der ETH Hs 304:6.

24 Albert Einstein an Carl Seelig; den 25. Februar 1952. Typoskript der ETH Hs 304:7.

25 Thomas Mann an Carl Seelig; Pacific Palisades, 20. III. 52. Autograph der ZB-Zürich Ms Z II 580/112-17.

26 Albert Einstein an Carl Seelig; den 20. April 1952. Typoskript der ETH Hs 304:15.

27 Carl Seelig an Albert Einstein; Zürich, 6. März 1952. Typoskript der ETH Hs. 304:8.

28 Albert Einstein an Carl Seelig; den 11. März 1952. Typoskript der ETH Hs 304:9.

29 Albert Einstein an Carl Seelig; den 8. April 1952. Typoskript der ETH Hs 304:14.
Siehe auch Seeligs ausführlichen Nachruf auf Friedrich Adler: Trauer um Dr. Friedrich Adler. In: Volksrecht (Zürich), 4. 1. 1960.

30 Max Brod an Carl Seelig; 19. Febr. o. J. Autograph der ETH Hs 304:258. Die Informationen dieses Briefs sind verkürzt, aber manchmal sogar mit identischen Formulierungen aufgenommen worden in: Carl Seelig: Albert Einstein. Leben und Werk eines Genies unserer Zeit. Zürich 1960 (stark erweiterte Neuauflage), S. 208 f.

31 Handschriftliche Stellungnahme von Thomans Mann, Lugano, 21. Sept. 53. Autograph der ZB-Zürich Ms Z II 580/112-19.

32 Albert Einstein an Carl Seelig; Princeton, 2. XI. 52. Autograph der ETH Hs 304:25.

33 Siehe Brief C. G. Jungs an Carl Seelig; 25. II. 1953. In: C. G. Jung: Briefe. Zweiter Band 1946 - 1955. Herausgegeben von Aniela Jaffé

in Zusammenarbeit mit Gerhard Adler. Olten und Freiburg im Breisgau 1972. S. 324.

34 Albert Einstein: Mein Weltbild. Herausgegeben von Carl Seelig. Zürich-Stuttgart-Wien (Europa Verlag) 1953.

35 Albert Einstein an Carl Seelig; den 25. März 1953. Typoskript der ETH Hs 304:27.

36 Albert Einstein an Carl Seelig; Princeton, 25. X. 53. Autograph der ETH Hs 304:29. Ein Zitat aus diesem Brief: *Früher dachte ich nicht daran, daß jedes spontan geäußerte Wort aufgegriffen und fixiert werden könnte. Sonst hätte ich mich mehr ins Schneckenhaus verkrochen.* — Wurde abgedruckt in: Albert Einstein: Briefe. Aus dem Nachlaß hgg. von Helen Dukas und Banesh Hoffmann. Zürich 1981, S. 23.

37 Carl Seelig: Albert Einstein. Leben und Werk eines Genies unserer Zeit, a. a. O., S. 379.
Noch deutlicher hatte Seelig in einem Zeitungsartikel über Einstein von den *infamen Hetzkampagnen des faschistischen Senators McCarthy* geschrieben. Siehe: Carl Seelig: Albert Einstein und das soziale Gewissen. In: Schweizerische Bau- und Holzarbeiterzeitung, 1954 (17), S. 3. Auch für Einsteins Testamentvollstrecker, Dr. Otto Nathan, trat Seelig ein, als er sich vor den Untersuchungskomitees für „Un-American Activities" zu verantworten hatte — Carl Seelig: Prof. Albert Einsteins Testamentsvollstrecker gegen amerikanische Schnüffelmethoden. In: Volksrecht, 27. 7. 1956.

38 Albert Einstein an Carl Seelig; 16. I. 53. Autograph der ETH Hs 304:26.

39 Albert Einstein an Carl Seelig; Princeton, 4. 1. 54. Autograph der ETH Hs 304:30. Zitate aus diesem Brief wurden bereits abgedruckt. In: Elio Fröhlich und Robert Mächler (Hrsg.): Robert Walser zum Gedenken. Aus Anlaß seines 20. Todestages am 25. Dezember 1976. Zürich-Frankfurt 1976, S. 9 f.
Nach Einsteins Tod gab Seelig noch einen Gedächtnisband heraus, der Beiträge von Freunden und Mitarbeitern wie Otto Hahn, Lise Meitner, Otto R. Frisch, Max Born enthielt. Carl Seelig (Hrsg.): Helle Zeit — Dunkle Zeit. In memoriam Albert Einstein. Zürich-Stuttgart-Wien (Europa Verlag) 1956.

„TRAUERARBEIT" EINES SCHWEIZER KRITIKERS

1 Max Picard an Carl Seelig; den 5. April 51. Autograph (Typoskript) im Besitz der Carl Seelig-Stiftung, Zürich.

2 Max Picard an Carl Seelig; den 20. August 51. Autograph (Typoskript) im Besitz der Carl Seelig-Stiftung, Zürich.

3 Max Picard an Carl Seelig; den 28. 8. 51. Autograph (Typoskript) im Besitz der Carl Seelig-Stiftung, Zürich.

4 Carl Seelig an den Schweizerischen Schulrat; 23. 2. 1952. Durchschlag aus den Beständen der Carl Seelig-Stiftung, Zürich.

5 Elio Fröhlich: Nachwort zu Carl Seelig: Wanderungen mit Robert Walser, a. a. O., S. 177 - 182, S. 177.

6 Handschriftlicher Lebenslauf Ferdinand Hardekopfs (23. Juni 53). Autograph der Carl Seelig-Stiftung, Zürich.

7 Ferdinand Hardekopf an Carl Seelig; Mittwoch, den 27. Oktober 1952 mittags. Autograph der Carl Seelig-Stiftung, Zürich.

8 Ferdinand Hardekopf an Carl Seelig; o. D. Autograph der Carl Seelig-Stiftung, Zürich.

9 Ferdinand Hardekopf an Carl Seelig; Donnerstag, o. D. Autograph der Carl Seelig-Stiftung, Zürich.

10 Carl Seelig: Besuch bei Hardy. Handschriftliche Notizen aus dem Bestand der Carl Seelig-Stiftung, Zürich.

11 Durchschrift des Protokolls im Besitz der Carl Seelig-Stiftung, Zürich.

12 Jakob Bührer: „Der Fall Dr. Carl Seelig". In: Volksrecht (Zürich), 17. 9. 1953.

13 Die betreffenden Artikel erschienen am 12. 9. 1953, die letzten beiden am 3. 7. 1953.

14 Siehe: Für die Freiheit der Filmkritik. In: Schweizerische Depeschenagentur, 17. 5. 1953.

15 Jakob Bührer: Nach dem Urteil des Bundesgerichtes im Fall Carl Seelig. In: Volksrecht, 16. 2. 1954.

16 Carl Seelig an Hermann Hesse; Zürich, 30. Mai 1958. Autograph der Schweizerischen Landesbibliothek Bern Ms L 83-35.

17 Max Picard an Carl Seelig; den 21. II. 54. Autograph (Typoskript) im Besitz der Carl Seelig-Stiftung, Zürich.

18 Albin Zollinger an Carl Seelig; o. O., o. D. (1937). Autograph der ZB-Zürich Ms Z II 580/180-10.

19 Carl Seelig: Ein neuer Roman von Ramuz. („Ein Dichter kam und ging"). In: Tages-Anzeiger, 10. 4. 1926.

20 Carl Seelig: C. F. Ramuz. Zum fünfzigsten Geburtstag. In: Basler Nachrichten, 24. 9. 1928.

21 Carl Seelig: Charles Ferdinand Ramuz. Ein Besuch beim bedeutendsten Schweizerdichter der Gegenwart. In: Schweizerisches Familien Wochenblatt, 3. 6. 1944. Ramuz dankte Seelig mit den Worten: *Je vous remercie de toute la peine que vous avez prise à mon sujet: tout un voyage, tout un text à écrire. Je sais que je la mérite bien peu, mais j'en accepte le „produit" dans l'esprit même où vous avez bien voulu me l'offrir.* C. F. Ramuz an Carl Seelig; 3 juin 44. Autograph der ZB-Zürich Ms Z II 580/130-4.

22 Charles Ferdinand Ramuz: Tagebuch 1896 - 1942. Zürich 1950. Seelig hatte dafür auch den Klappentext geschrieben.

23 Carl Seelig: In memoriam Cäsar von Arx. In: Tages-Anzeiger, 17. 7. 1949.

24 Adrien Turel an Carl Seelig; Zürich, den 17. 7. 49. Autograph (Typoskript) der ZB-Zürich Ms Z II 580/162-2.
Zu Turels Wesen siehe auch: R. J. Humm: Bei uns im Rabenhaus, a. a. O., S. 46 - 64.

25 Adrien Turel an Carl Seelig; Zürich, den 23. September 1953. Autograph (Typoskript) der ZB-Zürich Ms Z II 580/162-3.

26 Siehe auch die zweiseitige Auswahl aus Briefen von Otto Wirz an Carl Seelig: „Kummervoller Spaß – spaßiger Kummer". Otto Wirz im Spiegel seiner Briefe. Mitgeteilt von Carl Seelig. In: Neue Zürcher Zeitung, 17. 3. 1957 (Sonntagsausgabe – Literatur und Kunst) sowie Carl Seelig: Otto Wirz (1877 - 1946). In: Die Ernte. Schweizerisches Jahrbuch, 1959, S. 47 - 58.

27 Zu Seeligs Einsatz für Ludwig Hohl siehe vor allem den Materialienband: Johannes Beringer (Hrsg.): Ludwig Hohl. Frankfurt 1981, in dem drei Artikel Seeligs abgedruckt sind.

28 Max Gertsch an Carl Seelig; 20. 7. 60. Autograph (Typoskript) der Carl Seelig-Stiftung, Zürich.

29 Neben Briefen, die in der Zentralbibliothek und der Carl Seelig-Stiftung aufbewahrt werden, siehe insbesondere den Artikel von Seelig: Cécile Lauber. In: Schweizer Frauen- und Modeblatt, 30. 9. 1944, sowie die Würdigung: Cécile Lauber. Zum 70. Geburtstag der Luzerner Dichterin. In: Tages-Anzeiger, 13. 7. 1957.

30 Alja Rachmanowa an Carl Seelig; Ettenhausen bei Aadorf, 6. September 1956. Autograph der Carl Seelig-Stiftung, Zürich.

31 Michele Picard an Carl Seelig; (November 1956). Typoskript im Besitz der Carl Seelig-Stiftung, Zürich.

32 Jo Mihaly: Einsame Welt. Fünfseitiges Typoskript im Besitz der Carl Seelig-Stiftung, Zürich.

33 Vgl.: Robert Mächler: Robert Walser, a. a. O.

34 Carl Seelig an Hermann Hesse; Zürich, 24. Mai 58. Autograph der Schweizerischen Landesbibliothek Bern Ms L 83-84/34a.

35 Max Picard an Carl Seelig; den 11. August 54. Autograph (Typoskript) im Besitz der Carl Seelig-Stiftung, Zürich.

36 Erika Burkart: Rufweite. Prosa. Zürich-München 1975, S. 96.

37 Die Rekonstruktion stützt sich auf Zeugenaussagen, die in den Polizeiprotokollen festgehalten sind. Kopien davon befinden sich im Besitz der Carl Seelig-Stiftung, Zürich.

38 Alfred A. Häsler: Ein Mensch. Carl Seelig, Zürich (1894 - 1962). In: A. A. H.: Jeremias. Zu Besuch bei . . . Zürich 1965, S. 24 - 27, S. 27.

BIBLIOGRAPHIE

der von Carl Seelig verfaßten, übersetzten, bearbeiteten und herausgegebenen Werke

Eigene Werke

Carl Seelig: Lieder. Bern-Zürich (C. Hönn) 1921.

Carl Seelig: Erlösung. Gedichte. Sarnen (Louis Ehrli) 1922.

Carl Seelig: Im Märchenwald. Mit Abb. von Hans Eggimann. Sarnen (Louis Ehrli) 1922.

Carl Seelig: Erlebnisse. Erzählungen. Dortmund (Der Garten Eden) 1923.

Carl Seelig: Die Jagd nach dem Glück. Ein Abenteurer-Roman. Bilder von Kurt Szafranski. Sarnen (Louis Ehrli) 1923.

Carl Seelig: Nachtgeschichten aus der guten alten Zeyt. Rudolstadt (Greifen-Verlag) 1924.
1947 in Winterthur (Mondial Verlag) als „Nachtgeschichten" neuerlich veröffentlicht.

Carl Seelig: Himmel und Erde. 2., stark vermehrte und veränderte Auflage von „Lieder". Rudolstadt (Greifen-Verlag) 1925.

Carl Seelig: Die Jahreszeiten im Spiegel schweizerischer Volkssprüche. Zürich (Orell Füssli) 1925.

Carl Seelig: Lob des Herbstes. Kleine Impressionen. Mit Zeichnungen von Charles Hug. Olten (Vereinigung der Bücherfreunde) 1945.

Carl Seelig: Albert Einstein und die Schweiz. Zürich-Stuttgart-Wien (Europa Verlag) 1952.

Carl Seelig: Gang durch die Dämmerung. Gedichte. Mit Vignetten von Gunter Böhmer. Zürich (Oprecht) 1953.

Carl Seelig: Albert Einstein. Eine dokumentarische Biographie. 2., umgearbeitete und stark vermehrte Auflage von „Albert Einstein und die Schweiz". Zürich-Stuttgart-Wien (Europa Verlag) 1954.

Carl Seelig: Wanderungen mit Robert Walser. St. Gallen (Tschudy) 1957.

(= Band 554 der Bibliothek Suhrkamp, versehen mit einem Nachwort von Elio Fröhlich).

Carl Seelig: Albert Einstein. Leben und Werk eines Genies unserer Zeit. Stark erweiterte Neuauflage von „Albert Einstein. Eine dokumentarische Biographie". Zürich (Europa Verlag) 1960.

Übersetzungen und Bearbeitungen

Knud Rasmussen: Neue Menschen. Ein Jahr bei den Nachbarn des Nordpols. Freie Bearbeitung von Carl Seelig nach der Übersetzung von Elsbeth Rohr. Wien (E. P. Tal & Co.) 1920.

M. D. Calvocoressi: Mussorgsky. Deutsche umgearbeitete Fassung von Carl Seelig. Wien (E. P. Tal & Co.) 1921.

Jonathan Swift: Lemuel Gullivers Reisen in verschiedene ferne Länder der Welt. Neue vollständige Übertragung von Carl Seelig. Mit einem Vorwort von Hermann Hesse und 32 Steinzeichnungen von Fritz Eichenberg. Leipzig (L. Joachim) 1925. (= „Die Freunde", 10).
1935 in der „Deutschen Buchgemeinschaft" erschienen.
1945, im Steinberg Verlag (Zürich), versehen mit 140 Holzschnitten von Grandville, veröffentlicht.
1955, mit einem zusätzlichen Nachwort von Hippolyte Taine, in die „Manesse Bibliothek der Weltliteratur" aufgenommen.

Editionen

Matthias Claudius: Das fromme Buch. Auswahl von Carl Seelig. Mit einem Vorwort von Max Picard. Wien (E. P. Tal & Co.) 1920.

Carl Seelig (Hrsg.): Der Tag bricht an. Gedichte von Waldemar Bonsels u. a. Dortmund (Der Garten Eden) 1921.

Heinrich Leuthold: Der schwermütige Musikant. Gedichte. Auswahl von Carl Seelig. Mit einem Vorwort von Hermann Hesse. Wien (E. P. Tal & Co.) 1922.
1934 in Zürich (Oprecht & Helbling) neuerlich veröffentlicht.

Jean Paul: Der ewige Frühling. Auswahl von Carl Seelig. Mit einem Vorwort von Hermann Hesse und Zeichnungen von Karl Walser. Wien (E. P. Tal & Co.) 1922. (= Insel Taschenbuch 262).

Eduard Mörike: Gedichte. Auswahl von Carl Seelig. Leipzig (L. Joachim) 1923. (= „Die Freunde", 3).

Theodor Storm: Gedichte. Auswahl von Carl Seelig. Leipzig (L. Joachim) 1924. (= „Die Freunde", 17).

Heinrich Heine: Buch der Lieder. Auswahl von Carl Seelig. Leipzig (L. Joachim) 1924. (= „Die Freunde", 20).

Arnim und Brentano: Des Knaben Wunderhorn. Auswahl von Carl Seelig. Leipzig (L. Joachim) 1924. (= „Die Freunde", 22).

Carl Seelig (Hrsg.): Das neue Wunderhorn. Deutsche Volkslieder. Leipzig (L. Joachim) 1924. (= „Die Freunde", 29).

Joseph von Eichendorff: Gedichte. Auswahl von Carl Seelig. Leipzig (L. Joachim) 1924. (= „Die Freunde", 30).

Carl Seelig (Hrsg.): Alpenrösli. Schweizerisches Taschen-Liederbuch der schönsten und beliebtesten Vaterlandslieder, Kuhreihen, Balladen und Mären, Natur-, Wander-, Liebes-, Trink-, Studenten-, Soldaten-, Fest-, Turner-, Jäger-, Schützen- und Scherzlieder. Zürich (Ernst Waldmann Verlag) 1928. (2., unveränderte Auflage 1949).

Robert Walser: Große kleine Welt. Eine Auswahl. Hrsg. von Carl Seelig. Erlenbach-Zürich und Leipzig (Eugen Rentsch Verlag) 1937.

Robert Walser: Gedichte. (Gegenüber der Erstausgabe, 1909, um zwei vermehrt). Mit einem Vorwort von Carl Seelig. Basel (Schwabe) 1944.

Robert Walser: Stille Freuden. Mit einem Nachwort „Wanderung mit Robert Walser" von Carl Seelig. Olten (Vereinigung der Bücherfreunde) 1944.

Robert Walser: Vom Glück des Unglücks und der Armut. Mit einem Vorwort von Carl Seelig. Basel (Schwabe) 1944.

Georg Büchner: Gesammelte Werke. Mit einem Lebensbild („Lebensbild eines jungen Genies") hrsg. von Carl Seelig. Zürich (Artemis Verlag) 1944.

Novalis: Gesammelte Werke. Mit einem Lebensbericht („Novalis. Eine Darstellung seines Lebens") hrsg. von Carl Seelig. Herrliberg-Zürich (Bühl-Verlag). 5 Bände. 1945/46.

Carl Seelig (Hrsg.): Sterne. Anekdotische Kurzgeschichten aus sechs Jahrzehnten. Zürich (Steinberg Verlag) 1946.

Georg Heym: Gesammelte Gedichte. Mit einer Darstellung seines Lebens und Sterbens hrsg. von Carl Seelig. Zürich (Die Arche) 1947.

Carl Seelig (Hrsg.): Erzähler des 19. Jahrhunderts. Ausgewählt und mit einem Essay „Die Ahnen und Manen des modernen Lebensgefühls" von Carl Seelig. Zürich (Scientia Verlag) 1947.

Carl Seelig (Hrsg.): Lass nur die Sorge sein. Prosa des 19. und 20. Jahrhunderts. Zürich (Steinberg Verlag) 1948.

Albert Einstein: Mein Weltbild. Hrsg. von Carl Seelig. Neue, vom Verfasser durchgesehene und wesentlich erweiterte Auflage. Zürich (Europa Verlag) 1953.

Robert Walser: Dichtungen in Prosa. Gesamtausgabe in 5 Bänden, hrsg. von Carl Seelig. Genf und Darmstadt / Genf und Frankfurt (Holle/Kossodo) 1953 - 1961.

Carl Seelig (Hrsg.): Helle Zeit – Dunkle Zeit. In memoriam Albert Einstein. Zürich-Stuttgart-Wien (Europa Verlag) 1956.

Robert Walser: Unbekannte Gedichte. Hrsg. von Carl Seelig. St. Gallen (Tschudy) 1958.

Carl Seelig (Hrsg.): Die Welt von Robert Walser. Mit einer Einleitung von Carl Seelig. Zürich (Fretz) 1961.

„Die Zwölf Bücher"

Herausgegeben von Carl Seelig, Zürich, im E. P. Tal & Co. Verlag, Leipzig-Wien-(Zürich). Mit Ausnahme des Rolland-Bandes, der nachweislich als erster erschien, sind die Werke innerhalb des jeweiligen Erscheinungsjahres alphabetisch geordnet.

Romain Rolland: Die Zeit wird kommen. Drama in drei Akten. Übertragen von Stefan Zweig. 1919.
1945, versehen mit einem Nachwort von Carl Seelig, in Zürich (E. A. Hofmann Verlag) neuerlich veröffentlicht.

Carl Hauptmann: Der abtrünnige Zar. Eine Legende in sechs Vorgängen. 1919.

Hermann Hesse: Kleiner Garten. Erlebnisse und Dichtungen. 1919.

Wilhelm Schmidtbonn: Die Flucht zu den Hilflosen. Die Geschichte dreier Hunde. 1919.

Stefan Zweig: Fahrten. Landschaften und Städte. 1919.

Henri Barbusse: Erste Novellen. Übersetzt von L. Andro (d. i. Therese Rie). Mit einem Vorwort „Die Sendung Henri Barbusses" von Oskar Maurus Fontana. 1920.

André Suarès: Cressida. Nachdichtung von Stefan Zweig und Erwin Rieger. 1920.

Otto Zoff: Gedichte. 1920.

Georges Duhamel: Das Licht. Drama in vier Akten. Deutsch von Erwin Rieger. 1921.

Maurice Maeterlinck: Der Bürgermeister von Stilmonde. Drama in drei Akten. Deutsch von Paul und Marta Amann. 1921.

Wilhelm Schäfer: Frühzeit. Erzählungen. 1921.

Ernst Toller: Die Maschinenstürmer. Ein Drama aus der Zeit der Ludditenbewegung in England in fünf Akten und einem Vorspiel. 1922.

NAMENREGISTER

Adler, Friedrich 135 f, 184
Adler, Gerhard 185
Aichenrand, Lajser 115, 177
d'Albert, Eugen 40, 158
Albertsen, Elisabeth 175
Amann, Marta 156, 193
Amann, Paul 156, 193
Andro, L. (d. i. Therese Rie) 34, 193
Arnim, Achim von 56, 191
Arx, Cäsar von 146, 187

Bahr, Erhard 177
Bahr, Hermann 47
Ball-Hennings, Emmy 131 f, 183
Balzac, Honoré de 83, 142
Barbusse, Henri 29, 33 f, 37, 41, 53, 71, 80, 91, 155, 160 f, 164, 193
Bartels, Adolf 67
Barth, Karl 119
Barthel, Max 34, 67
Bartók, Béla 41, 158
Baum, Vicki 76, 165
Becher, Johannes R. 90, 115
Benn, Gottfried 81, 166
Berend, Eduard 161
Berg, Alban 44
Bergengruen, Werner 119
Berghahn, Wilfried 106 f
Beringer, Johannes 188
Bezruč, Peter 174
Binding, Rudolf G. 84
Blum, Léon 53
Bodmer, Martin 203
Böhmer, Gunter 133, 189

Bonsels, Waldemar 28, 34, 53, 154, 190
Born, Max 135, 185
Braun, Felix 53, 99
Brecht, Bertolt 7, 132, 183
Brentano, Bernard von 87 ff, 169, 203
Brentano, Clemens 56, 191
Brentano, Margot von 203
Broch, Hermann 79, 97, 100, 103, 105 ff, 116, 119 f, 125, 133, 172 f, 178 f, 181, 184, 203
Broch de Rothermann, Hermann Friedrich 203
Brod, Max 115, 118, 123, 132, 160, 171, 178, 184, 203
Brod, Otto 118, 178
Bronsen, David 167
Bruckner, Ferdinand (d. i. Theodor Tagger) 67, 163
Brust, Alfred 35 f, 156
Buber, Martin 38, 53, 157, 203
Buber, Rafael 203
Büchner, Georg 130, 182, 191
Bührer, Jakob 144, 186
Burckhardt, Gerhard 183
Burkart, Erika 149, 188
Busch, Wilhelm 134

Cabanis, Rosa 22
Calvocoressi, M. D. 158, 190
Canetti, Elias 96 f, 172
Carossa, Hans 99
Cassirer, Paul 183
Chaplin, Charles 84
Claassen, Eugen 107

Claudius, Eduard 104, 174
Claudius, Hermann 28, 154
Claudius, Matthias 28, 55 f, 190
Corino, Karl 175
Courths-Mahler, Hedwig 61
Cyril, Victor 160

Demetz, Peter 171
Dinklage, Karl 175
Döblin, Alfred 37, 156
Dollfuß, Engelbert 81
Dostojewski, F. M. 74
Duhamel, Georges 34, 53, 156, 193
Dukas, Helen 137, 185
Durieux, Tilla 183
Durzak, Manfred 172

Echte, Bernhard 181
Eeden, Frederick van 34
Eggimann, Hans 189
Ehrenstein, Albert 104, 174
Ehrli, Louis 54, 57, 161
Eichenberg, Fritz 59, 190
Eichendorff, Joseph von 55 f, 191
Einstein, Albert 37, 68, 133-139, 140, 157, 184 f, 189, f, 192, 203
Einstein, Eduard („Teddy") 135, 139
Ell, Erik G. 203
Eyck, Erich 174

Faesi, Robert 27
Fallada, Hans 81, 166
Fanta, Bertha 136
Feuchtwanger, Lion 169
Fichte, Johann Gottlieb 136
Fischer, Samuel 33

Foerster, Friedrich Wilhelm 80, 166
Fontana, Oskar Maurus 193
Fouchardière, Georges de la 53
France, Anatole 53
Frank, Bruno 65, 106
Frank, Liesl 106
Friedell, Egon 103, 173
Frisch, Otto R. 185
Frisé, Adolf 159
Fröhlich, Elio 185 f, 189, 203
Frühwald, Wolfgang 159

Garibaldi, Giuseppe 91, 170
Gauß, Karl-Markus 174
George, Manfred 115
Gertsch, Max 146, 188
Giacometti, Augusto 84
Gide, André 38, 110, 142, 157
Glaeser, Ernst 85-88, 168
Glahn, Thomas (Pseud. f. Carl Seelig) 60, 175
Glaus, Beat 203
Goebbels, Joseph 105
Goethe, Johann Wolfgang von 11, 130
Gogh, Vincent van 43
Gogol, Nikolai 74
Goldstein, Maximilian 110
Gorion, Micha bin 34
Gorki, Maxim 61
Goverts, Henry 107
Grab, Hermann 95 f, 171 f
Graf, Gisela 203
Graf, Oskar Maria 64 ff, 163, 203
Grandville 190
Greiner, Leo 34
Großmann, Stefan 45, 159
Groth, Helmut 90

Gubler, Martha Beatrice 163

Haesler, Alfred H. 165, 188
Hahn, Otto 185
Hahnl, Hans Heinz 180
Hall, Murray G. 203
Hamsun, Knut 51, 61, 84, 167
Handel-Mazzetti, Enrica von 54
Hardekopf, Ferdinand 142 f, 186
Hardt, Ludwig 79, 183
Haringer, Jakob 103
Hauptmann, Carl 34, 40, 44, 158 f, 193
Hauptmann, Gerhart 29 f, 37, 99, 155 f, 172
Hausmann, Manfred 167
Hebel, Johann Peter 57
Hegel, Georg Wilhelm F. 136
Heine, Heinrich 55 f, 191
Heinemann, Franz 161
Heisenberg, Werner 139
Heller, Hugo 50
Helmes, Günter 161
Helwig, Werner 132
Herdan Zuckmayer, Alice 159
Hesse, Heiner 153
Hesse, Hermann 17, 18-21, 24, 27, 29, 33, 49, 53, 56, 59 f, 66, 75, 77, 99 f, 102 - 105, 112 f, 119, 124, 126 f, 129, 131, 145, 149, 152 - 156, 160, 165, 173, 176, 180 ff, 187 f, 190, 193, 203
Heydemann, Klaus 152
Heydt, Eduard von der 136
Heym, Georg 131 f, 183, 192
Hildenbrandt, Fred 65
Hiller, Kurt 131 f
Hiltbrunner, Hermann 146
Hinze, Klaus Peter 170

Hitler, Adolf 78, 89, 101 f, 105, 111, 114, 116
Höllriegel, Arnold (d. i. Richard Arnold Bermann) 103
Hoelz, Max 68 ff, 163 f
Hoffe, Ester 203
Hoffmann, Banesh 185
Hofmannsthal, Hugo von 65, 110, 133
Hohl, Ludwig 146, 188
Horwitz, Kurt 111
Horwitz, Ruth 111
Huber, Hans 40
Hufschmid, Rosa 203
Hug, Charles 189
Huggenberger, Alfred 55, 161
Humm, Rudolf Jakob 10 f, 151, 187
Hurter, Walter Gustav 22

Inglin, Meinrad 146
Iros, Ernst 174

Jacob, Heinrich Eduard 183
Jaffé, Aniela 184
Jahnn, Hans Henny 116 f, 177
Jean Paul (d. i. Johann Paul Friedrich Richter) 56, 190
Joyce, James 105, 174
Jünger, Ernst 99, 172
Jünger, Friedrich Georg 99, 172
Jung, Carl Gustav 138, 147, 157, 184

Kafka, Franz 49 f, 67, 74, 92, 94, 110 f, 118 f, 125, 160
Kant, Immanuel 136
Kassner, Rudolf 59
Kastinger Riley, Helene M. 152

Kempner, Friederike 10
Kepler, Johannes 136
Kerr, Alfred 51, 79
Kerr, Katharina 180
Kesten, Hermann 167
Kilian, Peter 147
Klabund (d. i. Alfred Henschke) 38, 157
Klages, Ludwig 114, 176
Kleist, Heinrich von 89
Kluckhohn, Paul 131
Knittel, John 84
Koffka, Friedrich 34
Kolisch, Rudolf 44
Kollwitz, Käthe 24, 75, 84, 154, 156, 165
Korngold, Erich Wolfgang 41, 158
Korrodi, Eduard 55, 87, 119, 161
Kraft, Werner 181
Krahmer, Catherine 165
Kraus, Karl 28, 58 f, 68 f, 80, 83, 154, 166
Kreis, Nellie 175
Křenek, Ernst 41, 84
Kreuzer, Helmut 161
Kropotkin, Peter 163

Längle, Ulrike 170
Lagerlöf, Selma 84
Landauer, Gustav 163
Lasker-Schüler, Else 79, 166, 183
Latzko, Andreas 28 f, 34, 154
Lauber, Cécile 146, 188
Laue, Max von 136
Lavater, Johann Caspar 130
Lawrence, David Herbert 63, 71
Lejeune, Robert 175

Lersch, Heinrich 20, 30, 34
Leuthold, Heinrich 56, 190
Lichnowsky, Mechtilde 117, 177
Liebermann, Max 59
Liepman, Ruth 203
Lion, Ferdinand 11, 105, 151, 174
Loewenson, Erwin 132, 183
Ludwig, Carl 165
Lützeler, Paul Michael 172, 174
Luschnat, David 85, 168
Luxemburg, Rosa 47, 68, 117, 159

Mächler, Robert 149, 181, 185
Maeterlinck, Maurice 34, 156, 193
Mahler, Gustav 41
Malraux, André 142
Manga Bell, Andrea 84, 167
Mann, Erika 79, 156
Mann, Golo 151, 203
Mann, Heinrich 36, 68, 79, 100, 122, 130 f, 166, 179, 183, 203
Mann, Thomas 11, 36, 65, 68, 79, 81, 84 f, 87 f, 97, 100, 105, 110, 121 f, 125, 134, 137, 142, 156, 166 ff, 179 f, 184, 204
Maria Theresia 117
Martini, Fritz 151
Maschler, K. L. 204
Masereel, Frans 84, 109
Massary, Fritzi 106
Maupassant, Guy de 142
Mayer, Hans 130, 182
McCarthy, Joseph 139, 185
Meitner, Lise 136, 185
Mendelssohn, Peter de 151, 167 f
Meyrink, Gustav 27, 153 f, 203

Michaëlis, Karin 39 f, 44, 157
Michaëlis, Sophie 39, 157
Michels, Ursula 153
Michels, Volker 153, 173
Mihaly, Jo 119, 148, 176, 188, 203
Mittenzwei, Werner 70, 78, 88, 99, 164 f, 168, 172, 174 f
Mörike, Eduard 55 f, 191
Morlang, Werner 203
Mühsam, Erich 163
Müller, Robert 53, 161
Musil, Martha 107, 175
Musil, Robert 47 ff, 94 f, 106 ff, 159 f, 171, 175
Mussorgsky, Modest 40, 158, 190
Mynona (d. i. Salomo Friedländer) 183

Nathan, Otto 185, 203
Nestroy, Johann 68
Nizon, Paul 146
Nolde, Emil 72, 164
Noske, Gustav 65
Novalis (d. i. Friedrich von Hardenberg) 130 f, 182, 191

Oberlin, Johann Friedrich 130
Oprecht, Emil 165
Orendi Hinze, Diana 170

Paquet, Alfons 34
Pestalozzi, Johann Heinrich 76
Picard, Max 34, 43 f, 47, 50 f, 56, 58 f, 76, 82 f, 101, 105, 123 f, 126, 128, 139, 140 ff, 145, 147, 157 - 160, 162, 167, 173 f, 180 ff, 186 ff, 190, 204

Picard, Michele 130, 147, 182, 188, 204
Pike, David 163
Pinkus, Theodor 163
Polgar, Alfred 64, 79, 84, 86, 98, 100, 105, 109, 11, 124 f, 132, 162 f, 166, 168, 173, 176, 180, 203
Politzer, Heinz 125, 180
Potthoff, Adolf 161
Prater, Donald A. 152, 171
Pringsheim, Hedwig 179
Proust, Marcel 96

Rachmanowa, Alja 147, 188
Ramuz, Charles Ferdinand 120, 145 f, 187
Rascher, Max 30 f, 155
Rasmussen, Knud 158, 190
Reisiger, Hans 103
Ribbentrop, Joachim von 89
Rieger, Erwin 34, 193
Rilke, Rainer Maria 37, 59, 146, 156 f, 162, 203
Ringelnatz, Joachim 84
Rohr, Elsbeth 190
Rolland, Marie Romain 203
Rolland, Romain 18 f, 34, 37, 41, 45 ff, 53, 69, 125 f, 152 f, 155, 181, 192, 203
Romains, Jules 38, 53, 157
Roth, Joseph 81-85, 166 ff
Rothmund, Heinrich 102
Rychner, Max 51

Sachs, Nelly 115 f, 177, 203
Sahl, Hans 109, 175, 204
Saladin, Joseph 147

Salis, Jean Rudolf von 89, 169
Sanzara, Rahel (d. i. Johanna Bleschke) 92 ff, 170 f
Schade, Horst 119, 178
Schäfer, Wilhelm 34, 53, 156, 193
Schaffner, Jakob 27, 66
Scheffler, Karl 84
Schickele, René 27
Schifferli, Peter 182
Schiller, Friedrich von 93
Schmid, Ernst 54, 161
Schmidtbonn, Wilhelm 34, 193
Schneider, Karl Ludwig 183
Schnitzler, Arthur 37, 156, 204
Schnitzler, Heinrich 204
Schönberg, Arnold 41 f, 44, 158
Schönwiese, Ernst 172
Schuschnigg, Kurt von 101 f, 112
Schwarzwald, Genia 44, 159
Seelig, Carl, sen. 12 ff, 21-24
Seelig, Geert 151
Seelig, Gertrud 13
Seelig, Julie Alwine (geb. Kuhn) 12
Seelig, Lilly 13
Seelig, Maria Margareta (geb. Deutsch) 43 f
Seelig, Marta (geb. Suter) 140 f
Seelig, Paul 13
Seghers, Anna 90
Selinko, Annemarie 101 f, 173
Serke, Jürgen 170, 174
Sieburg, Friedrich 81, 166
Silone, Darina 203
Silone, Ignazio 91, 110, 169 f, 203
Sinclair, Emil (d. i. Hermann Hesse) 33

Sinclair, Upton 53
Spalek, John M. 159
Sperber, Manès 110
Spitteler, Carl 61 f, 162
Spoerri, Theodor 128
Stahlberger, Peter 165
Stapel, Wilhelm 57, 162
Staub, Sita (d. i. Sita Hardekopf-Levien) 142 f
Steckel, Leonard 110 f
Stefani, Guido 203
Steffen, Albert 147
Steinberg, Lily 60, 119, 122
Steinberg, Selma 60, 119, 122
Sternfeld, Wilhelm 168
Steuermann, Eduard 44
Storm, Theodor 56, 191
Strauss, Richard 96, 171
Stürgkh, Karl Graf 136
Suarès, André 34, 193
Suhrkamp, Peter 99, 173
Swift, Jonathan 58, 66, 190
Szafranski, Kurt 57, 161, 189

Tacitus 139
Taine, Hippolyte 190
Tal, Ernst Peter 33 f, 36, 38, 42, 48, 50 56, 155, 157-160
Talleyrand, Charles Maurice 89
Tiedemann, Eva 168
Toller, Ernst 34, 45 f, 71, 79, 156, 159, 164, 193
Treede, Yngve 116
Tucholsky, Kurt 59, 68, 80, 91, 166
Turel, Adrien 146, 187
Turgenjew, Iwan S. 74

Unruh, Fritz von 23, 30, 153

Velde, Henri van de 34
Vesper, Will 112, 176
Viesel, Hansjörg 159
Vildrac, Charles 84
Vlasics, Hans 99
Völker, Klaus 174
Vogel, Traugott 176, 180

Waggerl, Karl Heinrich 61
Walder, E. 151
Walser, Karl 56, 190
Walser, Lisa 124
Walser, Robert 27, 49, 123-129, 139, 145, 149, 178, 180 ff, 185, 189, 191 f
Wassermann, Jakob 34, 79, 174
Weber, Werner 151
Webern, Anton von 44
Wedekind, Frank 93
Weininger, Otto 69
Weinzierl, Ulrich 166, 168
Weiskopf, Franz Carl 169

Weiß, Ernst 50, 92 f, 170 f, 203
Wellesz, Egon 41
Wells, Herbert George 53
Werfel, Franz 100 f
Wilde, Oscar 119
Wilhelm II. 60
Wirz, Otto 146, 187
Wittner, Victor 175
Wolfenstein, Alfred 174
Wolff, Kurt 50

Zadek, Walter 165
Zahn, Ernst 147
Zech, Paul 132
Zeller, Bernhard 152
Zoff, Otto 34, 45, 53, 156, 193
Zollinger, Albin 131, 145, 187, 203
Zweig, Stefan 18 f, 31 f, 33 f, 42 f, 53, 95, 152, 155, 158, 171, 192 f, 204

NACHBEMERKUNG

Dieses Buch zum Gedenken an Carl Seelig, der vor 20 Jahren ums Leben kam, wäre ohne die vorbehaltlose Unterstützung der Carl Seelig-Stiftung, Zürich, nicht zustandegekommen. Herzlich zu danken ist hier vor allem ihrem Präsidenten, Herrn Dr. Elio Fröhlich, der dieses Unternehmen nicht nur durch zahlreiche Hinweise freundschaftlichst gefördert hat, sondern mir auch die Freiheit ließ, die ich mir nahm: Carl Seelig so zu beschreiben, wie ich ihn aufgrund der mir zur Verfügung stehenden Unterlagen und Berichte sah.
Für Anregungen, Informationen oder Materialbeschaffung während der Arbeit bin ich zu Dank verpflichtet: Frau Rosa Hufschmid (Zürich), Herrn Dr. Martin Bodmer (Zürich), Herrn Dr. Beat Glaus (Zürich), Herrn Dr. Murray G. Hall (Wien), Herrn Dr. Werner Morlang (Zürich), Herrn Guido Stefani (Zürich) und insbesondere Herrn Dr. Michele Picard (Montagnola).
Neben den mir zugänglichen umfangreichen Beständen der Carl Seelig-Stiftung, Inhaberin sämtlicher Rechte an Carl Seelig, überließen mir in entgegenkommender Weise folgende Handschriftensammlungen Briefdokumente zur Einsicht: Zentralbibliothek Zürich, Schweizerische Landesbibliothek Bern, Bibliothek der ETH Zürich, Deutsches Literaturarchiv Marbach am Neckar, Archiv der Akademie der Künste Berlin, Staatsbibliothek Preußischer Kulturbesitz Berlin, Reinecke Rare Book and Manuscript Library Yale und Leo Baeck Institute New York.
Der Abdruck aus unveröffentlichten Briefen erfolgt mit freundlicher Genehmigung des Suhrkamp Verlags (Hermann Hesse, Nelly Sachs), des Insel Verlags und der Erben Rainer Maria Rilke (Rainer Maria Rilke), des Verlags Albert Langen - Georg Müller (Gustav Meyrink), des Aufbau Verlags (Heinrich Mann) und des Artemis Verlags (Albin Zollinger).
Ferner ist für die Zitiererlaubnis zu danken: Frau Margot von Brentano (Wiesbaden, Bernard von Brentano), Frau Dr. Gisela Graf (New York, Oskar Maria Graf), Frau Ester Hoffe (Tel Aviv, Max Brod), Frau Jo Mihaly (Ascona), Frau Marie Romain Rolland (Paris, Romain Rolland), Frau Darina Silone (Rom, Ignazio Silone), den Erben Ernst Weiß und der Agentur Dr. Ruth Liepman (Zürich, Ernst Weiß), The Estate of Albert Einstein und Prof. Dr. Otto Nathan (New York, Albert Einstein), Herrn Hermann Friedrich Broch de Rothermann (New York, Hermann Broch), Herrn Rafael Buber (Haifa, Martin Buber), Herrn Erik G. Ell (New York, Alfred Polgar), Herrn Prof. Dr. Golo Mann (Kilchberg am

Zürichsee, Thomas Mann), Herrn K. L. Maschler (London, Stefan Zweig), Frau AnneMarie Meier-Graefe Broch (St. Cyr-sur-Mer, Hermann Broch), Herrn Dr. Michele Picard (Montagnola, Max Picard), Herrn Dr. Hans Sahl (New York) und Herrn Prof. Dr. Heinrich Schnitzler (Wien, Arthur Schnitzler).

In Fällen, wo trotz Bemühungen keine Rechtsträger eruiert werden konnten oder keine Antwort erfolgte, sei um Nachsicht gebeten und versichert, daß darauf geachtet wurde, das Recht auf Persönlichkeitsschutz nicht zu verletzen.

Ulrich Weinzierl

BILDNACHWEIS

Der Abdruck der meisten Abbildungen erfolgt mit freundlicher Genehmigung der Carl Seelig-Stiftung (Inhaberin sämtlicher Rechte an Carl Seelig). Für die Abdruckgenehmigung folgender Abbildungen danken wir: Herrn Prof. Dr. John Spalek, Albany, N. Y. (Ernst Toller), der Deutschen Bibliothek, Frankfurt (Joseph Roth), dem Schiller Nationalmuseum, Marbach (Romain Rolland), dem Insel Verlag, Frankfurt (Hermann Hesse, Stefan Zweig).

Sollten — ohne unsere Absicht — Urheberrechte nicht beachtet worden sein, bitten wir die Inhaber um entsprechende Mitteilung.

INHALT

HIER STARB EIN MENSCH	9
EIN SOHN AUS GUTEM HAUS	12
TRÄUMER, SCHWÄRMER, DICHTER	18
WEGE ZUR LITERATUR	26
VERLEGER IN BEWEGTEN ZEITEN „DIE ZWÖLF BÜCHER"	33
„GESUNDE POETENNATUR"	53
„GENOSSE" SEELIG ALS WELTREISENDER	63
ANWALT DER ENTRECHTETEN – IN DEN WIRREN DER EMIGRATION	78
DER ÖSTERREICHISCHE TONFALL – MUSIL, BROCH UND DIE ANDEREN	92
VERTEIDIGUNG DER HUMANITÄT	109
ÜBER DIE GRENZEN	115
DAS MÜNDEL UND SEIN VORMUND	123
VON BÜCHNER ZU EINSTEIN – CARL SEELIG ALS BIOGRAPH UND HERAUSGEBER	130
„TRAUERARBEIT" EINES SCHWEIZER KRITIKERS	140
ANMERKUNGEN	151
BIBLIOGRAPHIE	189
NAMENREGISTER	195
NACHBEMERKUNG	203